FISCH-FREAK

Auf einem Bauernhof mitten in der australischen Einöde bewahrt John Kruger seine erstaunliche Sammlung ausgestopfter Fische auf. Der farbenfrohe Schwarm besteht aus beachtlichen 96 Arten! Wer die Sammlung ansehen möchte, muss allerdings in das winzige Städtchen Hervey's Range in Queensland reisen.

KINDERTRAUM

In Littleton, New Hampshire, befindet sich ein Süßwarenladen mit einer 34 m langen Theke! Der Chutter General Store wird von Jim Alden betrieben und zeigt auf seinem dreistufigen Tresen 700 Gläser voller süßer Leckereien, darunter alleine acht verschiedene Sorten schwarzer Lakritze.

WURM-VIBRATIONEN

In Sopchoppy, Florida, wird jedes Jahr das Worm Gruntin' Festival abgehalten, bei dem die Anwohner mit verschiedenen Arten von Vibrationen Regenwürmer aus dem Boden locken.

UMGEBAUTER FLUGZEUGTRÄGER

Im Jahr 2006 wurde die *Minsk*, ein russischer Flugzeugträger, der zu einem schwimmenden Vergnügungspark mit Kino und Restaurants umgebaut wurde, im chinesischen Shenzhou zum Verkauf angeboten.

SOCKENFEUER

Am ersten Frühlingstag versammeln sich die Seeleute von Annapolis, Maryland, um gemeinsam ihre Socken zu verbrennen. Mit der Zeremonie feiern sie die Rückkehr des warmen Wetters.

LECKERE KRIECHTIERE ▷

Ein Insektenfan verspeist im niederländischen Wageningen genüsslich einen Wurm. Im Sommer 2006 versammelten sich Krabbeltierfreunde in dem kleinen Universitätsstädtchen, um an einem Massen-Insektendinner teilzunehmen. Unglaubliche 1.747 Portionen der unterschiedlichsten Insektenarten wurden verspeist.

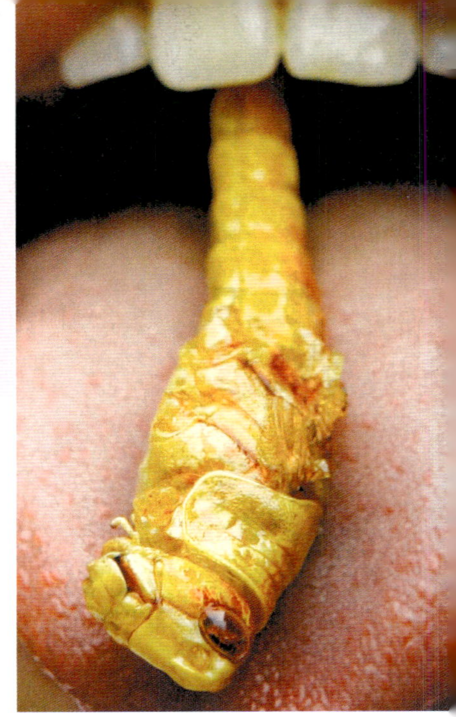

UNTERWASSERFLUSS

Der als Cromwell-Strom bekannte Unterwasserfluss fließt unterhalb des pazifischen Ozeans in östlicher Richtung 5.633 km weit am Äquator entlang. Er ist 305 km breit, bis zu 400 m tief und führt 1.000-mal so viel Wasser wie der Mississippi.

TIERISCH KUSCHELIG

Die führende britische Hotelkette Travelodge warb im Jahr 2006 damit, dass sie auch Extrabetten für Haustiere zur Verfügung stelle. Die Bettchen sind 76 x 60 cm groß und sollen Gäste anziehen, die sich keine Sekunde lang von ihren vierbeinigen Freunden trennen wollen.

KAMPF DER GIGANTEN

Seit 1357 wird in der Stadt Edirne im Nordwesten der Türkei jedes Jahr das Kirkpinar Wrestling- und Kulturfestival abgehalten. Das beliebte traditionelle Fest gehört zu den ältesten Wrestlingveranstaltungen der Welt. Dazu zählt auch Ölwrestling, an dem Hunderte von Männern gleichzeitig teilnehmen. Dabei werden die Körper vor dem Kampf mit Olivenöl eingerieben. Bis 1975 waren die Kampfrunden zeitlich nicht begrenzt und dauerten manchmal bis zu zwei Tage an. Heutzutage sind sie nur noch 30 bis 40 Minuten lang.

BRENNENDE LEIDENSCHAFT

Der Altmetallarbeiter Eddie Heath aus dem englischen Staffordshire wurde in seiner Heimat zu einer Legende, nachdem er mehrere weltberühmte Gebäude in Brand setzte, darunter das Weiße Haus.

Zum Glück war das Weiße Haus, das im November 2006 in Flammen aufging, nur ein Modell, das Eddie aus 2.000 Holzpaletten, die ihm gespendet worden waren, und 30 l weißer Farbe nachgebaut hatte. Die 18 m breite und 4,50 m hohe Attrappe hatte 28 Fenster. Eddie brauchte acht Wochen, um das Haus zu bauen, aber nur einige Minuten, um es wieder dem Erdboden gleichzumachen. Er hatte sich für das Weiße Haus entschieden, weil es unaufwendig nachzubauen war und es jeder sofort erkannte.

In den Vorjahren hatte Eddie Modelle von Captain Hooks Galeone, Draculas Schloss und Big Ben angezündet.

Das Weiße Haus (hier mit Eddie auf dem Dach) und Draculas Schloss darüber wurden beide dem Erdboden gleichgemacht.

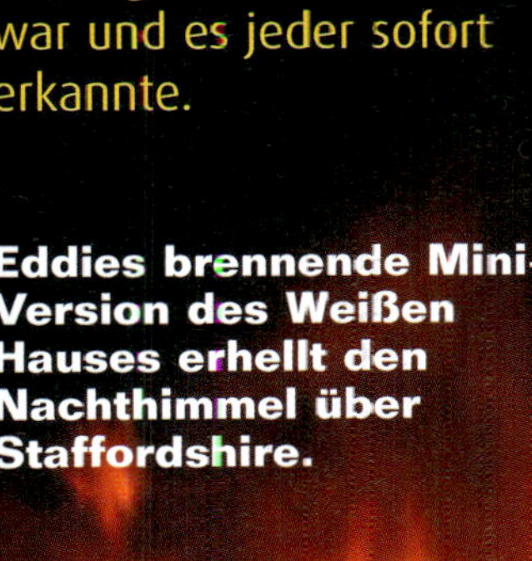

Eddies brennende Mini-Version des Weißen Hauses erhellt den Nachthimmel über Staffordshire.

Ripley's **Einfach unglaublich!**

SCHARFE SONNENUHR
In Roselawn, Indiana, steht eine riesige Sonnenuhr in der Form eines Frauenbeins. Das Bein, das als Zeiger dient, ist 19 m lang und wurde im Auftrag des Eigentümers eines FKK-Ressorts errichtet.

DIE QUAL DER WAHL
In der Heladeria Coromoto, einer Eisdiele in den Anden in Venezuela, hat der Kunde eine Auswahl von über 800 Eissorten. Dazu zählen zum Beispiel geräucherte Forelle, Kürbis, schwarze Bohnen mit Reis, Thunfisch, Avocado, Rosenblatt, Kaugummi und Honig, Chili, Mais, rote Beete, Sahne und gebratene Schweineschwarte.

MÜLLFREIE ZONE
Hugh und Jo-Ann Robertson aus dem kanadischen Ottawa recyceln so viel ihres Mülls, dass sie innerhalb von vier Jahren nur zwei Tüten Abfall produziert haben.

HUNDEERLASS
In Oklahoma ist es Hunden per Gesetz nur dann erlaubt, sich in Gruppen von mehr als dreien auf Privatgrundstücken zu versammeln, wenn sie eine vom Bürgermeister persönlich unterschriebene Erlaubnis besitzen.

TOILETTENKUNST
In den öffentlichen Toiletten einer Replik des 1880 erbauten Bahnhofs in Yellow Springs, Ohio, werden Kunstwerke ausgestellt. Die sogenannte Chamber Pot Gallery zeigt 19 Werke rund ums Badezimmer, zum Beispiel ein Kleid aus rosafarbenen, blauen und gelben Papiertaschentüchern und ein Porträt einer Person, die um Toilettenpapier bittet.

ALTE HÖHLEN
Im Jahr 2006 stellten Geologen fest, dass die Jenolan-Höhlen im Westen der australischen Hauptstadt Sydney über 340 Millionen Jahre alt und damit das älteste bekannte offene Höhlensystem der Welt sind. Vorher ging man davon aus, dass sie "nur" rund 90 Millionen Jahre alt sind.

FLUSS-LOTTERIE
In der kleinen Stadt Nenana in Alaska findet jedes Jahr eine Lotterie statt, deren Jackpot stolze € 240.000 beträgt. Es gewinnt, wer den genauen Moment vorhersagen kann, in dem der Frühlingsbeginn das Eis auf dem nahegelegenen Tananafluss brechen lässt.

GEHEIMNISVOLLE PLÜSCHTIERE
Drei Monate lang befestigte ein Unbekannter insgesamt 40 Stofftiere auf Hochspannungs- und Telefonleitungen im kanadischen Canmore. Die Tiere waren mit Stiften für Bahnschienen und großen Steinen gefüllt. Einige waren aus unerklärlichen Gründen mit der Nummer 26 markiert.

GEHEIME QUELLEN
Die Heißwasserquellen der japanischen Stadt Kira, die als Heilbad berühmt ist, trockneten im Jahr 1980 einfach aus. Die Bewohner füllten die Becken heimlich mit heißem Leitungswasser auf, um ihr Problem zu vertuschen.

EISIGE ANGELEGENHEIT

Masamitsu Nakagawa (links), ein über 90-jähriger japanischer Shinto-Priester, zuckt zusammen, als er ein Eisbad nimmt. Die Zeremonie ist Teil der Neujahrsreinigung im Teppozu-Schrein in Tokio und soll Gesundheit und Zufriedenheit für das neue Jahr bringen.

TRIEFNASSE STATUE

Diese gigantische Statue von Bahubali, einer der zentralen Gestalten im Jainismus, ist 17 m hoch und befindet sich auf einem Berghang in der Stadt Shravana Belgola im Südwesten Indiens. Die Anhänger der Religion versammeln sich hier alle zwölf Jahre, um die spektakuläre Mahamastakabhisheka-Zeremonie durchzuführen, bei der sie Tausende von Töpfen voll Milch, Wasser, Blumen und gelbem Kurkuma über der Statue ausschütten. Die eigentlich graue Statue nimmt dadurch von Kopf bis Fuß ein leuchtendes Orange an.

SCHUHBAUM

In den Ästen einer riesigen Pappel in Middle Gate, Nevada, hängen Hunderte von Schuhen. Das erste Paar wurde angeblich vor über 20 Jahren von einem Mann in die Zweige geschleudert – zum Zeichen der Versöhnung nach einem Streit mit seiner frischgebackenen Ehefrau.

WUNDERHUND

Nachdem Brownie, ein kleiner lohfarbener Hund, 1940 in das Büro eines Taxiunternehmens in Daytona Beach, Florida, spazierte, wurde er für die nächsten 14 Jahre zum Maskottchen der Stadt. Die Taxifahrer spendierten ihm jeden Tag Eiscreme, und als er schließlich starb, wohnten seiner Beerdigung 75 Trauergäste bei. Heute erinnert sein Grab im Riverfront Park an ihn, auf dem Brownies Ebenbild wacht, zurechtgestutzt aus einem Busch.

BAMBUSZUG

In Kambodscha wurde eine Eisenbahn gebaut, deren Züge hauptsächlich aus Bambus und Sperrmüll bestehen.

HÜBSCHE TANKSTELLE

Die ehemalige Shell-(deutsch: Muschel)Tankstelle in Winston Salem, North Carolina, hat die Form einer Muschel. Das orange-gelbe Gebäude, das dem Shell-Logo nachempfunden wurde, war 1930 aus Betongips und einem Draht-Holz-Gestell gefertigt worden. Nachdem die Tankstelle geschlossen wurde, beherbergte das Haus erst einen Rasenmäher-Reparaturservice und wurde dann zum Hauptgebäude der Historischen Gesellschaft zum Erhalt North Carolinas.

FIDELE FIEDEL

Eine 230 kg schwere und 4,30 m hohe Metallfiedel ziert das kanadische Städtchen Harvey. Sie wurde zu Ehren des Geigenspielers Don Messer, der in der Gegend lebte, errichtet.

SUPERWURST

Im Jahr 2001 wurde im kanadischen Mundare im Rahmen einer Werbeaktion für eine Wurstfabrik eine 13 m lange Fiberglaswurst gebaut. Sie wiegt sechs Tonnen, hält Windge-schwindigkeiten von 160 km/h stand und wurde innerhalb von vier Jahren angefertigt.

POTTER'S KURIOSITÄTEN-

Seit über 100 Jahren ist das Potter's Museum of Curiosity eine der seltsamsten Attraktionen Großbritanniens. Zu sehen sind unter anderem eine Hasenschule, Kätzchen beim Teekränzchen und eine Mäuse-Marschkapelle.

Unglaublich, aber wahr: Die über 6.000 Tiere sind keine Modelle, sondern echte ausgestopfte Lebewesen, die der Tierpräparator Walter Potter angefertigt hat. Potter entdeckte seine Liebe zum Ausstopfen von Tieren schon als Teenager, als er seinen verstorbenen Kanarienvogel präparierte. Im viktorianischen England war die Taxidermie ein beliebtes Hobby. 1861 eröffnete Potter sein Museum in Bramber, West Sussex, und verlangte zwei Penny Eintritt. Die Tiere wurden ihm von örtlichen Züchtern und Bauern zur Verfügung gestellt. Potter war es wichtig, dass kein Tier für seine Zwecke sterben musste. Die ausgestopften Tiere arrangierte er zu entzückenden Szenen. Die "Hasenschule" zeigt 20 Häschen, die in einem Klassenzimmer in ihren Büchern lesen oder rechnen. Das "Kätzchen-Teekränzchen" besteht aus 37 rotgetigerten Katzen, die mit Juwelen oder Krawatten ausstaffiert sind und an einem langen Tisch Mäusetorte essen. Nebenan spielt eine Gruppe Meerschweinchen Kricket. Potters Sammlung wurde häufig umgesiedelt, bis sie schließlich im berühmten Jamaica Inn in Cornwall ein Zuhause fand. Doch 2003 wurde das Museum aufgelöst. Die einzelnen Szenen wurden bei einer Auktion versteigert und erzielten jeweils bis zu € 800.000.

MUSEUM

Eine Gruppe von Mäusen hat sich zu einer Partie Domino um einen Tisch versammelt.

Eichhörnchen zählten zu Potters Lieblingstieren. Hier zu sehen sind zwei Exemplare, die Pfeife rauchen und Karten spielen.

Die "Hasenschule" zeigt eine Gruppe junger Hasen, die sich in einem Klassenzimmer in ihre Aufgaben vertieft haben.

MÖRDERISCHER ELEFANT

Das Städtchen Delavan in Wisconsin war im 19. Jahrhundert als die Zirkushauptstadt der Welt bekannt. Heute erinnert dort eine lebensgroße Fiberglasstatue in der Hauptstraße an den furchterregenden Romeo, einen bösartigen Elefantenbullen, der innerhalb von 15 Jahren fünf Menschen tötete, beinahe ein Theater in Chicago zerstört hätte und nach einem erfolgreichen Ausbruch drei Tage lang die Gegend terrorisierte.

GOLDVERBOT

Um das Image seines Landes zu verbessern, verbot der tadschikische Staatspräsident Emomali Rachmonow Staatsdienern, Goldzähne zu tragen.

EISENGEL ▷

Dieses Foto eines Engels aus Eis wurde 2003 von Vicki Whitehill aus Alachua, Florida, aufgenommen. Sie entdeckte dieses Wunder der Natur im Smokey Mountain National Park in Tennessee.

SCHNEEMATSCHRENNEN

Jedes Jahr findet in Girdwood, Alaska, der sogenannte "Slush Cup" statt, bei dem die Teilnehmer auf Skiern einen Hang hinabrasen und dann mit Hilfe des Schwungs versuchen, einen mit Schneematsch gefüllten Teich von 27 m Durchmesser zu überqueren.

REIFENMÄNNER

In der kanadischen Stadt Daphne stehen am Straßenrand drei Reifenmänner, von denen der größte 7,60 m hoch ist und aus 75 Reifen besteht. Abgesehen von Reifen enthalten die Skulpturen auch Kaffeekannen und Radkappen.

SUPERSTAMM

In Kalifornien kann man einen Mammutbaum bewundern, dessen Stamm einen Umfang von über 31 m hat! Der Baum ist 84 m hoch und besteht aus genug Holz, um fünf Milliarden Streichhölzer herzustellen.

BRRR!

Bei der Weltmeisterschaft im Winterschwimmen, die jeden März in Finnland stattfindet, wetteifern die Teilnehmer in einem 25 x 12 m großen Becken, das mit Kettensägen aus dem Eis geschnitten wird, um den Sieg.

BISSIGE GESETZE

In Louisiana gilt es als "einfache Körperverletzung", jemanden mit seinen echten Zähnen zu beißen, wohingegen Attacken mit künstlichen Gebissen als "gefährliche Körperverletzung" zählen.

MINIATUR-VERSAILLES △

Der begeisterte Hobby-Dekorateur Adrian Reeman aus dem englischen Southampton hat seine winzige Wohnung in ein Abbild des Schlosses von Versailles verwandelt. Von außen lässt sich dem schlichten Wohnhaus aus den 1960er Jahren nicht ansehen, was für ein Prunk sich im Inneren verbirgt.

SINGENDER SAND

Unglaublich, aber wahr: Sanddünen können singen! Das Wunder der Natur dauert mehrere Minuten und kann eine Lautstärke von bis zu 115 Dezibel erreichen. Es wurde bereits in über 35 Wüsten auf der ganzen Welt beobachtet. Doch erst im Jahr 2006 fanden Wissenschaftler eine Erklärung. Wenn Sandkörner zusammenstoßen, beginnen sie, sich synchron zu bewegen. Die äußere Schicht der Düne funktioniert dann wie ein Verstärker. Der Ton, den der Sand hervorbringt, hängt von der Größe der Sandkörner ab. Die schönsten Klänge kann man angeblich in Oman an der Südostküste der arabischen Halbinsel hören.

DAS HAUS DER FIGUREN

In der französischen Stadt Dieulefit hat sich der autodidaktische Künstler Roland Dutel seinen Traum erfüllt: Wände und Garten seines "Hauses der Figuren" sind über und über mit erstaunlichen Kunstwerken bedeckt, die aus 150 Tonnen wiederverwertetem Material hergestellt wurden.

Dutel begann 1989 an seinen Skulpturen, Gemälden und Mosaiken zu arbeiten. Aus Fabrikresten, zerbrochenen Kacheln, Ausschussware der örtlichen Töpferschule sowie Treibgut aus dem Fluss vor seinem Haus erschuf er bizarre Gesichter und Figuren aus Holz, Metall, Beton und Papier.

GALERIE

Bizarre Gebäude

HAUS DER FLASCHEN

Dieses Haus wurde in den 1950er Jahren aus mehr als 60.000 Limonadenflaschen gebaut. Es gehörte John Makinen jr. aus Kaleva, Michigan.

HEILIGER BAUM

Das "Hymnenhaus" im englischen Herstmonceux wurde von einem Baum geziert, der so gestutzt war, dass seine Zweige und Blätter die Worte "Lobet den Herrn" formten.

FELSENHEIM

Das "Haus der seltsamen Steine", das in Kansas steht, wurde in den 1930er Jahren von Frank A. Bissing aus 8.246 Steinen gebaut, die er in 40 amerikanischen Bundesstaaten und fremden Ländern gesammelt hatte.

TROCKENDOCK

Ein altes Dampfschiff, das auf Sauries Island in Portland, Oregon, auf Grund lief, wurde 1936 kurzerhand zum Hausboot umfunktioniert. Das Gebäude, das neben Wohnräumen auch eine Meierei beherbergte, lag am Willameth-Fluss.

STAMMHAUS

Dieses einzigartige Haus am Redwood Highway im kalifornischen Garberville wurde in den 1930er Jahren von Arthur Johnson errichtet, der sein Geld damit verdiente, Blockhütten zu bauen.

ABGESTUMPFT!

Dieses Drei-Zimmer-Haus wurde in den 1930er Jahren im kanadischen Vancouver in und um einen riesigen Baumstumpf gebaut.

FLIEGENDE GURKEN

In Berrien Springs, Michigan, findet alljährlich ein Gewürzgurken-Wettwerfen statt. Der Rekord liegt bei fast 90 m.

KÖNIGE DER TÜTEN

Verkäufer aus den ganzen USA nehmen jedes Jahr an den Nationalen Einpackmeisterschaften teil. Die Teilnehmer müssen zwei Einkaufstüten mit verschiedenen Waren füllen. Die Wettstreiter werden nach Freundlichkeit, Technik und Zeit, ihre Tüten nach Äußerem und Gewichtsverteilung beurteilt. Es gibt sogar getrennte Kategorien für Plastik- und Papiertüten!

STRASSENBOWLING

Nordirland ist das Land des Straßenbowlings! Bei diesem ungewöhnlichen Sport wird eine Eisenkugel eine gewundene Landstraße entlanggerollt. Die Wettstreiter versuchen, die vier Kilometer lange Strecke mit so wenigen Würfen wie möglich zu absolvieren. Viele Werfer schaffen Distanzen von über einem halben Kilometer pro Wurf!

HÜHNERFEST

Beim 17. World Chicken Festival in London, Kentucky, fanden im Jahr 2006 Veranstaltungen rund ums Huhn statt: Es gab ein Hühnerflügel-Wettessen, einen Hühner-Kostümierungs-Wettbewerb und einen Wettkampf, bei dem die Teilnehmer Eier fallen lassen mussten, ohne diese zu zerbrechen.

TREPPENFECHTEN

Im schottischen Schloss Ferniehirst gibt es eine Wendeltreppe, die gegen den Uhrzeigersinn verläuft. Sie sollte den linkshändigen Verteidigern des Anwesens Vorteile im Schwertkampf bieten.

HAUSSPORT

Mary Tilbrook und James Doherty aus Großbritannien erfanden den Urban Housework Sport, zu dessen Disziplinen ein Wischmopp-Turnier und ein Bergabrennen auf einem Staubsauger gehören.

KATZENPARADIES

Bob Walker verwandelte seinen Bungalow in San Diego, Kalifornien, in eine Spielwiese für Katzen. Die Wände zieren Katzenbilder, und seine vierbeinigen Freunde können sich auf über 30 m extra angefertigten Katzenstegen vergnügen, die sich durch das ganze Haus schlängeln.

KALTER PLANET

Die Durchschnittstemperatur der kältesten Region der Erde, der Antarktis, ist immer noch viermal höher als die Tagestemperatur auf dem Planeten Pluto.

EISIGE RADLER

Fahrradkuriere aus ganz Nordamerika reisen nach Montreal, um am Ice Cup teilzunehmen, einem Fahrradrennen durch Eis und Schnee, das jedes Jahr ausgerichtet wird.

KLEINES BÜRO

In der Post von Ochopee, Florida, ist wenig Platz für lange Warteschlangen: Der ehemalige Geräteschuppen ist nur 5,75 m² groß.

VULKANHOTEL

Das Lava-Side Inn, eine Pension in der Nähe von Kilauea, Hawaii, ist auf einem aktiven Vulkan errichtet. Die Gäste, zu denen auch schon der Schauspieler William Shatner zählte, erreichen die Pension über eine trügerisch sichere, aber erst kürzlich erkaltete Lavaschicht, die über noch kochende Lava von Temperaturen von 1.090° C führt. Die Dämpfe sind giftig, und die Risse im Pfad sind heiß genug, um Turnschuhsohlen zu schmelzen.

NETZKUNST

Will Knight sammelt auf seiner Farm in Williamstown, Vermont, Spinnennetze, die er dann als Kunstwerke verkauft. Die Idee kam ihm beim Lesen eines Leitfadens für Pfadfinderinnen. Er sprüht weiße Farbe auf das Netz und klebt es dann auf ein schwarzes oder glattgeschmirgeltes Brett. Danach lackiert er sein "Kunstwerk" über. Der "Spinnwebenmann", wie er häufig genannt wird, hat sich sogar Spinnennetze auf seine Ellenbogen tätowieren lassen.

Einfach unglaublich!

HAUS IM HAUS

Der Künstler Burke Paterson aus dem kanadischen Toronto lebt in einem 79 m² großen Loft, in das er einen 5,80 m langen Wohnwagen gestellt hat. Als Küchenschrank dient ihm ein alter Lebensmittelcontainer aus einem Flugzeug, und seine Getränke bewahrt er in einem Aktenschrank auf.

ABGELEGENE HAUPTSTADT

Nach Juneau, der Hauptstadt des amerikanischen Bundesstaates Alaska, gelangt man nur über Wasser oder durch die Luft. Denn in die Stadt führen keine Straßen!

HÄSSLICHE ANGELEGENHEIT

In dem Städtchen Yellowknife in Kanada findet jedes Jahr der "Ugly Truck 'n' Dog Contest" statt, bei dem hässliche Hunde und Lastwagen gekürt werden.

STERNENSCHWER

Ein Teelöffel Materie von einem Neutronenstern - der ausgebrannte und zusammengeschrumpfte Rest eines ehemaligen Sterns - wiegt eine Milliarde Tonnen!

BÜFFELRENNEN

Die Dorfbewohner von Vihear Suor in Kambodscha veranstalten jedes Jahr ein Wasserbüffelrennen zu Ehren ihrer verstorbenen Verwandten. 2006 beobachteten über 1.000 Zuschauer, wie die 28 Jockeys sich verzweifelt an die Büffel klammerten, deren Hörner mit bunten Stofffetzen geschmückt waren.

FREUNDLICHER ARBEITGEBER

Der Yasser-Arafat-Flughafen im Gaza-Streifen ist noch immer geöffnet, und die Angestellten werden nach wie vor bezahlt, auch wenn dort seit 2001 kein Flugzeug mehr gelandet ist.

ARTISCHOCKENKÖNIGIN

In Castroville, Kalifornien, steht eine sechs Meter hohe und 3,60 m breite Artischocke aus Stahl und Gips, die 1963 von Ray Bei gebaut wurde. Die Stadt veranstaltet jedes Jahr ein Artischockenfest, bei der eine Artischockenkönigin gekürt wird. Erste Gewinnerin im Jahr 1947 war übrigens Marilyn Monroe.

SELTSAME WOCHE

In Ocean City, New Jersey, wird Jahr für Jahr die "Woche der seltsamen Wettbewerbe" ausgerichtet, bei der unter anderem die Disziplinen Pommes-Frites-Schnitzen und Nasse-T-Shirts-Werfen vertreten sind.

KNOCHENSTADT

Der ursprüngliche Name der kanadischen Stadt Regina lautete Pile 'O Bones (deutsch: "Knochenhaufen").

AUTOKUNST

Richard Moriarty aus dem kalifornischen Newport Beach hat sich einen Lamborghini an die Decke seines Hauses gehängt - als Kunstwerk!

RIESIGE ROSE

In Tombstone, Arizona, ist ein Rosenbusch über eine Laube mit einer Grundfläche von über 743m² gewachsen! Die weiße Lady-Banksia-Rose, deren Stamm den Umfang von 3,60 m hat, wurde 1885 als Wurzel aus Schottland importiert.

WAHNSINNSWÄHRUNG

Auf der südpazifischen Insel Yap werden noch heute Steinräder, die einen Durchmesser von bis zu 3,60 m haben, als Währung genutzt.

AUCH OHNE SCHNEE MOBIL

In Fremont, New Hampshire, findet jedes Jahr ein Schneemobilrennen statt - allerdings ohne Schnee! Stattdessen fahren die Teilnehmer über Gras und Wasser.

KAKERLAKENRENNEN

Beim BugFest in Raleigh, North Carolina, tragen die Teilnehmer Bärte aus Bienen und Kakerlaken und nehmen in ihrer Verkleidung an einem Wettrennen teil. Währenddessen werden im Café Insecta Leckereien wie Ameisen-Enchiladas oder Bananen-Wurm-Brot serviert.

MULTINATIONALE SCHULE

Die Schüler des Southfields Community College, einer Schule im Südwesten der englischen Hauptstadt London, sprechen 71 verschiedene Sprachen, darunter Arabisch, Kurdisch, Farsi, Kasachisch, Zulu, Suaheli und Kroatisch.

MUTIGE TAUCHERINNEN

Anlässlich eines Festes tauchen die Amas, die japanischen Perlentaucherinnen, einmal im Jahr ohne Sauerstoffflaschen neun Meter tief ins Meer, um Krustentiere wie Muscheln, Austern und Hummer zu suchen. Die Amas können durchschnittlich eine Minute und 20 Sekunden lang die Luft anhalten und schneiden in dieser Zeit die Tiere von den Felsen. Hier sind sie bei ihrer Prozession ins Meer zu sehen.

FLASCHENHAUS

Dieses beeindruckende Haus in Cap-Egmont auf Prince Edward Island, Kanada, wurde 1980 von Edouard Arsenault errichtet. Es besteht fast ausschließlich aus Glasflaschen.

DOPPELZEIT

Die Kirchen auf Malta haben jeweils zwei Uhren, die unterschiedliche Zeiten zeigen. So soll der Teufel über den Beginn des nächsten Gottesdienstes verwirrt werden.

VERFLIXTES WETTER

Das Internationale Golfturnier in Castle Rock, Colorado, ist in den letzten 20 Jahren jedes Mal wegen schlechten Wetters verschoben worden.

SCHUBKARREN-RENNEN

Die Black Rock Stakes zählen zu den ersten Schubkarrenrennen der Welt. Sie finden jedes Jahr im australischen Pilbara statt und werden über eine Strecke von mehr als 120 km ausgetragen. Die Schubkarren dürfen umgebaut werden und müssen Scheinwerfer und rote Schlussleuchten aufweisen.

KARTOFFELRENNEN

Beim Millthorpe-Murphy-Marathon im australischen Millthorpe müssen die Teilnehmer einen 50 kg schweren Kartoffelsack 1,61 km weit tragen.

FEST DER FISCHE

In Prairie du Chien, Wisconsin, findet jedes Jahr zu Silvester das "Droppin' of the Carp" statt, bei dem ein Karpfen von einem riesigen Kran in den Mississippi geworfen wird, um das neue Jahr willkommen zu heißen.

WAHNSINNSMARATHON

Der jährliche Barkleymarathon in Wartburg, Tennessee, ist 160 km lang, dauert 60 Stunden und verläuft durch felsiges Waldland - kein Wunder, dass in den letzten 20 Jahren nur sechs Teilnehmer bis zum Ende durchgehalten haben!

EIN BETT IN DEN BÄUMEN

Das erste deutsche Baumhotel eröffnete im Juli 2005 im sächsischen Zentendorf. Das Baumhaus hat fünf Zimmer, die neun Meter über dem Boden in den Zweigen von Robinien liegen. Alle Räume haben elektrisches Licht, Balkone und gemeinsame Waschräume und sind durch kleine Stege miteinander verbunden.

LUFTIGE NÄCHTE

In einer Pension im englischen Cornwall schlafen die Gäste neun Meter hoch über dem Boden in zwischen Bäumen aufgehängten Hängematten.

TOILETTENSCHMUCK

Auf der Montgomery-County-Landwirtschaftsmesse in Gaithersburg, Maryland, findet jedes Jahr ein Wettbewerb im Dekorieren von Toiletten statt. Im Jahr 2006 waren die Gewinner des mit € 20 dotierten Preises zwei Pfadfinder. Sie malten ihre Toilette braun an, bauten ein Klohäuschen darum und verzierten es mit Plastikweinranken und einer falschen Schlange.

SUPERSONNENBLUMEN

In Goodland, Kansas, steht eine 24 m hohe Staffelei, auf der sich eine 9,70 x 7,30 m hohe Kopie des Gemäldes „Zwölf Sonnenblumen in einer Vase" von Vincent van Gogh befindet. Das riesige Kunstwerk wurde von dem kanadischen Maler Cameron Cross angefertigt, weil Goodland das Zentrum der örtlichen Sonnenblumenindustrie ist.

SEICHTE WURZELN

Obwohl Mammutbäume so hoch werden können wie ein 40-stöckiges Gebäude, sind ihre Wurzelsysteme nur drei Meter tief. Anstatt nach unten wachsen sie vom Stamm aus bis zu 76 m in die Breite.

KUH-DENKMAL

An eine 1932 verstorbene Kuh erinnert noch heute ein Marmorgrabstein in der Nähe der historischen Ställe eines ehemaligen Krankenhauses in Traverse City, Michigan. Traverse Colantha Walker war eine legendäre Milchkuh, die in ihrem Leben 90.770 kg Milch und 3.415 kg Butterfett produzierte. Als sie starb, hielten die Patienten und Krankenhausangestellten ihr zu Ehren ein Festmahl und bestatteten sie feierlich.

MEERESHUNDE

Bei der jährlichen LobsterDog-Parade in Los Angeles verkleiden Hundebesitzer ihre Haustiere als Meerestiere, zum Beispiel Hummer, Seehunde, Wale, Seesterne, Sushi und Fischkuchen.

URBÄUME

Im kalifornischen Inyo National Forest wachsen Borstenkiefern, die vermutlich älteste Baumart der Welt. Sie wachsen nur in großen Höhen, und einige Exemplare sollen an die 4.600 Jahre alt sein.

GÖTTER DER KOKOSNUSS

Über 100.000 Kokosnüsse werden jeden Tag zum in-dischen Maa-Tarini-Tempel in Ghatagaon geliefert, wo sie den Göttern von Gläubiger als Opfer dargebracht werden.

SCHMUDDEL-SPIELE

Ein Spieler kämpft sich beim ersten britischen Sumpffußballturnier aus dem Schlamm frei. Der Wettkampf fand im Juli 2006 im schottischen Dunoon statt. Sumpffußball stammt eigentlich aus Finnland und mauserte sich schnell zum beliebten Sport, der auf der ganzen Welt gespielt wird.

Ripley's

Einfach unglaublich!

DER SCHLANGENFREUND

Dieser Thailänder lebt in einem der seltsamsten Städtchen der Welt: Kok Sa Nga (deutsch: "Königskobradorf"). Viele der Einwohner des Dorfes im Nordosten Thailands halten sich Königskobras in Holzschachteln unter ihren Häusern. Jedes Jahr findet ein dreitägiges Fest zu Ehren der Giftschlangen statt. Im Rahmen der Festivitäten ringen Männer mit bloßen Händen mit den Schlangen, und Frauen führen Tänze auf, während sie Kobraköpfe im Mund halten.

SUPER-ROLLS

Seit 1991 thront ein Modell eines roten Rolls Royce in doppelter Normalgröße im kanadischen Steinbach. Der Wagen ist zwölf Meter lang, 3,50 m hoch und 3,60 m breit. Er dient als Wahrzeichen, weil Steinbach eine Automobilstadt ist - auch wenn es in dem ganzen Ort keinen einzigen Rolls-Royce-Händler gibt!

STRASSE FÜR FORTGESCHRITTENE

Auf Maui, Hawaii, verläuft eine 84 km lange Straße nach Hana, die mehr als 600 Haarnadelkurven und 54 einspurige Brücken aufweist.

ALTER SCHINKEN

Im Isle of Wight County Museum in Smithfield, Virginia, sind ein 104 Jahre alter Schinken und eine 117 Jahre alte Erdnuss ausgestellt. Der Schinken wurde einst mit € 4.000 gegen Feuer und Diebstahl versichert.

HÜTTENKOLLER

Um den abgelegenen ehemaligen Militärposten Whittier in Alaska pfeifen permanent Winde mit einer Geschwindigkeit von über 110 km/h. Wegen der ständigen Lawinengefahr und der Dauertemperaturen von unter 0 °C verlassen die Einwohner ihre Häuser so gut wie nie.

SPUTNIK-SCHROTT

Das wohl aufsehenerregendste Ausstellungsstück des Rahr-West-Art-Museums in Manitowoc, Wisconsin, ist ein neun Kilo schweres Metallstück, das ein exakter Nachbau eines Teiles des sowjetischen Raumschiffs Sputnik IV ist, das im September 1962 auf die Straße vor dem Museum fiel, als die Raumstation abstürzte. Der Rest des sieben Tonnen schweren Raumschiffs verglühte beim Eintritt in die Erdatmosphäre.

FUSSBALLHEIM

Der niederländische Architekt Jan Sonkie ist ein großer Fußballfan und hat sein vierstöckiges Haus in Blantyre, Malawi, in der Form eines Fußballes gebaut.

BETENDE HÄNDE

Das Meisterwerk des Evangelisten Oral Roberts ist die Skulptur zweier betender Hände vor der Oral Roberts University in Tulsa, Oklahoma. Die massive Bronzeskulptur ist 18 m hoch und wiegt 30 Tonnen.

SPINAT FÜR ALLE!

Die wohl größte Spinat-Konservendose der Welt befindet sich in Alma, Arkansas. Sie besteht aus einem ehemaligen Wasserturm und hat ein Fassungsvermögen von fast vier Millionen Litern!

SCHWEFELDUFT

Der Mount St.Helens im Staat Washington verbreitet doppelt so viel Schwefeldioxid wie die gesamte Industrie des Bundesstaates zusammen.

GEHEIMER RIESE

Der höchste Berg der Welt ist in Wahrheit nicht der Mount Everest, sondern der Mauna Kea auf Hawaii. Vom Fuß des Berges tief unter dem Meeresspiegel aus gemessen ist der Vulkan 10.203 m hoch. Der sichtbare Teil erhebt sich allerdings nur 4.205 m hoch über den Meeresspiegel.

WÜRFELHAUS

Im kanadischen Toronto werden Touristen von einem wirklich seltsamen Haus be-grüßt: Auf dem Dach des von Ben Kutner gestalteten Bauwerks sitzen in fast unmöglich wirkenden Winkeln drei grüne Würfel über einem ansonsten normalen Wohnhaus. Die jeweils 2,20 m² großen Würfel haben eine Fläche von ca. 105 m² und stecken an dem Haus wie Äste.

GILBERT, DER GOLFBALL

Mit einer Schottenmütze und einem Kilt bekleidet, bewacht ein riesiger Comic-Golfball namens Gilbert das kanadische Städtchen Gilbert Plains. Er hat einen Durchmesser von zwei Metern und besteht aus Stahl und Fiberglas.

RADIOAKTIVE MINEN

Jedes Jahr besuchen Tausende von chronisch Kranken die Minen in Montana, um sich heilen zu lassen: Die Schächte sind mit Radon, einem radioaktiven Gas, gefüllt.

FRIEDENSZEICHEN

Ein hölzerner Tomahawk mit einem 16 m langen Griff und einem Gewicht von 1.250 kg ist das Wahrzeichen des kanadischen Cut Knife. Daneben befindet sich ein neun Meter hohes Beton-Tipi. Die Kunstwerke sollen als Zeichen für den Frieden zwischen den Einwohnern und dem benachbarten Indianer-Reservat dienen.

KÖNIGLICHE FISCHE

Die Königin von England ist die legale Eigentümerin aller Störe, Delfine, Schweinswale und Wale in einem Radius von 4,80 km um die britische Küste.

HOCHFINANZ

Eine indische Bank hat einen Bankautomaten auf einer Handelsroute zwischen dem tibetischen Lhasa und dem Staat Sikkim errichtet - 4.025 m über dem Meeresspiegel!

VORSICHT, BISSIG!

Trotz der vielen Ratten in der Stadt werden pro Jahr nur etwa 300 New Yorker von den Nagern gebissen. Viel gefährlicher sind hingegen die Menschen: Etwa 1.500 Einwohner werden jährlich von ihren Mitbürgern gebissen!

STADT DER AUTOS

Fast ein Viertel der Landfläche von Los Angeles wird von Autos eingenommen, und es gibt mindestens eine halbe Million mehr Autos als Einwohner: Während Los Angeles County zehn Millionen Bürger zählt, sind mindestens 10,5 Millionen Autos registriert. Die Stadt selbst gilt als die Metropole mit den meisten Autos pro Einwohnern der Welt: Auf jeden Führerscheinhalter kommen 1,80 angemeldete Autos.

PAPIERSTALL

Der Architekt Doug Eichelberger aus Colorado baute einen feuerfesten Stall samt Scheune für seine Pferde. Die Gebäude bestehen aus 80 Tonnen wiederverwerteten Zeitschriften!

IRRES RADIO

An die zwölf Millionen Hörer lauschen täglich dem argentinischen Radiosender "Crazy Radio". Das Programm wird von der José-Borda-Nervenheilanstalt in Buenos Aires aus gesendet. Unter anderem werden Interviews mit Insassen ausgestrahlt!

SCHNAPP DIE TRAUBE!

Steve "der Traubenmann" Spalding schaffte es im November 2005 im australischen Sydney, unglaubliche 1.203 Trauben mit seinem Mund aus der Luft zu fangen. Die Trauben wurden aus einer Entfernung von 4,60 m geworfen. Steve ist es auch schon gelungen, eine Traube zu fangen, die aus einer Höhe von 274 m geworfen wurde, und hat einmal innerhalb von drei Minuten 116 Trauben aus der Luft geschnappt.

PASSBERG

Jeden Tag werden weltweit mehr als drei Millionen Pässe an Flughäfen und Grenzübergängen kontrolliert. Würde man sie alle aufeinanderstapeln, würde eine Säule entstehen, die höher ist als der Mount Everest.

GESPRÜHTE KAPELLE

Die berühmte Sixtinische Kapelle wurde in einem Abbruchhaus in Iowa neu erschaffen! Der Graffiti-Künstler Paco Rosic studierte die echte Kapelle in Rom, bevor er Teilansichten von ihr an die Decke seiner eigenen Garage sprühte. Sein Kunstwerk, das nun an der Decke eines ehemaligen Antiquitätenladens prangt, ist halb so groß wie das Original und kostete den Künstler vier Monate Zeit sowie € 8.000 für Sprühdosen.

GRUSELAFFE

Da das U-Bahn-Netz der indischen Stadt Delhi immer wieder von wilden Affen angegriffen wurde, hat die Verwaltung nun einen schwarzgesichtigen Languraffen trainieren lassen, der die anderen Tiere vertreibt.

MAGISCHES MUSEUM

Unter den Ausstellungsstücken des American Museum of Magic in Marshall, Michigan, befindet sich unter anderem die handgefertigte Milchkanne, in die der an den Händen gefesselte Harry Houdini kletterte, ehe er in den Hudson geworfen wurde. Das Museum wurde von Bob Lund gegründet, der sich jahrelang kein Auto leisten konnte und nur Erdnussbuttersandwiches aß, damit er Artefakte von Magiern kaufen konnte.

HOCH IM HIMALAYA

Die Himalaya-Bahn, die vom chinesischen Peking bis ins tibetische Lhasa führt, erreicht eine Höhe von 5.072 m. Das ist höher als der höchste Berg Europas und über 200 m höher als die peruanische Bahn in den Anden.

Spuck den Kern

Franz-Wolfgang Coersten ist der deutsche Meister im Kirschkern-spucken. Sein Rekord liegt bei unglaublichen 19,30 m! Hier sieht man ihn beim Training für die Weltmeisterschaft im Kirschkernspucken, für die 2006 ganze 80 Teilnehmer ins deutsche Düren reisten. .

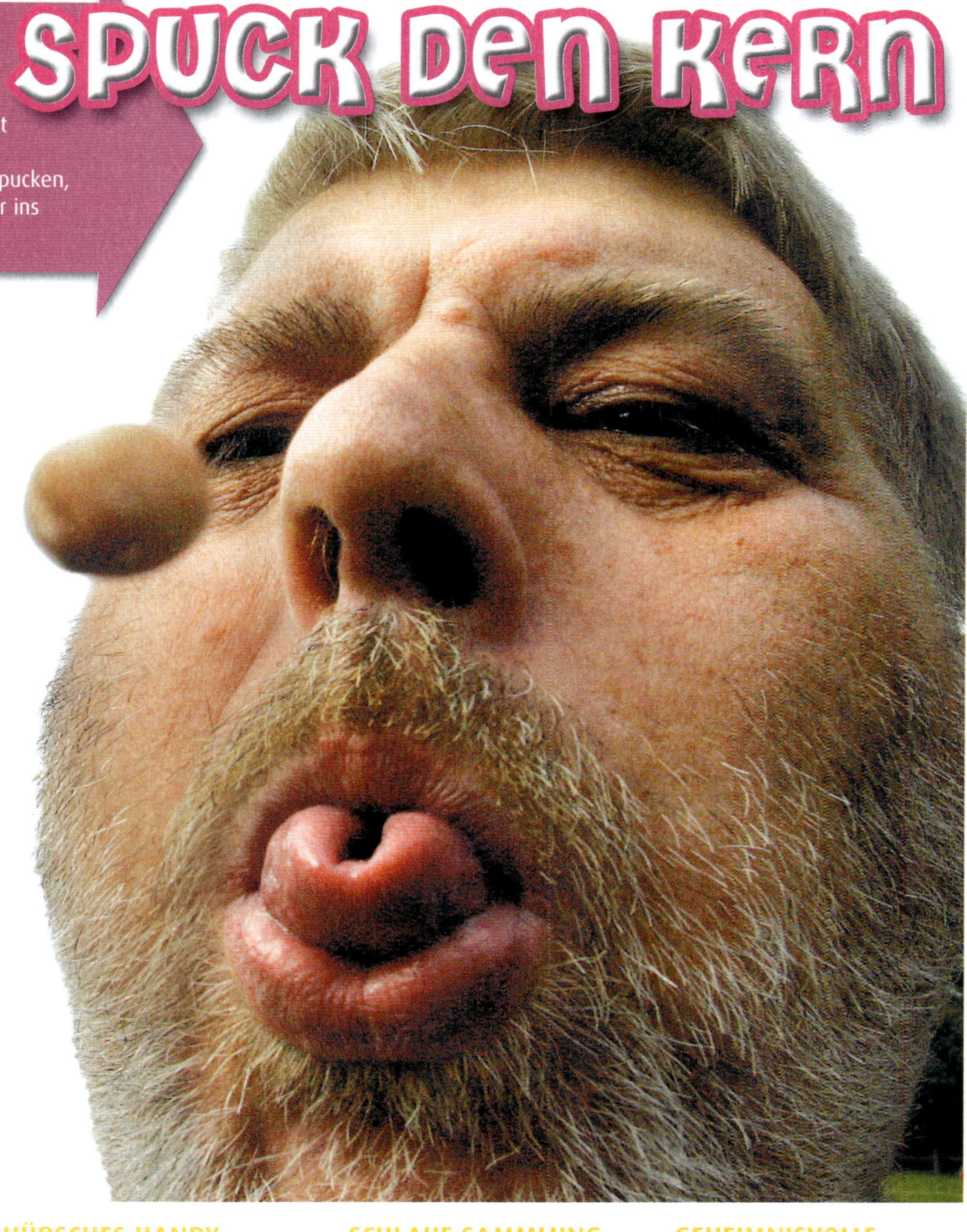

RIESEN-JOJO

In einem Museum im kalifornischen Chico befindet sich ein gigantisches funktionierendes Jojo: Es wiegt 113 kg, ist 127 cm hoch, 80 cm tief, hat einen Durchmesser von 1,70 m und eine 23 m lange Schnur. Um es zu benutzen, ist ein 24 m hoher Kran nötig!

REBELLEN IN UNTERHOSEN

Jedes Jahr demonstrieren die Einwohner der mexikanischen Stadt Veracruz in Mexiko für die Rechte der Bauern - in nichts als Unterwäsche!

ABGESTÜRZT

Die Besucher von Milwaukie, Oregon, können ein abgestürztes B-17G-Flugzeug aus dem Zweiten Weltkrieg bestaunen, das zwi-schen 1947 und 1991 als die ungewöhnlichste Tankstelle Amerikas galt! Heute ist es nur mehr eine Sehenswürdigkeit mit Restaurant und Shop.

INSELN AUS DUNG

Auf den peruanischen Guano-Inseln sammelten sich im 19. Jahrhundert hunderte von Metern hohe Dungberge, weil man den Mist als Düngemittel und für die Herstellung von Schießpulver nutzte.

SEHR GEMÜTLICH!

Mike Merciers Haus in Auburn, Maine, besteht nicht nur außen, sondern auch innen komplett aus Beton! Wände, Böden, Möbel und Arbeitsplatten sind wie aus einem Stück gegossen!

HÜBSCHES HANDY

2006 ging ein Handy aus der Schweiz für € 240.000 über den Ladentisch. Die Tasten bestanden aus Diamanten, deren größter ein 0,25-karätiger Diamant war. Das Titangehäuse des Black Diamond Smartphone ist mit weiteren Edelsteinen verziert. Es hat eine berührungsempfindliche Tastatur und verändert die Farbe von Silber zu Schwarz, wenn es nicht benutzt wird.

SCHLAUE SAMMLUNG

Über 8.000 konservierte menschliche Gehirne befinden sich in einem Bunker aus dem Zweiten Weltkrieg unter der Runwell-Nervenheilanstalt im englischen Essex. Die Ge-hirne wurden in den letzten 40 Jahren gesammelt und stehen Wissenschaftlern zur Verfügung, die an Krankheiten wie Alzheimer, Schizophrenie und anderen Gehirnkrankheiten forschen.

GEHEIMNISVOLLE KOKOSNUSS

Am Strand von Tiree, einer abgelegenen kleinen Hebriden-Insel vor der Nordwestküste von Schottland, wurden insgesamt zehn Kokosnüsse entdeckt! Experten rätseln, wie die exotischen Früchte dorthin gelangt sind, und vermuten, dass sie per Golfstrom aus der Karibik angespült wurden.

Diese aus Bronze und Edelstahl handgefertigte Skulptur besteht aus insgesamt 920 Einzelteilen - S. 58

Die Figuren aus Frischhaltefolie von Künstler Mark Jenkins tauchten wie aus dem Nichts auf den Straßen von Washington, D. C., auf - S. 52

Ein atemberaubendes Kunstwerk ließ die Besucher einer Galerie im australischen Sydney durch ein Meer von tausenden bunter Kugeln spazieren - S. 49

KURIOSE KUNST

TREIBHOLZ-PFERDE

Heather Jansch aus dem englischen Devon fertigt unglaubliche Pferdeskulpturen aus altem Holz an, das an die Küste gespült wurde!

Die Idee für ihre Treibholzkunst kam ihr, als ihr Sohn, der nach Feuerholz suchte, ein Stück Efeuholz abhackte, das sich um einen Zaunpfahl geschlungen hatte. Der restliche Stumpf eignete sich perfekt als Torso für eine Pferdeskulptur aus Kupferdraht, an der Heather gerade arbeitete. Die Künstlerin stellt kleine und lebensgroße Kunstwerke her. Die größeren bestehen aus einem Stahlrahmen,

Für manche ihrer Skulpturen braucht Heather Monate. Viele bleiben lange Zeit über unvollendet, weil die Künstlerin auf der Suche nach passenden Holzstücken ist.

der mit rauem Fiberglas bedeckt ist, damit das Holz nicht von dem bloßen Metall abrutscht. Erst wenn Heather zufrieden mit der Anordnung der Holzstücke ist, fixiert sie sie mit Draht und Schrauben. Die Hufe der Pferde bestehen aus alten Kupfer-Heizstäben. Da Heather ihre Kunstwerke meist in einer natürlichen Umgebung im Freien aufstellt, müssen sie standfest genug sein, um auch heftigem Wind trotzen zu können. Da die Skulpturen per Kran und LKW zu Ausstellungen transportiert werden, müssen sie außerdem angehoben werden können. Heathers größtes Problem ist der Treibholzmangel. Häufig muss sie weit reisen, um passende Stücke zu finden.

Heather findet das Treibholz für ihre Skulpturen nach Hochwasser oder Stürmen am Strand.

Ripley's

Einfach unglaublich!

GEISTERSCHIFF

Als im Juli 2005 eine 8,80 m lange Jacht von der Shetlandinsel Fair Isle 530 km weit ins englische Newcastle upon Tyne fuhr, war für alles gesorgt - bis auf eine Crew. Die unbemannte, sich selbst navigierende Jacht war die Idee von Chris Burden aus Boston, Massachusetts. Das im englischen Southampton gebaute Schiff wurde über Computer kontrolliert und während seiner fünftägigen Reise für den Notfall von einem Begleitboot überwacht.

SCHOKO-BÜSTEN

Die New Yorker Künstlerin Janine Antoni stellte eine Reihe von Büsten aus Schokolade und Seife her, die alle sie selbst zeigten. Für ihre Schokoladenkunstwerke bearbeitet sie Bruchschokolade mit den Zähnen. Außerdem webte sie einmal eine Decke nach dem Muster ihrer Gehirnwellen, die sie nachts beim Träumen aufgenommen hatte. Und für eine Ausstellung in der englischen Hauptstadt London wusch sie sich 1992 ihr langes Haar und wischte dann den Boden der Galerie damit!

WAHNSINNS-WANDBILD

Seit den 1970er Jahren haben Tausende von Künstlern zu einem riesigen Wandbild am Ufer eines Flusses in Pueblo, Colorado, beigetragen. Das Bild, das 3,20 km lang und 18 m hoch ist, zeigt unter anderem Porträts von Elvis Presley, Andy Warhol und Bob Marley. Jedes Jahr werden Künstler eingeladen, die an dem Monsterwerk weiterarbeiten sollen.

BIZARRE JURY

Der britische Künstler David Hensel war überrascht, als seine Skulptur für die Sommerausstellung der Royal Acdemy abgelehnt wurde. Aber noch seltsamer fand er, dass der leere Sockel angenommen und ausgestellt wurde! Die Juroren hielten die Statue, einen lachenden Kopf, und den Sockel für getrennte Kunstwerke.

DER PICASSO DER GEHWEGE

Der britische Künstler Julian Beever schmückt Gehwege mit unglaublichen 3-D-Kreidezeichnungen. Julian, der den Spitznamen "der Picasso der Gehwege" trägt, hat schon amerikanische, europäische und australische Städte mit seinen Kunstwerken erfreut, zum Beispiel mit einem Swimmingpool und Coca-Cola-Flaschen, die aussahen, als würden sie aus dem Boden schießen. In London war er 2006 sogar Teil seines eigenen Kunstwerkes, eines Bildes von einem brennenden Gebäude, vor dem er darauf wartete, von Batman und Robyn gerettet zu werden!

PAPIERSCHIFF

Jared Shipman aus dem kalifornischen Roseville baute ein 320.000-teiliges, 2,70 m langes Modell der amerikanischen USS *Nimitz* aus Papier.

FALSCHE SAMMLUNG

Christophe Petyt aus Paris, Frankreich, gründete L'Art du Faux, eine Sammlung von über 3.500 Fälschungen von Meisterwerken. Insgesamt 82 Künstler malen für ihn echte Gemälde nach. Zu den Besuchern seiner Ausstellungen zählen Arnold Schwarzenegger, Frank Sinatra und LaToya Jackson.

AMPHIBIEN-WOHNWAGEN

Im Jahr 1989 begann Rick Dobbertin aus Syracuse, New York, einen alten Milchlieferwagen in ein zehn Meter langes Amphibienfahrzeug aus Edelstahl umzubauen, mit dem er die Erde auf Land und Wasser umrunden wollte. Nach 4 ½ Jahren und insgesamt 14.000 Arbeitsstunden war es soweit. Sein Ziel erreichte er zwar nicht, aber er reiste über 53.000 km an Land und über 4.800 km weit auf dem Meer bei zeitweisen Wellen von bis zu 5,50 m Höhe.

HAI-SPION

Das Pentagon plant, ferngesteuerte Haie als Spione einzusetzen! Amerikanische Ingenieure haben ein Nervenimplantat entwickelt, durch das das Gehirn der Tiere per Fernbedienung gesteuert werden kann. Das Gerät soll an Blauhaien vor der Küste Floridas getestet werden.

BLINDE HINGABE

Seit über 30 Jahren schnitzt John Cook aus Tennessee wahre Meisterwerke aus Holz - ohne jemals ein Ergebnis gesehen zu haben! Als Kind verlor er wegen Grünen Stars sein Augenlicht. Er arbeitet mit Metermaß und Messklötzen mit Brailleschrift, um seine bestechend schönen Möbelstücke herzustellen. "Meine Hände sind meine Augen", erklärt er.

△ TEURER STIEFEL

Dieser Riesenstiefel besteht aus aussortierten Banknoten im Wert von sechs Millionen Dollar.

ZAHNSTOCHERKUNST

Im Jahr 2005 baute Michael Smith aus Baton Rouge, Louisiana, ein Krokodil aus drei Millionen Zahnstochern! Aus seinem Lieblingsmaterial bastelte er außerdem schon einen tragbaren Hut, ein Saxophon, eine benutzbare Brieftasche und wunderschöne Schmetterlinge.

AUSGEHECKT!

Im Jahr 1983 begann Moirangthem Okendra Kumbi eine Taubenbeerenhecke zu einem wahren Kunstwerk zu schneiden. Er nennt die Pflanze, die mittlerweile 19 m hoch ist, sein "Schätzchen". In seiner Heimat Manipur in Indien verbringt er fünf Stunden am Tag mit der Pflege seiner Schöpfung.

▽ MIT EINEM STREICH

Der Kalligraf Zhang Kesi schreibt das chinesische Zeichen "Long" für "Drache" auf ein 58 m langes und 28 m breites Banner. Kesi verwendete einen 5,50 m großen Pinsel, der einen Durchmesser von zwei Metern hatte. Die Länge des kompletten Zeichens beträgt 143 m.

TRUTHAHNMUSIK

Der amerikanische Künstler Jay Jones erschuf sogenannte "Audio-Skulpturen", mit denen er im englischen West Yorkshire Kunden bei ihren Weihnachtseinkäufen mit dem Kollern von Truthähnen beschallte.

ESSBARE AUSSTELLUNG

Im Jahr 2005 veranstaltete eine Kunstgalerie im englischen Brighton eine Ausstellung, bei der die Besucher die Kunstwerke aufessen durften. Die Ausstellung trug den Namen "Das verlorene Apfelfeld" und zeigte 700 verschiedene Apfelsorten, die verdeutlichen sollten, dass die Menschen den Bezug zum traditionellen Bauernleben verloren haben.

BATTERIEBETRIEBEN

Die Wissenschaftler am Institut für Technologie in der japanischen Stadt Tokio haben ein Flugzeug erfunden, das von 160 winzigen AA-Batterien angetrieben wird. Das Flugzeug wiegt 44 kg und hat eine Spannweite von 30 m. Beim Testlauf im Jahr 2006 flog es in einer Minute 391 m weit und absolvierte den wohl ersten mit Haushaltsbatterien betriebenen Flug aller Zeiten!

DAMPF-GRAMMOPHON

Musik- und Dampflokliebhaber Geoff Hudspith aus dem englischen Dorset hat das vermutlich erste dampfbetriebene Grammophon der Welt gebaut, um seine alten Schallplatten abspielen zu können. Er brauchte dafür vier Jahre, es kostete ihn aber nur € 160, weil er Altmetall verwendete.

Cartoon-Manie

Die CARTOON-Manie hat viele eingefleischte Ripley's-Fans infiziert! Zu ihren besten Zeiten in den 1930er Jahren hatten Robert Ripley's *Believe it Or Not!*-Cartoons über 80 Millionen Leser!

Frank S. Naroki aus Cleveland, Ohio, sammelte so viele *Believe it Or Not!*-Zeichnungen aus den Jahren 1929 bis 1932, dass er sein ganzes Schlafzimmer damit tapezieren konnte! Das letzte, was er vor dem Einschlafen, und das erste, was er nach dem Aufwachen sah, waren diese Cartoons - mit Sicherheit war Frank ein unterhaltsamer Gast am Frühstückstisch!

VERRÜCKTES DOUBLE

Walter Cunningham ließ sich 1944 mit seiner Pappmaché-Bauchrednerpuppe fotografieren, die er aus Ripley's-Cartoons hergestellt hatte. Über 30 Jahre lang verwendete er die Puppe bei seinen Auftritten.

ZAHN-KETTE
Diese Halskette aus Neuguinea besteht aus menschlichen Zähnen.

KUNSTMENSCH

Eine Studentin aus dem englischen Yorkshire stellte 2006 ihre eigene Großmutter als Kunstwerk aus! Janis Rafailidous ließ ihre 80-jährige Großmutter Athena aus ihrer Heimat Griechenland einfliegen und setzte sie in eine Küchenattrappe in einer Kunstgalerie in Leeds. Die Besucher konnten Athena beim Abspülen, Aufräumen, Kochen und Stricken beobachten.

VERSTÜMMELTE BARBIES

Aus guten Gründen ist die Künstlerin Sue Wandell aus San Francisco auch als "die Barbie-Verstümmlerin" bekannt. Ihre Kunstwerke bestehen aus geköpften Barbies, denen Haushaltsgegenstände auf den Schultern sitzen. Es gibt zum Beispiel eine "Hammerkopf-Barbie", deren Kopf durch einen Metallhammer ersetzt ist, eine "Eitelkeits-Barbie", der ein Spiegel auf den Schultern sitzt, und eine "Nachtschwärmer-Barbie", deren Kopf ein Ausschankstutzen für Alkoholika ist.

SPRECHENDER MAGNET

Ein Unternehmen aus Alabama hat einen sprechenden Kühlschrankmagneten erfunden, der Diätpatienten davon abrät, sich etwas zu Essen zu holen.

HORNISSENBERG

Im Jahr 1999 fertigte der Japaner Yoshikuni Shiozawa aus Nagano ein 3,60 m hohes Modell vom Berg Fuji an, das aus 160 aneinander befestigten Hornissennestern bestand. In der fertigen Skulptur lebten 160.000 Hornissen.

SANDGEMÄLDE

Auf der britischen Kanalinsel Jersey stellten im September 2005 über 200 Menschen ein 14 x 16 m großes Sandgemälde mit dem Titel "Fun in the Sun" her. Eine halbe Tonne Sand wurde mit Plakatfarbe zu 17 verschiedenen Farben angemischt. Der gefärbte Sand wurde dann auf Hartholzplatten gestreut, die an den Stellen, an denen der Sand fixiert werden sollte, mit Klebstoff eingestrichen waren.

MINIFLAGGE

Jang-Bae Jeon und Carlo Foresca, Studenten der Universität von Texas in Dallas, haben eine amerikanische Flagge geschaffen, die so winzig ist, dass man 14 Stück brauchen würde, um die Breite eines menschlichen Haares zu erreichen. Die Flagge, die von 50 Sternen und 13 Streifen geziert wird und nur sieben Mikrometer groß ist, wurde mittels Nanotechnologie hergestellt.

BONBONPAPIER-KLEID ▷

Klavdija Ljusina aus Tsarjow, Russland, präsentiert stolz Hemd, Jacke und Kopftuch, die sie selbst aus Bonbonpapierchen hergestellt hat. Schon seit 20 Jahren fertigt sie bunte Kleidungsstücke aus Einwickelpapier an.

ASCHENWALD

Als Ausstellungsstück für den Abschiedsabend des Camberwell College of Arts im englischen London glasierte die Studentin Emma Fenelon fünf Keramikbäume mit menschlicher Asche. Vorher hatte sie im Internet nach Freiwilligen gesucht, die die Asche ihrer verstorbenen Liebsten für das Projekt spenden wollten.

STAATSMALER

Der Künstler Scott Hagan aus Belmont County in Ohio reiste 105.000 km weit durch die USA und verbrauchte dabei 2.445 l Farbe und 100 Pinsel, um zu Ehren der Zweihundertjahrfeier von Ohio das Wappen des Staates auf 88 verschiedene Scheunen zu malen.

EIS BIS HEISS

Scott Wilson aus Cary, North Carolina, hat eine Eissorte erfunden, die aus drei Pfefferarten und zwei verschiedenen scharfen Saucen besteht. Er nennt sein Eis Cold Sweat, und es ist so scharf, dass die Kunden eine Einverständnis-erklärung unterschreiben müssen, ehe sie es bestellen.

ARCHE NOVA

Inspiriert von der biblischen Geschichte der Arche Noah baute der Niederländer Johan Huibers innerhalb von 15 Monaten eine 70 m lange Holzarche, die er mit Nutztieren füllen wollte, um dann verschiedene niederländische Städte anzusegeln.

ROBOTER-DIRIGENT

Im Jahr 2004 wurde das Philharmonie-Orchester von Tokio bei einer Darbietung von Beethovens 5. Symphonie von einem 58 cm großen Roboter dirigiert.

SUPERMÄHER

C. G. Mouch aus Brusly, Los Angeles, baute sein 750-Kubik-Motorrad von Honda an einen Rasenmäher, sodass er bei bis zu 16 km/h auch beim Rasenmähen möglichst cool aussieht.

SCHLAMMKUNST

Die Londoner Künstlerin Angela Findlay macht sich im Namen der Kunst gern die Hände schmutzig! Sie malt Bilder mit Schlamm, der vom Ufer des Flusses Severn stammt. Angela sammelt dort eimerweise Matsch ein, den sie in ihrem Atelier mit Sand und Acrylfarbe vermengt. Dann trägt sie die Farbe mit Fingern und Fingernägeln auf große Leinwände auf.

ORIGAMI MAL ANDERS

Devin Balkcom, ein Student der Carnegie Mellon University von Pittsburgh, Pennsylvania, entwickelte einen Roboter, der die japanische Faltkunst Origami beherrscht.

MÜLLKREATIONEN

Freeman Loughridge aus Ardmore, Oklahoma, stellt sonderbare Skulpturen aus Müll her! Fahrradteile und Sprungfedern verwandelt er in Rankgitter, und aus einem alten Militärhelm bastelte er einen Flamingo! Loughridge selbst kommentiert seine merkwürdige Kunst: "Ich nehme es sehr ernst, mich nicht allzu ernst zu nehmen."

FLOWER POWER

In einem Frankfurter Einkaufszentrum wurde im September 2005 ein Bouquet aus über 150.000 Rosen ausgestellt!

ROBOTER-FEINSCHMECKER

Japanische Ingenieure haben angeblich einen Roboter-Weinverkoster erfunden, der 30 verschiedene Traubensorten unterscheiden kann!

KRÄFTIGES KINN

Der vom Hals abwärts gelähmte Owen Orthmann aus Minnesota hat eine Armbrust so umgebaut, dass er sie laden, damit zielen und sie abschießen kann, ohne Arme oder Beine zu benutzen. Er bedient die Waffe stattdessen mit dem Kinn.

KNOPF-COUTURE

Im Jahr 1936 benähte Owen Totten aus Mount Erie, Illinois, einen Anzug mit 5.600 verschiedenen Knöpfen!

△ BRANDENDER APPLAUS

Freiwillige stehen am Manly Beach im australischen Sydney in der Brandung und lesen Zeitung, um eine „menschliche Skulptur" zu bilden. Der Künstler Andrew Baines rief Männer, Frauen und Kinder am 2.9.2006 dazu auf, sich bei Tagesanbruch mit ihm am Strand zu treffen, um ihm bei der Umsetzung seines Kunstwerks zu helfen. Ihm kam die Idee zu der Skulptur als Kind, als er zur Hauptverkehrszeit mit der Londoner U-Bahn fuhr und das Gefühl hatte, von "Büro-Legehennen" umgeben zu sein.

AUGEN-MAUS

Der chinesische Schüler Zhou Chen aus Nanjing hat einen Computer erfunden, der über Bewegungen der Augäpfel gesteuert werden kann. Mit der "Augapfelmaus", wie er sie nennt, kann man klicken und beispielsweise Webseiten öffnen, indem man auf den Bildschirm schaut und dabei die Augen bewegt.

SCRABBLE-SKULPTUR

Der schottische Künstler David Mach errichtete eine 2,40 m hohe Frauenskulptur aus 4.200 Scrabblesteinchen. Die Figur trägt den Namen "Myslexia" und wurde 2006 im englischen Sussex ausgestellt. Die Buchstaben auf den Steinchen hatten einen Gesamtspielwert von über 76.000 Punkten!

BUNTE PUNKTE

Im August 2006 war in der New-South-Wales-Kunstgalerie im australischen Sydney ein Kunstwerk der ganz besonderen Art zu sehen: Die australische Künstlerin Nike Savvas schuf ein Werk namens "Atomix - Voller Liebe, voller Wunder", für das sie über 50.000 bunte Styroporkugeln in einem riesigen Raum aufhängte. Die Kugeln bewegten sich im Luftzug von Ventilatoren und trugen die Farben des australischen Outbacks.

LEUCHTENDE HAUSSCHUHE

Dank des amerikanischen Erfinders Doug Vick sind nächtliche Ausflüge zum Kühlschrank nun sicherer, denn er hat sich Hausschuhe mit Licht ausgedacht! In den Zehen sind starke Taschenlampen installiert, die bis zu 7,60 m weit leuchten. Zieht man die Hausschuhe wieder aus, sorgt ein Timer dafür, dass die Lichter lange genug anbleiben, um wieder ins Bett zu kommen.

WAHRES HANDWERK

Der italienische Künstler Guido Daniele hat dem Wort „Handwerk" eine neue Bedeutung verliehen: Er malt nicht auf Leinwände, sondern setzt Stift und Wasserfarben ein, um die Hände von Menschen mit unglaublichen Porträts von Tieren, zum Beispiel Geparden, Elefanten, Krokodilen und Tukanen, zu schmücken. Daniele, der lange Zeit menschliche Körper für Werbekampagnen gemalt hat, braucht bis zu zehn Stunden für eines seiner Kunstwerke. Seine Modelle müssen also nicht nur große Hände, sondern auch viel Geduld haben!

MAUSEFALLE

Die Studenten des Kunstinstituts von Fort Lauderdale, Florida, haben eine 3,60 m lange Mausefalle gebaut, die über 270 kg wiegt.

CD-KUNST

Der Künstler Tom Dukich aus Spokane, Washington, sammelte zehn Jahre lang Software-CD-ROMs, die am Ende eine 115- -Tonne füllten. Aus seiner Sammlung formte er dann eine riesige Skulptur.

NACHGEFRAGT

DER MANN MIT DEN ZAHNSTOCHERN

Jahr für Jahr verbraucht der Künstler Steven J. Backman, 40, aus San Francisco mehr als 10.000 Zahnstocher, um seine weltberühmten Skulpturen herzustellen.

Woher stammt Ihre Faszination für Zahnstocher?

“Als ich ungefähr fünf Jahre alt war, habe ich für ein Vorschulprojekt ein DNA-Molekül aus Bohnen und Zahnstochern hergestellt. Heute habe ich viel Geduld bei der Arbeit, aber damals war das noch anders. Ich war schnell frustriert und habe alles zerschlagen, und dabei hat sich ein Zahnstocher in meine Hand gebohrt. So fing es an.”

Welches Ihrer Kunstwerke ist das berühmteste?

“Vermutlich die detailgetreue Nachbildung der Golden Gate Bridge in San Francisco, die ich vor 20 Jahren gebaut habe. Sie ist vier Meter lang, und ich habe 30.000 Zahnstocher verwendet. Man kann sie sogar beleuchten! Ich habe über 2 Jahre daran gearbeitet.”

Und welche Ihrer Werke mögen Sie selbst am liebsten?

“Meine Nachbauten der Cable Cars von San Francisco und meine abstrakten Kopien von Meisterwerken wie der „Mona Lisa“ oder von bekannten Persönlichkeiten wie George W. Bush. Aber mein wirklicher Liebling ist eine fast 1,50 m lange ferngesteuerte Jacht, die mit wasserfestem Kunstharz beschichtet ist. Sie wurde auf € 20.000 geschätzt, aber ich würde sie nicht einmal für Millionen verkaufen.”

Worin unterscheidet sich Ihre Arbeit von der anderer Modellbauer?

“Viele erschaffen riesige Objekte, aber ich habe mich für kleine, feine Kunstwerke entschieden. Einige Leute nehmen meine Kunst nicht ernst, weil ich Zahnstocher statt Bronze oder Gips verwende, aber ich versuche, Werke zu erschaffen, die man mit Rembrandt oder Picasso vergleichen kann - wie zum Beispiel meine Interpretation von Rodins ‚Denker‘ aus 2.330 Zahnstochern!”

Denken Sie beim Aufwachen als erstes an Zahnstocher?

“Am kreativsten bin ich, wenn ich schlafe! Oft träume ich von etwas, und dann stehe ich mitten in der Nacht auf und versuche meinen Traum nachzubauen!”

Was hilft Ihnen, sich zu konzentrieren?

“Ich habe schon 24 Stunden am Stück ohne Unterbrechung gearbeitet. Aber heutzutage beschränke ich mich auf acht bis zehn Stunden am Tag, die ich in absoluter Stille arbeite. Ich bin gerne allein.”

Was für Zahnstocher verwenden Sie - und wie viel haben Sie schon für Ihr Material ausgegeben?

“Ich habe einen Vertrag mit einem Hersteller. Meistens brauche ich pro Kunstwerk zwischen 400 und 1.000 Zahnstocher. Ich verwende häufig Zahnstocher, die kein stark zugespitztes Ende haben, weil sie stabiler sind. Und dann brauche ich natürlich Berge von Klebstoff!”

Was haben Sie als Nächstes vor?

“Meine bisher größte Herausforderung war der Nachbau des Empire State Buildings aus 7.470 Zahnstochern, weil er innen hohl war. Als Nächstes würde ich gerne etwas in Originalgröße bauen. Mir schwebt ein Auto vor, das tatsächlich funktioniert!”

Haben Sie ein Motto?

“Ja. Es lautet 'Immer mit der Ruhe'. Um stundenlang stillzusitzen, brauche ich unglaublich viel Geduld. Lustigerweise bin ich außerhalb meiner Arbeit ziemlich ungeduldig - ich halte es nicht mal aus, in einer Schlange zu warten.”

ÜBER LEBENSGROSS

Der in London lebende australische Bildhauer Ron Mueck stellt unglaublich echt aussehende Skulpturen von übergroßen Menschen her. Die abgebildeten Arbeiten wurden 2006 in der Royal Scottish Academy im schottischen Edinburgh ausgestellt. Das Baby heißt "Ein Mädchen", die Frauenskulptur "Im Bett". Ehe er Künstler wurde, arbeitete Mueck 20 Jahre lang in Australien als Marionettenbauer und -spieler.

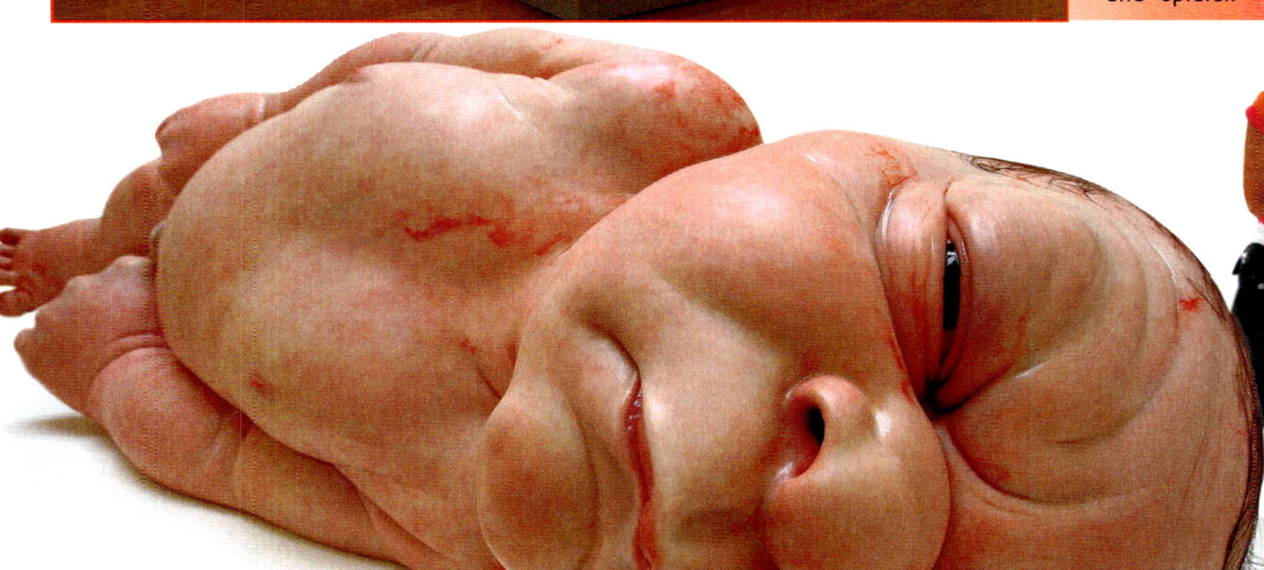

99 LUFTBALLONS

Die New Yorker Künstler Larry Moss und Royal Sorell haben aus 40.781 länglichen Luftballons innerhalb von unglaublichen 640 Arbeitsstunden ein riesiges Fußballfeld komplett mit Toren, Spielern und Gras erschaffen! Die zwölf Meter großen Spieler waren in den Nationalfarben von Belgien und den Niederlanden gekleidet, die bei der europäischen Meisterschaft 2000 die Gastgeber waren.

RASENDER ROLLSTUHL

Giuseppe Cannela aus dem englischen Bedfordshire baute ein Düsentriebwerk an die Rückseite des Rollstuhls seiner Schwiegermutter. Der Stuhl erreicht Geschwindigkeiten von bis zu 97 km/h!

VERZWEIGT!

Der britische Künstler Tim Knowles lässt Bäume malen! Er befestigt Pinsel an dünnen Zweigen, legt blanke Leinwände darunter und lässt den Wind die Arbeit machen.

SELTSAMER TIERHALTER

Bei der ersten Skulpturen-Biennale im kanadischen Vancouver 2006 wurden Passanten dazu ermutigt, alle möglichen Gegenstände auf Ablagen in der ganzen Stadt zu hinterlassen. Am Ende fand man neben Federn, Schuhen und Zweigen auch einen kleinen Chihuahua!

SCHNEEKINO

Beim National Screen Institute Film Festival im kanadischen Winnipeg saß das Publikum bei -30°C im Freien und sah sich Filme an, die auf eine riesige Leinwand aus Schnee projiziert wurden.

ZEMENTSCHIFF

Eine Gruppe von Studenten der Universität von Nevada arbeitete ein Jahr lang an einem Acht-Mann-Zementschiff. Das Boot kann tatsächlich schwimmen!

METALLKÄSE

Der Bildhauer Bruce Gray aus Los Angeles kreierte einen 64 x 110 x 74 cm großen Käse aus geschweißtem Aluminium! Der "Große Käse", der sogar Metalllöcher in verschiedenen Größen hat, hatte bereits seinen ersten Gastauftritt in der Fernsehserie *Six Feet Under!*

FISCHKUNST

Die Künstlerin Carol Hepper aus South Dakota baut Skulpturen aus getrockneter Fischhaut! Die Häute beschafft sie sich beim Angeln oder von Fabriken, die Fische verarbeiten.

Ripley's Einfach unglaublich!

FOLIENKUNST

Wer durch die Straßen von Washington, D. C., spaziert, weiß nie, was ihn hinter der nächsten Ecke erwartet!

Vielleicht eine Parkuhr, die sich als Lolli verkleidet hat, oder ein Baby in einer Baumkrone, ein durchsichtiger Hund am Strand oder ein mit dem Kopf nach unten in einer Kiste steckender Mann? Diese und viele weitere seltsame Skulpturen verteilte der Straßenkünstler Mark Jenkins überall in der Stadt.

Mark arbeitet vor allem mit Packband und Frischhaltefolie. Die Technik entdeckte er zu Schulzeiten, als er einen Stift in Frischhaltefolie wickelte, ein Loch in die Folie stach und den Stift herauszog. Im Jahr 2003, zwanzig Jahre später, formte er eine Kugel aus Klarsichtfolie. Dann fing er an, seine Möbel einzuwickeln, ehe er das erste Modell von seinem eigenen Körper formte, das er in einen Müllcontainer steckte. Als Mark nach Washington zog, verbreiteten sich seine Folienfiguren rasch in der ganzen Stadt. Meistens sind sie durchsichtig, aber manchmal zieht er ihnen auch Kleidung an, damit sie noch realistischer aussehen. Er formte auch Babys und Tiere aus Folie und setzte sie in Bäume und Denkmäler und in herumstehende Einkaufswagen.

NACHGEFRAGT

Welches Ihrer Kunstwerke mögen Sie am liebsten?

„Momentan die Folienpferde. Sie passen gut in die freie Natur, aber auch mitten in die Großstadt. Ich benutzte sie zum Beispiel, um Kreisverkehre in Karusselle zu verwandeln."

Gab es schon Pannen bei der Herstellung Ihrer Skulpturen?

„Ich mache mir vorher Gedanken, wie ich meine Kunstwerke am besten befestige, damit es keine Unfälle gibt. Außerdem habe ich mir ein paar spezielle Hängevorrichtungen ausgedacht."

Haben Sie ein großes Ziel?

„Ich würde gern einen Folienabdruck von Abraham Lincolns Kopf im Lincoln Memorial in Washington, D. C., machen. Jedes Mal, wenn ich dort vorbeigehe, stelle ich mir vor, wie cool es wäre, wenn ein Abdruck von ihm in meinem Wohnzimmer säße. Aber die Statue ist gesperrt."

Haben Sie schon negative Reaktionen auf Ihre Skulpturen erlebt?

„Meistens wissen die Leute gar nicht, wer sie hergestellt hat. Ich stülpe immer eine schwarze Plastikplane über meine Arbeit und entferne sie erst, wenn ich fertig bin. Danach verschwinde ich sofort. Aber einmal hat mich ein Kerl beobachtet, wie ich eine Plastiktüte, aus der ein Paar Beine ragten, durch die Gegend trug. Ein Wunder, dass er nicht die Polizei gerufen hat."

Was haben Sie als Nächstes vor?

„Ich arbeite an einer Serie namens 'Legos'. Sie besteht aus jeweils zwei kopflosen Körpern mit vier Beinen, die durch die Stadt laufen. Solange mir noch Ideen kommen, die ich lustig finde, werde ich weitermachen."

PAPIERHÄUSER

Die Künstlerin Sherry Brown aus Charleston, South Carolina, baut Häuser und alte Forts aus Toilettenpapier nach!

KÜRBISKÜNSTLER

Hugh McMahon aus New York City verdient seinen Lebensunterhalt mit Skulpturen aus Obst und Gemüse. Für einen geschnitzten Kürbis oder eine Wassermelone nimmt er € 800.

SUDOKU FÜRS KLO

Eine britische Firma nutzt das weltweit ausgebrochene Sudoku-Fieber, indem sie mit den Zahlenrätseln bedrucktes Toilettenpapier herstellt.

BLITZENDER OHRSCHMUCK

Erfinder aus Kalifornien haben Ohrringe entwickelt, die im Takt des Herzschlags ihrer Träger aufleuchten!

FLEISCHKUNST

Bei einer Ausstellung im Jahr 2006 im belgischen Gent wurde ein Mantel aus Beefsteaks präsentiert. Dazu gehörten ein Zelt aus Speck und Schlafsäcke aus Steaks. Der Künstler Jan Fabre arbeitete die ganze Nacht durch, um 100 kg Steak und 15 kg Hackfleisch sowie mehrere Kilometer Parmaschinken für seine Fleischtempel-Ausstellung in Kunstwerke zu verwandeln. Seine Skulpturen konnten aber nur drei Tage lang ausgestellt werden, ehe sie verdarben. Im Jahr 2000 hatte Fabre die Säulen vor der Universität von Gent mit Speckstreifen eingewickelt.

KÜSSE FÜR DIE EWIGKEIT

Der Künstler Tino Seghal stellte in einer Kunstgalerie im kanadischen Ontario im Jahr 2006 ein Kunstwerk aus, für das mehrere tanzende Paare berühmte Küsse aus der Kunstgeschichte nachstellten. Die Besucher konnten Liveversionen von Kussszenen von Rodin, Munch, Klimt und anderen Malern beobachten.

KETTENREAKTION

Wayne Simmons beeindruckt die Fans seiner Kunst mit kunstvollen Holzskulpturen von Adlern, Bären und Pelikanen. Das Besondere an seinen Werken ist, dass Simmons nicht mit Messern und anderem Schnitzwerkzeug arbeitet, sondern mit der Kettensäge!

ASCHE ZU KUNST

Der Engländer Derek Collins fertigt Kunstwerke aus der Asche von Verstorbenen an, die sich die Hinterbliebenen in ihre Wohnzimmer hängen können. Mit einer speziellen „flammenden" Technik stellt er diese ungewöhnlichen Gemälde aus Harzen, Flüssigkeiten, Pulver und der Asche der Toten her.

HOSENBILDER

Rachel Kice aus Nashville, Tennessee, verdient sich ihren Lebensunterhalt damit, Bilder auf die Hosen ihrer Kunden zu malen. Mit ihren individuellen Zeichnungen verwandelt sie einfache Kleidungsstücke in wahre Kunstwerke.

WINZIGER WEIN

Steve Klein aus dem kalifornischen Encino stellt winzige, handgeblasene Weinflaschen her, die nur 2,50 cm hoch sind. Er füllt sie mit je 0,75 ml Wein und verkorkt, versiegelt und etikettiert sie.

◁ POPO-KUNST

Stan Murmer aus Virginia ist der Erfinder der "Popo-Kunst", für die er sich in Farbe setzt und seinen Hintern dann an einer Leinwand reibt. Auf seine ganz eigene Weise hat er so schon Bilder von Tulpen, Schmetterlingen und Papageien erschaffen und - unglaublich, aber wahr - sogar Geld für seine Kunstwerke bekommen! .

PENDLERANZUG

Der Performancekünstler Liam Yeates aus England erfand 2006 während der Hitzewelle einen "Pendleranzug", der die Fahrten mit der Londoner U-Bahn angenehmer gestalten sollte. An dem Anzug hingen bunte, an Springfedern befestigte Kugeln, um Mitfahrer auf Abstand zu halten. Eine Melone mit einem gelben Warnlicht obendrauf vervollständigte das Ensemble. Yeates erfand noch weitere hilfreiche Apparate für den U-Bahn-Verkehr, zum Beispiel einen Ventilator, der in die Brieftasche passt, und Schulterpolster mit integrierten Parfümfläschchen, mit denen man an heißen Tagen seinen Schweißgeruch verbergen kann.

MINI-TESTAMENT

Mittels Mikrolithographie konnten drei Wissenschaftler des technologischen Instituts von Massachusetts eine Bibel auf einer Silikontafel herstellen, die kleiner als 1,30 cm^3 ist.

Traktorenkunst

Der australische Künstler Ando, der ursprünglich Bergbauingenieur ist, schuf dieses gewaltige Bild eines lächelnden Farmers, das über vier Quadratkilometer Fläche bedeckt. Das Kunstwerk befindet sich auf der Muni-Mundi-Ebene in New South Wales. Um mit einem Traktor die rote Erde freizulegen, brauchte Ando ein ganzes Jahr! Das Porträt ist noch aus 1,20 km Höhe sichtbar.

DER SUPER-KÄFER

Ron Patrick genügte es nicht, seinen VW-Käfer auf die übliche Art instand zu halten. Er ging bis an die Grenzen des Möglichen und verwandelte seinen Wagen in eine wahre Rennmaschine.

Der 49-jährige kalifornische Autocomputer-Designer beschloss, das verrückteste Auto zu bauen, das für die Straße zugelassen war. Vier Jahre lang arbeitete er an der Verwirklichung seines Traums. Vor dem Umbau fertigte er mehrere Versionen aus Styropor an, bis ihn das Design und die Lichtmaschine zufriedenstellten. Der Wagen hat nun zwei Motoren: Einen normalen, der die Vorderräder antreibt und unter der Motorhaube sitzt, und einen Düsenantrieb im Kofferraum. Er erklärt: "Mit dem normalen Benzinmotor kann ich ganz legal auf allen Straßen fahren. Aber wenn ich Spaß haben will, fahre ich den Düsenantrieb hoch und rase los!"

Rons Düsenantrieb saß einst an einem Hubschrauber der Marine. Für seinen VW-Käfer musste er ihn umbauen.

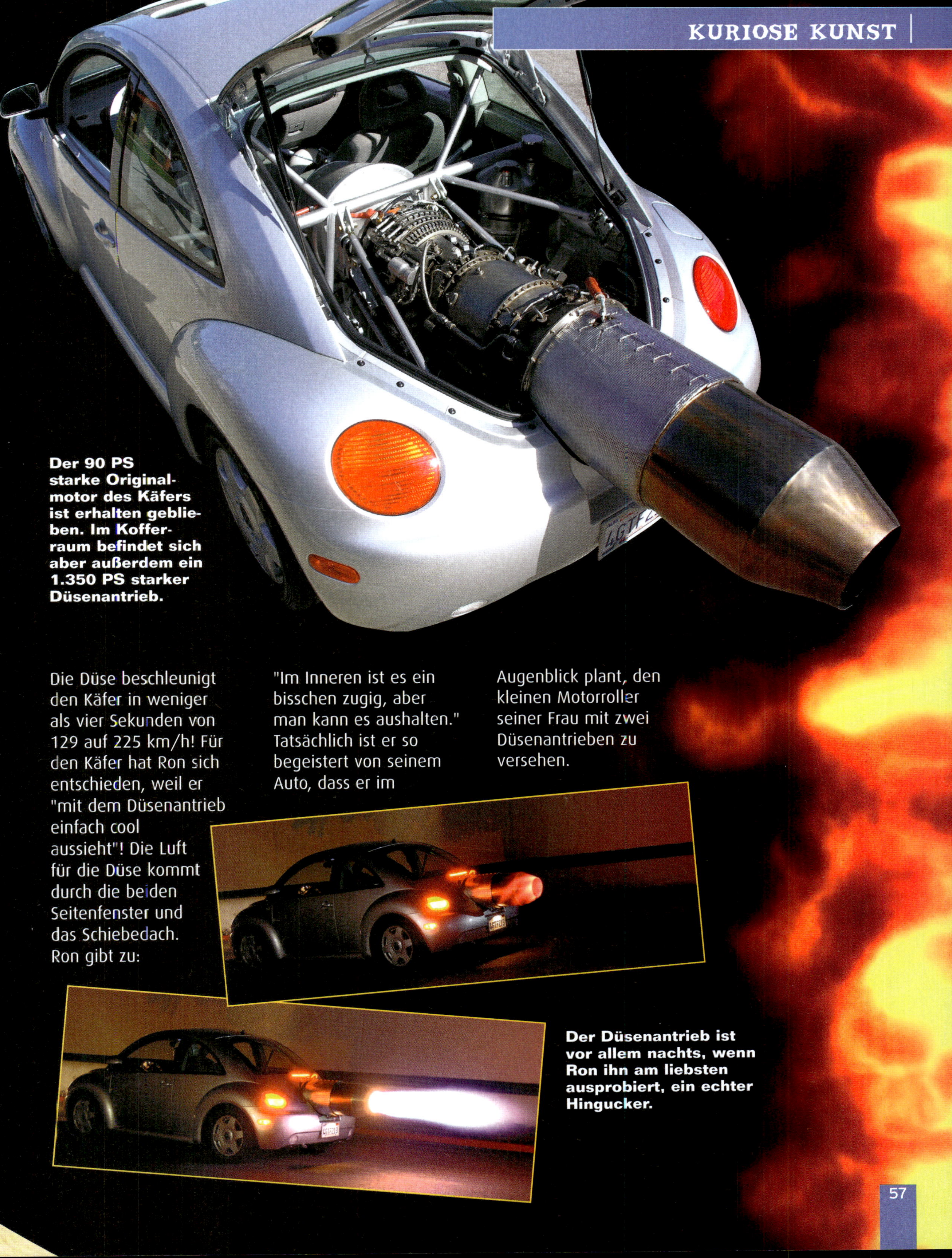

Der 90 PS starke Originalmotor des Käfers ist erhalten geblieben. Im Kofferraum befindet sich aber außerdem ein 1.350 PS starker Düsenantrieb.

Die Düse beschleunigt den Käfer in weniger als vier Sekunden von 129 auf 225 km/h! Für den Käfer hat Ron sich entschieden, weil er "mit dem Düsenantrieb einfach cool aussieht"! Die Luft für die Düse kommt durch die beiden Seitenfenster und das Schiebedach. Ron gibt zu: "Im Inneren ist es ein bisschen zugig, aber man kann es aushalten." Tatsächlich ist er so begeistert von seinem Auto, dass er im Augenblick plant, den kleinen Motorroller seiner Frau mit zwei Düsenantrieben zu versehen.

Der Düsenantrieb ist vor allem nachts, wenn Ron ihn am liebsten ausprobiert, ein echter Hingucker.

BALLSPIELE

Danny O'Connor aus Lexington, Massachusetts, fertigt Kunst aus weggeworfenen Gegenständen an, zum Beispiel aus Tesafilm oder Schallplatten. Am liebsten aber sind ihm alte Bälle. Über die Jahre hat er unglaubliche 22.000 Bälle aus dem Müll gesammelt! Bei einer seiner Ausstellungen arrangierte er 17.000 Bälle, darunter Tennis-, Fußball-, Squash-, Golf- und Basketbälle, zu einem Kreis.

FUSSBAR

Der englische Pubbesitzer James Banbury ist ein so großer Fußballfan, dass er anlässlich der Weltmeisterschaft 2006 seine Kneipe Old Swan in Kibworth komplett mit Fertigrasen auskleidete. Auf den Rasen malte er Markierungslinien, und sein Kamin diente als Tor.

ZIGARRENMONSTER

Zigarrenroller aus Tampa, Florida, haben eine Zigarre hergestellt, die atemberaubende 31 m lang ist und 24 kg wiegt. Wallace und Margarita Reyes benötigten mit ihren Helfern 75 Stunden dafür!

KRONKORKENMOSAIK

Anlässlich des 950. Geburtstags der deutschen Stadt Landesbergen legten die Künstler der Stadt im Jahr 2005 aus über 2 ½ Millionen Kronkorken ein 100 x 64 m großes Mosaik. Wegen der gewaltigen Größe des Mosaiks fand die Aktion auf einem Fußballplatz statt.

SUPERPOST

Im Juni 2006 gaben die beiden Künstler Dimitri Schagin und Maxim Isajew im russischen Sankt Petersburg eine Postkarte auf, die 15 m lang und 56 kg schwer war und auf der nicht weniger als 198 Briefmarken klebten!

ARKTISCHES BIER

Eine grönländische Brauerei fertigt Bier mit Wasser an, das von der Polkappe stammt! Die Eigentümer der Inuit-Brauerei, die sich in Narsaq, 628 km südlich des Polarkreises, befindet, behaupten, dass das Wasser 2.000 Jahre alt und frei von Umweltgiften sei. Derzeit wird das 5,5%ige Bier in Dänemark vertrieben.

BELLENDE KLINGEL

Gerrit Bruintjes aus dem niederländischen Oldenzaal hat eine Haustürklingel, die bellt! Sie erinnert an den Schäferhund der Familie, der vor einigen Jahren starb. Die Klingel klingt so realistisch, dass die Bruintjes schon zweimal aufgefordert wurden, Hundesteuer zu zahlen!

MINI-FELD

Ein deutscher Wissenschaftler baute mittels Nanotechnologie ein Fußballfeld, das so klein ist, dass es 20.000-mal auf ein menschliches Haar passen würde! Das winzige Feld ist sogar mit allen wichtigen Markierungen eines Fußballfelds versehen.

MENSCHLICH, ALLZU MENSCHLICH

Mark Hos handgefertigte Skulptur des menschlichen Körpers besteht aus Bronze und Edelstahl und ist 43 cm hoch. Sie besteht aus 920 Einzelteilen, von denen alleine 101 Stücke in jeder Hand sitzen. Sie wiegt sechs Kilo, und Mark arbeitete sechs Jahre lang an seinem Prototyp, bis ihm das Endergebnis gefiel. Alle Gelenke können bewegt werden, sodass die Figur fast unendlich viele Positionen einnehmen kann.

VERDREHTE KIRCHE

Die Besucher der kanadischen Stadt Vancouver waren recht erstaunt, als sie im Jahr 2006 eine auf dem Kopf stehende Kirche entdeckten, deren Turm im Boden versenkt war! Das 6 x 6,70 x 2,70 m große Kunstwerk bestand aus Stahl, Glas und Aluminium und trug den Namen "Werkzeug zur Ausrottung des Bösen". Es stammt von dem in New York lebenden Bildhauer Dennis Oppenheim.

ROBOTER-KELLNER

Studenten der Technischen Hochschule von Darmstadt haben einen Roboter erfunden, der angeblich perfekt Bier ausschenken kann! Der Hermann getaufte Roboter bekommt sogar eine echte Weißbier-Schaumkrone hin!

FRITTIERTE FLAGGEN

Der Kunststudent William Gentry aus Clarksville, Tennessee, stellte Dutzende von frittierten amerikanischen Flaggen aus, um gegen die in den USA verbreitete Fettsucht zu protestieren. Die Flaggen waren in Erdnussöl, Eierteig, Mehl und schwarzem Pfeffer frittiert.

SELTSAMER SKISCHUH

Igor Ridanovic aus dem kalifornischen Los Angeles erfand den "Mono-Stiefel", einen extrabreiten Skischuh, in den beide Füße passen.

TUPPERPARTY

Bei einem Wettbewerb im Jahr 2006, dessen Teilnehmer Gegenstände aus Tupperware basteln sollten, hatte Evelyn Tabaniag von den Philippinen die Idee zu einer blauen Tupperware-Handtasche mit Innenfutter aus Spitze und perlenbesetzten Griffen. Stella Filippou aus Griechenland baute einen Formel-1-Rennwagen aus Tupperware-Teilen. Die Räder bestanden aus Götterspeiseförmchen und Kartoffelstampfern.

GENIALES KIND

Ein 14-jähriger Schweizer hat ein funktionierendes U-Boot aus einem alten Schweinetrog und anderem Sperrmüll gebastelt, den er auf einem Bauernhof gefunden hat. Aaron Kreier arbeitete vier Jahre lang an der pedalbetriebenen Maschine und ging damit im Juli 2006 erfolgreich auf eine 15-minütige Jungfernfahrt.

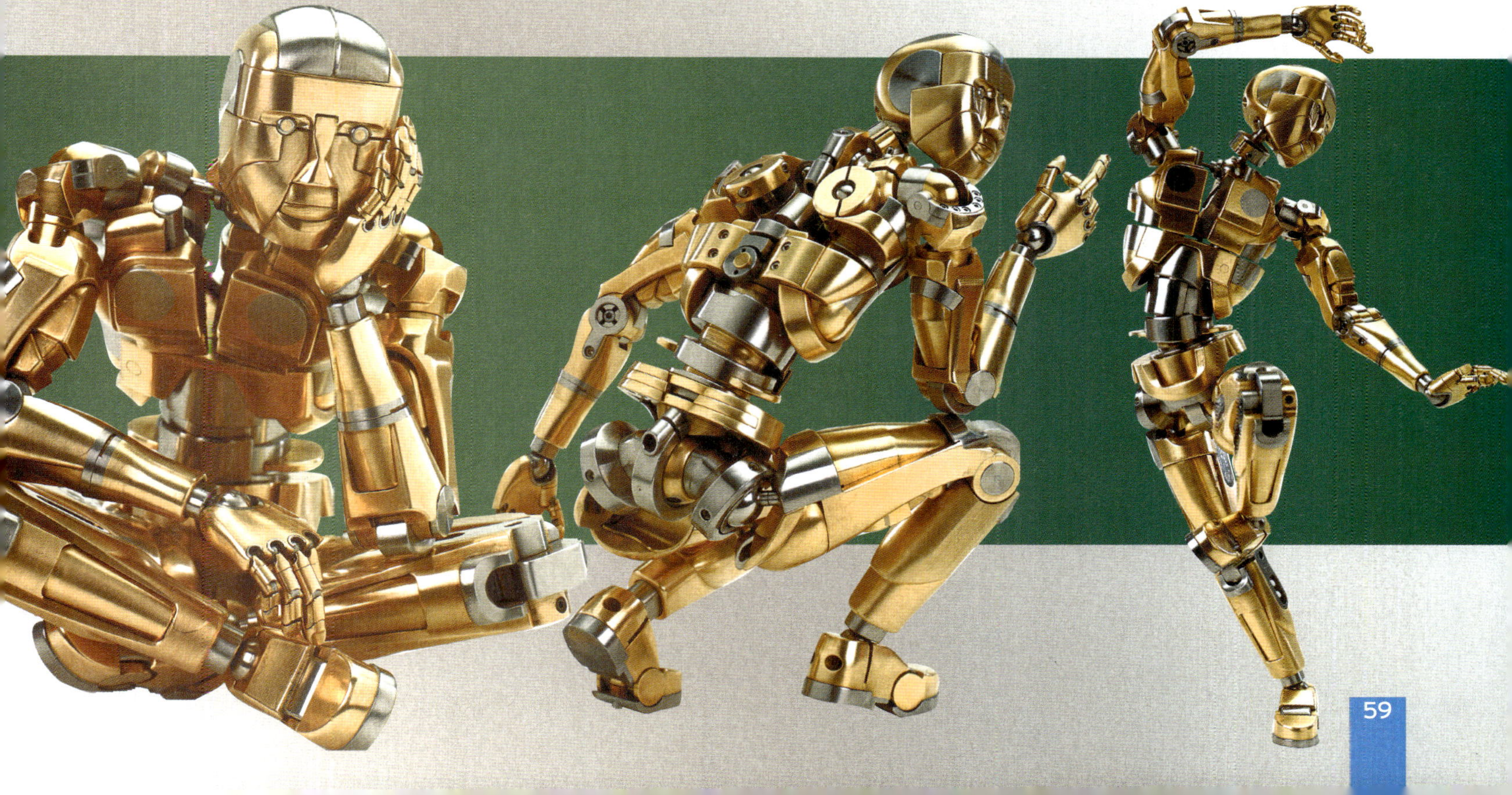

SCHNEEDORF

Eine Gruppe von 200 schweizerischen Enthusiasten baute im Jahr 2006 ein 60 m breites Igludorf samt Schneekirche und Hauptplatz auf einem zugefrorenen See. Unter der Leitung von Lars Kienitz errichteten sie innerhalb von zwölf Stunden 100 Iglus, von denen viele sogar Küchen, Kamine und Eissofas aufwiesen.

SEIFENSTATUE

Der New Yorker Künstler Gary Sussman schnitzte eine 3,70 m große, maßstabsgetreue Kopie der Freiheitsstatue aus Seife! Sussman hat auch schon eine riesige Skulptur von Onkel Sam aus einem 2.270 kg schweren Seifenblock gefertigt.

KAKERLAKEN-BROSCHE

Die riesige Madagaskar-Fauchschabe hat sich zum wahren Modetrend entwickelt! Die bis zu 7,60 cm langen Ungeheuer werden mit farbigen Kristallen verziert und an eine kleine Brosche geheftet, sodass es aussieht, als würden sie über den Träger krabbeln.

AUTO-ROBOTER

Der Schmied Sage Werbock aus Hulmeville, Pennsylvania, hat einen Roboter gebaut, der aus zusammengeschweißten Autoteilen besteht.
Die Arme bestehen aus Stoßdämpfern, die Brust aus einem Lautsprecher und die Füße aus Bremspedalen. Der Roboter wiegt über 90 kg und ist zwei Meter hoch. Werbock nutzte seinen eigenen Körper als Vorbild: Der Roboter hat dieselben Proportionen wie sein Erfinder.

WAHNSINNS-SCHAL

Gemeinsam mit über 1.000 freiwilligen Helfern strickte die Deutsche Elfriede Blees einen 13 km langen Schal zu Ehren der Fußballweltmeisterschaft 2006. Für den Schal, der die Flaggen aller 32 teilnehmenden Nationen abbildete, wurden über 70.000 Wollknäuel im Wert von € 25.000 verstrickt.

ALLES IN BUTTER

Für eine Ausstellung der Landwirtschaftsmesse in Pennsylvania verbrachte der Bildhauer Jim Victor eine Woche in einem Kühlschrank, in dem er 400 kg Butter in Skulpturen von zwei lebensgroßen Kühen und dem verstorbenen Schokoladenmagnaten Milton Hershey verwandelte. Victor, der aus Conshohocken, Pennsylvania, stammt, hat auch schon Schweine, einen Traktor und eine Harley-Davidson aus Schokolade und Dinosaurier und Autos aus Käse hergestellt.

△ DOLLE DOSEN

Im Jahr 2006 nahmen 55 Städte mit insgesamt 500 Objekten an einem Wettbewerb im Dosenbauen teil. Die Kunstwerke, wie zum Beispiel dieser Frosch, bestanden aus bis zu 20.000 vollen Konservendosen. Die Farben wurden von den Etiketten bestimmt, als weitere Baumaterialien waren zum Beispiel Tesafilm, Magneten, Gummibänder und Draht erlaubt.

GENAGELTER LEO ▽

Der albanische Künstler Samir Strati, 40, arbeitete fast einen Monat lang an seinem riesigen 3-D-Nagelmosaik von Leonardo Da Vinci und verbrauchte über 500.000 Nägel. Sein Kunstwerk ist über acht Quadratmeter groß und wurde im August 2006 im Internationalen Kulturzentrum in der albanischen Hauptstadt Tirana ausgestellt.

HEIMLICHE GÄRTEN

Die Mitglieder der englischen Guerilla-Gärtner-Bewegung pflanzen im Dunkel der Nacht heimlich Büsche und Blumen in heruntergekommene Stadtgegenden.

FRISCHES LAUB

Bei einer Ausstellung in Berlin zeigte die deutsche Künstlerin Antje Krueger ein Kunstwerk, das aus Zetteln und Botschaften bestand, die sie in ihrer Nachbarschaft an Bäume und Lampenpfähle gehängt hatte.

LOS GEHT'S!

K. Sudhakar aus dem indischen Hyderabad baute im Alter von zarten 14 sein erstes Fahrrad. Bis heute hat er die verschiedensten Autos, Wüstenbuggies und Gokarts erfunden, die beispielsweise wie eine Kamera, ein Kricketball, eine Tasse oder eine Untertasse aussehen. Außerdem hat er mehr als 30 verschiedene Fahr- und Dreiräder entwickelt, die zwischen 15 cm und 12,70 m groß sind. Alle seine Modelle sind voll funktionsfähig.

DER HAMBURGER

DIE TOILETTE

DAS DREIRAD

DER SCHUH

DAS BETT

DER KRICKET-BALL

Einfach unglaublich!

FLIEGENDE KUNDSCHAFTER

Ein Schwarm von 20 Tauben mit Rucksackhandys wurde 2006 über Kalifornien losgelassen, um die Luftverschmutzung zu messen. Jede Taube trug ein Handy mit einem Satelliten-Ortungsgerät und einem Schadstoff-Sensor. Die ermittelten Werte wurden per SMS übertragen. Die Vögel hatten auch winzige Kameras um den Hals, mit denen Luftaufnahmen besonders gefährdeter Gegenden aufgenommen werden konnten.

ZWINKERMAUS

Dmitry Gorodnichy aus Ottawa, Kanada, hat eine PC-Maus erfunden, die auf Zwinkern und Naserümpfen reagiert. Mit einem Zwinkern des rechten oder linken Auges aktiviert der Benutzer die entsprechende Maustaste. Per Nasenbewegung lässt sich das Gerät bewegen.

STRANDKUNST

Im Jahr 1991 wurde von über 10.000 Freiwilligen eine 26,40 km lange Sandskulptur am Myrtle Beach in South Carolina errichtet.

BADEZIMMERTOILETTE

Im brasilianischen São Paulo wurde 2006 ein Schauspiel in den Toilettenräumen eines Theater aufgeführt! Die nur 30 Gäste, die in dem kleinen Raum Platz hatten, mussten während der halbstündigen Aufführung stehen!

FINGERMALEREI

Elizabeth McLeod und Amanda Riley aus Snelville, Georgia, haben ein riesiges Gemälde mit den Fingern gemalt. Es hat die beeindruckende Größe von 290 m².

KÄSEKIRCHE

Im niederländischen Edam ist ein maßstabsgetreues Modell der größten Kirche der Stadt zu sehen, das zehnmal kleiner ist als das Original. Es besteht aus 10.000 Laiben Edamer.

BEEINDRUCKENDES GRAB

Nach seinem Tod wurde die Asche von Al Sheppard aus dem texanischen Hunt über einer Nachbildung von Stonehenge verstreut, die er im Maßstab 2:1 auf seinem Grundstück hatte errichten lassen.

WINZIGE SCHÄTZE

Mit Hilfe eines Mikroskops stellt Willard Wigan aus dem englischen Birmingham winzige Skulpturen her, von denen manche um ein Vielfaches kleiner sind als der Punkt am Ende dieses Satzes. Er schneidet sein Material mit Glasscherben zurecht und verwendet seine eigenen Wimpern als Pinsel. Zu seinen Meisterwerken gehört ein Modell der *Titanic* auf einer Nadelspitze, Zeus auf einem Sandkorn und Elvis auf einer Stecknadel. All seine Arbeiten wurden von einem privaten Sammler gekauft, und mittlerweile nimmt er auch Sonderaufträge an.

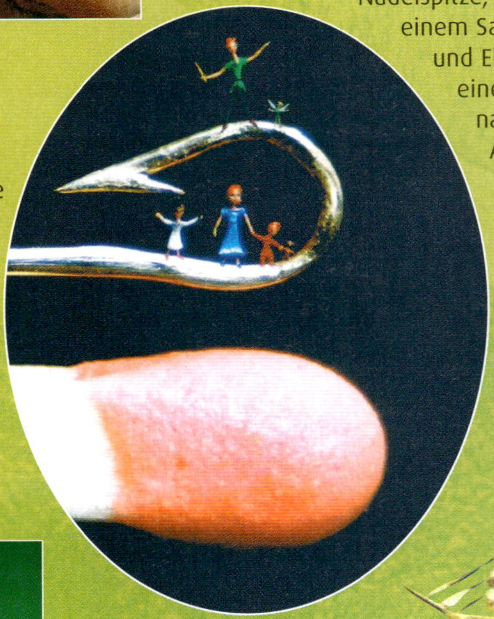

PETER PAN
Auf diesem Angelhaken sitzen die Hauptcharaktere des Kinderbuches Peter Pan.

SUPERMAN
Eine Superman-Figur auf einem Stecknadelkopf

MARILYN MONROE
Marilyn Monroe auf einer Nadel mit Diamantkopf

GOLDENES SCHIFF
Ein winziges Goldschiff auf einem kleinen Kristall.

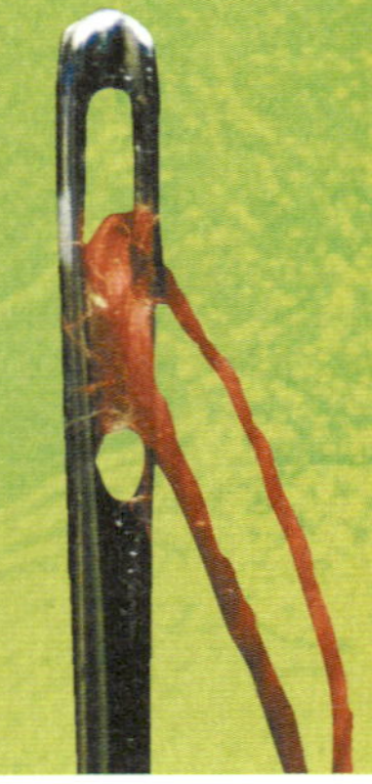

SCHUPPENBOOT-SCHUPPEN

Der britische Künstler Simon Starling gewann im Jahr 2005 den Turnerpreis dafür, dass er einen Schuppen in ein Boot und dann wieder zurück in einen Schuppen umbaute! Er hatte die kleine Holzhütte in der schweizerischen Stadt Schweizerhalle gefunden und war mit ihr nach dem Umbau in einen Kahn elf Kilometer weit den Rhein hinab bis nach Basel gepaddelt, wo er die Hütte wieder aufbaute. Bei einem seiner vorherigen Projekte hatte er das Wasser, das sein selbstgebautes elektrisches Fahrrad bei einer Fahrt durch die spanische Wüste produziert hatte, für das Gemälde eines Kaktus verwendet.

KLEINER PICASSO

Phoenix Perego aus Ormond Beach, Florida, verdient an ihren Gemälden zwischen € 40 und € 80 pro Exemplar - kein Hungerlohn, wenn man bedenkt, dass die kleine Künstlerin erst 2 ½ Jahre alt ist. Sie hat schon mehr als 15 Bilder gemalt und ist laut ihrem Vater, einem professionellen Künstler, in Windeln am kreativsten.

EISSCHNITZEN

Die Anwohner des österreichischen Städtchens Arlberg haben eine fast originalgroße Kopie ihres Rathauses aus 5.000 m³ Schnee und Eis angefertigt. Angeführt von dem Bildhauer Christoph Strolz schnitzten die Freiwilligen Hunderte von Stunden an dem 14 x 20 m großen Eishaus, das an einem Berghang steht.

REIFENBAUM

Der britische Bildhauer Douglas White hat eine 4,80 m hohe Palme gebaut, die komplett aus geplatzten LKW-Reifen besteht. Sie steht mitten im Regenwald im Norden von Belize.

EI, EI, EI △

Viele Jahre lang übte der Chinese Wang Jinyi aus Tianjin die Kunst des Eierschnitzens. Von den Hauptcharakteren chinesischer Legenden bis hin zu den Olympia-Maskottchen hat er schon so gut wie alles in die Schalen geschnitzt.

SCHOKO-EI

Ganze 26 Chocolatiers, acht Tage und 50.000 Schokoladentafeln waren nötig, um ein 8,30 m hohes, 6,40 m breites und 1.950 kg schweres essbares Schokoladenei herzustellen. Ein Baugerüst aus Holz und Metall stützte das Ei, das in Englewood Cliffs, New Jersey, ausgestellt wurde.

NEU-ROM

Aus 10.000 Tonnen aus den Niederlanden importiertem Flusssand modellierten 60 Künstler Sandskulpturen, die die wichtigsten Gebäude des Alten Roms darstellten. Unter den 200 Skulpturen der Ausstellung, die im englischen Brighton zu sehen war, befanden sich das Pantheon, das Colosseum und eine Statue von Kaiser Augustus.

MINI-HANDY

Jan Krutewicz aus Munster, Illinois, hat ein funktionierendes Handy gebaut, das kleiner als ein Daumen ist.

JÄGER DES MÜLLS

Davy Rothbart aus Ann Arbor, Michigan, gibt das Magazin *Found* heraus, in dem Briefe, Fotos, Zeichnungen und Notizen abgebildet werden, die auf der Straße gefunden wurden.

RAUCHLANDSCHAFT

Skip Hunsaker aus Coos Bay in Oregon stellte eine topographische Landkarte seiner Heimat aus Zigarettenschachteln her! Als Meister der seltsamen Materialien hat er auch schon winzige Pudelfiguren aus kalifornischen Lorbeernüssen angefertigt.

HAUSGEFUCHST!

Das Wiener Museum für Moderne Kunst hat ein Dach der etwas anderen Art: Es besteht aus einem umgedrehten Haus! Eigentlich handelt es sich um eine Skulptur des Künstlers Erwin Wurm, aber es sieht aus, als wäre ein Haus vom Himmel gefallen und hätte sich in das Museum gebohrt. Man brauchte zwei Kräne, um es an Ort und Stelle zu bringen.

ISOLIERTE LIEBE

Something to Do, eine Band aus Waukesha, Wisconsin, gewann € 2.000 bei einem Liederwettbewerb, für den man ein Liebeslied über Isolierband schreiben musste!

PENNYS ÜBER PENNYS

Der Künstler Gerald Ferguson zeigte in einer Galerie im kanadischen Halifax ein Kunstwerk, das aus einer Million Penny-Münzen bestand!

PAPP-PIANO

Forscher einer schwedischen Kartonfabrik haben einen funktionierenden Flügel aus Pappe entwickelt.

△ HERZBLATT

Dieser romantisch geformte Baum, der aus einem Felsen wächst, wurde im kanadischen Manitoba entdeckt.

△ GAMMELKUNST

Vergammelte Tomaten, schimmeliges Brot und verrottendes Obst waren das Kernstück einer Kunstausstellung in England im Januar 2000. Die Ausstellungsstücke stammten von dem kanadischen Künstler Michael Smietana, der damit gegen Nahrungsmittelverschwendung protestieren wollte.

KLANGROHR

Mark Silverman aus dem kalifornischen Walnut Creek macht Musik auf einem verzinkten, 2,10 m langen Stahlrohr, das mit Bass- und Cellosaiten ausgestattet ist.

LEBKUCHENHAUS

Ein über 20,40 m hohes Lebkuchenhaus war 2006 in Bloomington, Minnesota, zu sehen. Roger Pelcher arbeitete gemeinsam mit seinen Helfern neun Tage lang an dem Haus, das aus 6.464 kg Lebkuchen, 2.155 kg Zuckerguss und über einer Tonne süßer Verzierung besteht.

KARTOFFELHAUS

Auf einem Stück Pappe errichtete die Künstlerin Marilyn Jones aus dem Staat Washington ein authentisch aussehendes Modell eines Langhauses - aus Pommes, geriebenen Kartoffeln, Kartoffelpuffern und Fertig-Kartoffelbrei.

BLUMENSKULPTUR

Im indonesischen Jakarta wurde 1999 von fast 2.000 Freiwilligen eine 75 x 26 m große Skulptur aus Blumen erschaffen, die aussah wie ein Streifen Aspirin. Die Arbeiten dauerten eine Woche!

GUMMI-HUMMER

Die deutsche Künstlerin Heidi Hesse baute 2004 eine originalgroße, fünf Meter lange Skulptur eines Hummer-Fahrzeugs aus Gummibällen!

EWIGES MOTIV

Der Künstler Willian A. Bixler aus Anderson, Indiana, hat mehr als 5.000 Bilder gemalt, die alle das gleiche Motiv zeigen: eine Badestelle am Fluss Brandyvine.

FLASCHENKÜRBISSE

Larry Ray aus Gulfport, Mississippi, malt und modelliert Flaschenkürbisse. Das wunderschön verzierte Gemüse wird zur Fertigstellung mit zwei Schichten Lack und einer Schicht Wachs überzogen.

STADT AUS LEBKUCHEN

Sven Grumbach baute die Stadt Rostock aus Lebkuchen nach. Sein 400 m² großes Modell bestand aus 800 kg Mehl, 320 kg Honig, 400 kg Mandeln, 80 kg Rosinen und 2.400 Eiern.

DER DUFT VON KÄSE

Die britischen Hersteller des scharf riechenden Stilton-Blauschimmelkäses haben ihr eigenes Parfüm entwickelt - das Eau de Stilton! Das "erdig-fruchtige Aroma" des Käses wird als "angenehmer Duft" angepriesen.

GEHEIME LIEBE

Eine herzerfrischende Überraschung erwartete die Holzfäller und ihren kleinen Helfer, als sie diesen Baum fällten, der ein perfekt geformtes Herz aus Jahresringen enthielt.

SCHMUSEKARRE

Die Kunststudentin Lauren Porter hat einen Ferrari der ganz besonders weichen Art kreiert: Er besteht komplett aus Wolle! Lauren, die aus dem englischen Hampshire stammt, hat zehn Monate lang an der originalgroßen Nachbildung gestrickt und dafür 19 km Garn verwendet. Ihr Kunsthochschul-Abschlussprojekt wurde auf einen Stahlrahmen gezogen und besteht aus 250 quadratischen kraus rechts gestrickten Wollstücken. Die Fenster bestehen aus glatten Rechtsmaschen. Das Ferrari-Zeichen ist handgestickt.

EINFACH UNGEHEUERLICH!

Auf einem Auto-Festival in Kentucky im Jahr 2006 führte Lewis Meyer seinen Nissan-Truck vor, dessen Motorhaube er mit einem Seemonster aus Kronkorken von Limoflaschen verziert hatte.

FLUGBETT

Der niederländische Architekt Janjaap Ruijssenaars arbeitete sechs Jahre lang an der Entwicklung eines fliegenden Bettes, das mittels magnetischer Kräfte 40 cm über dem Boden schwebt! In den Boden und das Bett eingelassene Magneten stoßen sich gegenseitig ab und heben das Bett an, während dünne Stahlkabel es an Ort und Stelle halten. Das Bett, das von dem Film *2001: Odyssee im Weltraum* inspiriert wurde, kostet € 1.200.000!

PORTRÄTS MAL ANDERS

Jason Mecier ist ein gefeierter Porträtmaler der etwas anderen Art: Seine Bilder von Prominenten sind Mosaike aus gewöhnlichen Haushaltsgegenständen und Nahrungsmitteln. Der in San Francisco lebende Künstler begann mit Bohnen und Nudeln und arbeitete sich dann zu Materialien wie Süßigkeiten vor. Er hat schon Pamela Anderson, Christina Aguilera, Dolly Parton und die Spice Girls aus Süßigkeiten porträtiert. Martha Stewart formte er aus Gemüse, Demi Moore aus Hundefutter, Marilyn Manson aus Garn, Mariah Carey aus ihrem Lieblings-Make-up, Billy Bob Thornton aus Zigarettenschachteln und Sigmund Freud aus Tabletten und Pillen.

"Washington" ist mit etwa 60 Dollarscheinen bedeckt. Sein Halsband zieren Vierteldollar-Münzen.

Kunst nach Noten

Justine Smith sammelt Banknoten aus der ganzen Welt, um daraus Skulpturen und Collagen herzustellen.

Die 36-jährige Künstlerin lebt im englischen London und hat schon Währungsskulpturen von Tieren und Pflanzen, unter anderem eine Orchidee aus Irakischen Dinar, geschaffen. Zu ihren Meisterstücken zählen ein mit Dollarnoten bedecktes Kalb, die "Dollar-Hunde" und das EU-Schaf, dessen Pelz aus Euroscheinen im Wert von € 1.600 besteht. Außerdem hat sie eine Pistole aus Dollarscheinen, ein riesiges Dollarzeichen aus Hunderten von Vierteldollarmünzen und mehrere Wortcollagen aus Banknoten gestaltet, die an die Macht des Geldes erinnern sollen.

Justine stellt Blüten aus Banknoten her!

UV-TÄTOWIERUNGEN

Dieses unter UV-Licht sichtbare Tattoo ist das Werk von Richie Streate, einem kalifornischen Tätowierer, der sich auf diese ganz besondere Kunst spezialisiert hat. Bei normalem Licht sind die Tattoos vollkommen unsichtbar. Erst unter den häufig im Nachtleben verwendeten UV-Lampen werden sie sichtbar!

SPRINGSTOCK

Eine Firma aus Los Angeles hat einen motorisierten Springstock erfunden, der von einem einfachen Zweitakter-Motor angetrieben wird, der pro Liter Benzin fast 10.000 Sprünge schafft.

NETTE TASCHEN

Saroj Welch aus Louisiana häkelt Handtaschen aus alten Plastiktüten. Den Erlös spendet sie für wohltätige Zwecke.

ALTSCHIFF

Die USS *New York,* ein Transportschiff, wurde aus 24 Tonnen Altstahl gebaut, der aus den Trümmerbergen des World Trade Centers in New York stammt.

KLEIN, ABER OHO

Der Inder A. B. Rajbansh schrieb die Amerikanische Unabhängigkeitserklärung in ein 124-seitiges Buch, das nur zwei Zentimeter groß ist.

MINI-PISTOLE

Mark Koscielski, ein Waffenladenbesitzer aus Minneapolis in Minnesota, hat eine zweiläufige Flinte gebaut, die nicht größer ist als eine Kreditkarte.

FLUGZEUG-MÖBEL

Der Designer John Erik aus dem kanadischen Montreal stellt Möbel und Lampen aus alten Flugzeugteilen wie Turbinenmotoren her.

MÜLLMANN

Der britische Bildhauer Antony Gormley hat eine 25 m hohe Skulptur errichtet, die er den "Müllmann" taufte. Sie steht im englischen Margate und besteht ausschließlich aus Sperrmüll wie alten Stühlen, Kleiderschränken, Bildern, Seilen und Toilettensitzen.

SCHICKE SCHUHE

Der Berliner Künstler Cihangir Gumustukmen stellt Schuhe aus alten Konservendosen her. Seine Slipper, Sandalen, Stöckel- und Plateauschuhe sehen wie wahre Kunstwerke aus!

LANGE BIBEL

In Peking, China, wurde 2006 eine Bibel ausgestellt, die auf ein 4,80 km langes Stück Seide geschrieben war. Die längste Bibel der Welt besteht aus 900.000 chinesischen Zeichen!

LEICHTGEWICHT

Alexander van de Rostyne ist der Erfinder des Pixelito, eines winzigen Helikopters, der per Infrarot-Schnittstelle gesteuert wird. Seine Erfindung, die im belgischen Brüssel ausgestellt wurde, wiegt nur 6,90 g.

KUH-PARADE

Bei der Kuh-Parade im Jahr 2006 in der portugiesischen Hauptstadt Lissabon wurde unter anderem eine Herde von Kühen aus Fiberglas ausgestellt, die von verschiedenen Künstlern farbenprächtig bemalt worden waren.

Augenschmaus

Chris Gillett hat ein Jahr lang jedes Gericht fotografiert, das er gegessen hat! Jede einzelne Mahlzeit, die er im Jahr 2005 zu sich nahm, wurde vorher mit einer Digitalkamera geknipst - so entstanden 2.550 Bilder. Anschließend stellte er sie zu einer 4,80 m großen Collage zusammen, die er in einer Galerie in seiner Heimatstadt Wiltshire in England ausstellte. Die Idee kam ihm angeblich, als er seiner Frau ein Foto von einem Burger schickte, der ihm auf einer Reise nach Los Angeles serviert wurde.

FRAUENKARRE

Anita Dugat-Greene aus dem texanischen Belton hat ihren 1997er Ford Taurus in ein Denkmal der Frauen verwandelt: Er ist über und über mit Knöpfen, Bildern der Jungfrau Maria und Barbies aus verschiedenen Ländern bedeckt.

WAGENSARG

Jose Gomez aus Ilhavo, Portugal, hat seinen Mercedes 220 CDI aus Holz nachgebaut. Er möchte darin begraben werden!

ABGEKARTET!

Im Juli 2006 baute Bryan Berg aus Spirit Lake, Iowa, aus 500 Decks Spielkarten, 1.800 Pokerchips, 800 Würfeln und vielen Tuben Klebstoff das "Willkommen in Las Vegas"-Schild nach. Er arbeitete 450 Stunden, also fast 19 Tage, an seiner Skulptur.

BROTSTATUE

Die chilenische Künstlerin Constanza Puente hat eine lebensgroße Statue von sich selbst aus Brot hergestellt. Als sie sie 2006 auf einer Parkbank in Santiago ausstellte, fand sie heraus, dass ihre größten Fans die Tauben waren!

SÜSSE KISTE

Das wohl süßeste Fahrzeug bei einer Autokunst-Parade in Baton Rouge, Louisiana, war Amy James' OREO-Keksauto. Der Ford Contour war mit 30 Tüten OREO-Keksen bedeckt.

ECHT BUNT

In Indien wurde ein Sari hergestellt, der unglaubliche 164.492 Farben hat! Auf dem Kleidungsstück, an dem 15 Weber über 45 Tage lang arbeiteten, sind die sieben Weltwunder abgebildet.

KIRCHE AUS STROH

Der Bauer Will Morris und sein Sohn Tim bauten im Jahr 2006 zwei Tage lang an der Strohversion einer englischen Dorfkirche. Leider wurde ihre Skulptur sofort von Vandalen niedergebrannt. Das Modell der St. Mary's Priory Church in Deerhurst, Gloucestershire, war 12,20 m hoch, wog 30 Tonnen und bestand aus 110 Strohballen.

EISTURM

Beeindruckende 1.440 Arbeitsstunden und 45 Tonnen Eis brauchten zehn Eisschnitzer, um eine 12,20 m hohe Eisskulptur zu errichten, die 2006 in Dubai zu sehen war. Das Kunstwerk ist eine Mini-Version des Burj Al Alam, der bei seiner Fertigstellung im Jahr 2009 einer der größten Bürotürme der Welt sein wird.

MICKEY AUS MAIS

Einige Künstler haben gemeinsam eine riesige Skulptur von Mickey Maus als der Zauberlehrling errichtet - und zwar aus Popcorn! Die Figur ist sechs Meter hoch und wurde im kalifornischen Disneyland aus vorgefertigten Popcornquadern und Klebstoff gebaut.

RETTER DER EINKAUFSWAGEN

Der britische Bildhauer Ptolemy Elrington fertigt Skulpturen aus ausgedienten Einkaufswagen an! In seinem Atelier in Brighton baut er aus den Wagen, die er häufig am Straßenrand findet, wunderschöne Kunstwerke. Pro Skulptur braucht er etwa drei Wochen. Darunter finden sich ein Frosch mit riesigen Augen, eine Libelle mit einer Flügelspannweite von 1,80 m und ein Eisvogel, der auf einem alten Einkaufswagen sitzt.

DOPPELZWECK

John und Julie Giljam aus South Carolina haben einen Amphibien-Wohnwagen gebaut. Der dieselbetriebene Terra Wind erreicht auf dem Land bis zu 130 km/h und auf dem Wasser an die sieben Knoten.

FERNSEHBAUM

Der litauische Künstler Gintaras Karosas errichtete eine Skulptur aus etwa 3.000 alten Fernsehern, die ihm gespendet worden waren. Die Skulptur, die von oben wie ein Baum aussieht, hat eine Fläche von 3.135 m² und besteht aus 6.000 m² Polyäthylen, 700 m² Asphalt, 90 m³ Holz und 500 l Farbe.

PERLENVORHANG

Bill und Clarissa Hudson bastelten einen Wasserfall aus etwa 180.000 Glas- und Kristallperlen. Die Anfertigung des Wasserfalls dauerte zwei Monate und wurde erstmals 1998 in Juneau in Alaska ausgestellt.

△ MARKENBALL

Fred W. Miller aus Newark, New Jersey, stellte in den 1940er Jahren aus 75.000 benutzten amerikanischen Briefmarken diese 3,80 kg schwere Kugel her. Sie hatte einen Umfang von beeindruckenden 2,70 m!

AUTOAUTO ▽

Der Installationskünstler James Robert Ford aus dem englischen London arbeitete drei Jahre lang an diesem atemberaubenden Auto, das er im Oktober 2006 fertigstellte. James bedeckte einen alten Ford Capri mit 4.500 Spielzeugautos.

Louis Sanchez ließ seine Silikon-Hörner bereits sechs Mal behandeln—S. 81

Es dauerte neun Stunden, bis Kam Ma sich alle seine 1.015 Piercings hatte entfernen lassen—S. 99

Lee Redmond hat sich ihre 84 cm langen Fingernägel seit 1979 nicht mehr geschnitten—S. 77

EINFACH ÜBERMENSCHLICH

Langarmiger Retter

Als in einem Aquarium im chinesischen Fushun zwei Delfine erkrankten, weil sie schädliches Plastik gefressen hatten, gab es nur einen, der sie retten konnte: der mongolische Hirte Bao Xishun, der unglaubliche 2,36 m groß ist. Mit seinen 106 cm langen Armen konnte er die gefährlichen Plastikteile aus den Mägen der Tiere entfernen.

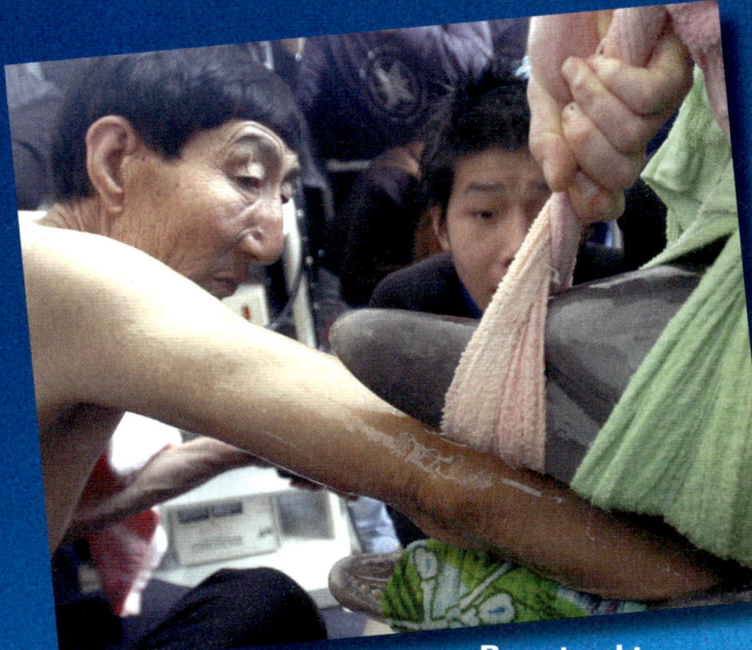

Bao streckt seinen Arm aus ...

Bao Xishun begegnet den Delfinen.

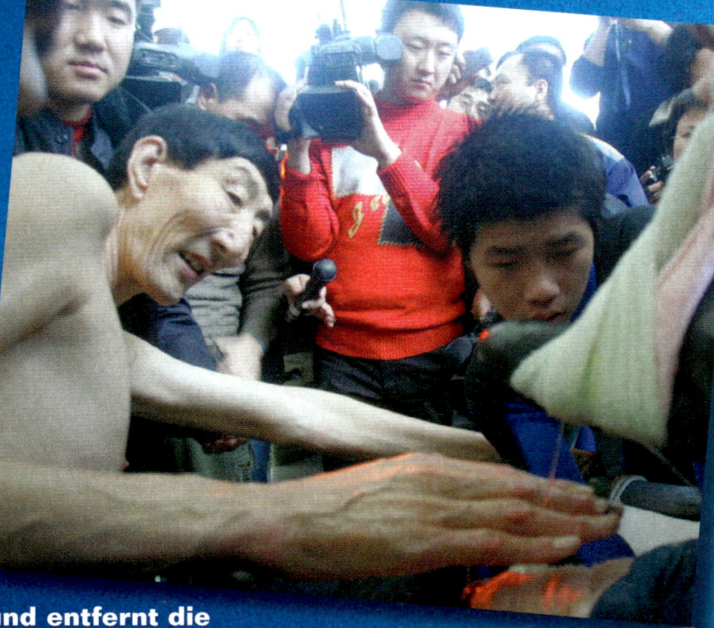

... und entfernt die Plastikstücke.

Die gefährlichen Teile.

RIPLEY'S ERKLÄRT

Der 1951 in der Zentralmongolei in China geborene Bao Xishun war nicht größer als alle anderen, bis er in seinem 16. Lebensjahr plötzlich und unerwartet in die Höhe schoss. Sieben Jahre später hatte er seine heutige Größe erreicht. Anders als die meisten anderen Menschen seiner Statur leidet er an keiner bekannten Form von Wachstumsstörung. Er ist eben einfach nur sehr, sehr groß!

Bao erreichte seine beeindruckende Körpergröße im Alter von 23. Seine Beine sind fast 1,50 m lang!

Nachdem die Delfine die Plastikummantelung ihres Beckens angeknabbert hatten, begannen sie, an Depressionen zu leiden. Den Tierärzten gelang es nicht, die schädlichen Teile mit chirurgischen Geräten zu entfernen, weil sich die Mägen der Delfine bei den Operationsversuchen zusammenzogen. Da die Arme von gewöhnlichen Menschen zu kurz sind, um bis in die Tiermägen zu reichen, bat das Royal Jidi Ocean World Aquarium Xishun um Hilfe. Während Helfer die Kiefer der Delfine mit Handtüchern polsterten, damit sie nicht aus Versehen zubissen, entfernte Xishun das Plastik erfolgreich. Die wenigen kleinen Teile, die er nicht herausholen konnte, konnten die Delfine selbst verdauen. Sie haben sich vollständig erholt!

GLÜCK IM UNGLÜCK

Im Mai 2006 geriet eine 79-jährige Dame aus Indiana mit ihrem Wagen ins Schlingern und fuhr geradewegs in ein Wohnhaus, durchbrach es auf der anderen Seite wieder und fuhr dann gegen einen Baum. Sie überlebte, hatte aber schwere Verletzungen.

ERSTGEBURTEN

Im Jahr 2004 und im Jahr 2005 bekamen Terri und Mike Gavel das jeweils erste Baby des Jahres im Sturdy-Memorial-Krankenhaus in Attleboro, Massachusetts. Rory Ann wurde am 2.1.2004 um 00:16 Uhr geboren, ihre Schwester Kelsey am 1.1.2005 um 21:37 Uhr.

KLEINE BERATER

Ein Richter aus dem philippinischen Manila wurde 2006 gefeuert, nachdem er zugegeben hatte, dass er regelmäßig drei imaginäre Zwerge um Rat fragte! Richter Florentino Floro plauderte nach eigenen Angaben häufig mit seinen drei unsichtbaren Freunden namens Armand, Luis und Angel, und behauptete, übernatürliche Kräfte zu haben.

AUG IN AUG

Auch Avelino Perez Matos aus dem kubanischen Baracoa konnte seine Augen aus den Augenhöhlen drücken!

AUGEN AUF!

Die Schülerin Jalisa Mae Thompson aus Atlantic City, New Jersey, hat ein seltenes Talent: Seit ihrem neunten Lebensjahr kann sie ihre Zunge rollen und ihre Augäpfel aus den Höhlen hervortreten lassen! Jalisa gewann 2006 den Grimassen-Wettbewerb im Ripley's-Museum in Atlantic City, wo jetzt ihr Foto an der Wand hängt. Sie sagt, dass es ihr Spaß macht, mit ihrer Fähigkeit Leute zu erschrecken.

GEFÄHRLICHER RAUSCH

Nach einem ausufernden Besuch in einer Kneipe schlief Richard Gonzalez aus Rogers, Arkansas, seinen Rausch in seiner eigenen Einfahrt aus und wurde dabei von seiner Frau überfahren! Kristine Bolson kehrte nach Mitternacht heim und hörte ein seltsames Knacken, als sie ihren Wagen in die Auffahrt ihres Hauses lenkte. Ihr Ehemann wurde mit kleineren Verletzungen in ein Krankenhaus gebracht.

SCHNELL ERHOLT

Brian Paolo aus dem englischen Cheshire erwachte am 4.2.2006 aus dem Koma, nachdem die lebenserhaltenden Geräte ausgeschaltet worden waren - und führte zehn Tage später seine Tochter bei ihrer Hochzeit zum Altar! Die Ärzte hatten ihn aufgegeben und waren erstaunt, als er plötzlich wieder zu atmen begann, nachdem die Geräte aus waren.

GEHEIME KUGEL

Nachdem der 83-jährige Russe Mihail Kabalin jahrelang an Kopfschmerzen und Nasenbluten gelitten hatte, fand man endlich heraus, was sein Leiden verursachte: 63 Jahre lang hatte eine Kugel in seinen Kopf gesteckt! Kabalin war während des Zweiten Weltkriegs von einem deutschen Soldaten angeschossen worden, aber die Ärzte vergaßen, die Kugel zu entfernen. 2006 wurde das 2,50 cm lange Geschoss dann endlich durch die Nase entfernt. Kabalin ließ sich einen Anhänger daraus anfertigen.

VOM BLITZ GETROFFEN

Als im Juli 2006 ein Blitz in ihr Schlafzimmer im englischen Chippenham einschlug, überlebte die jugendliche Karla Pope nur knapp: Der Blitz traf das Hausdach, hinterließ ein 76 cm großes Loch in der Zimmerdecke und traf den Metallrahmen des Bettes, in dem Karla schlief. Obwohl das junge Mädchen beim Blitzeinschlag den Bettrahmen berührt hatte, überlebte sie und hatte nur leichte Verbrennungen an den Händen.

NASENHERZ

Die elfjährige Robin Boyce aus Vancouver in Washington State wurde mit herzförmigen Nasenlöchern geboren!

WAHNSINNS-ZOPF △

Yam Narayan Bhandari aus Nepal hat sich seit 1949, als er drei Jahre alt war, sein Haar nicht mehr schneiden lassen. Der gläubige Hindu ist der Ansicht, dass Haareschneiden gegen seine Religion verstößt. Sein Zopf ist heute 2,90 m lang.

SPÄTE ZWILLINGE

Die 59-jährige Lauren Cohen aus Paramus in New Jersey ist die wohl weltweit älteste Frau, die noch Zwillinge auf die Welt gebracht hat. Die Schwangerschaft wurde mittels gespendeter Eizellen möglich. Gregory und Giselle kamen 2006 durch einen Not-Kaiserschnitt in einem New Yorker Krankenhaus auf die Welt. Während der Geburt verlor Mrs. Cohen 16 l Blut.

IST DAS LAUT!

Der 72-jährige Derek Glover war 15 Jahre lang taub gewesen, als er 2006 im Skiurlaub plötzlich wieder hören konnte. Der Engländer aus Lincolnshire fuhr gerade mit dem Lift einen 2.135 m hohen Berg hinab, als seine Ohren aufgingen und er von einem unglaublichen Lärm umgeben war. Man vermutet, dass er sein Gehör wegen des schnellen Luftdruckunterschieds wiedererlangte.

SUPERKREBS

Ein "Mutanten-Krebs" mit drei Scheren wurde 2006 vor der Küste von Cornwall, England, gefangen. Krebsen wachsen abgefallene oder verletzte Gliedmaßen nach, aber Fachleute glauben, dass dieser 20 cm lange Krebs keine alten Gliedmaßen ersetzte, sondern sich ein zusätzliches wachsen ließ.

RUHE IN FRIEDEN

Im Mai 2006 wurde ein Mann verhaftet, der in ein Bestattungsunternehmen in Canton, New York, eingebrochen war und sich in einem Sarg schlafen gelegt hatte. Nachdem die Frau des Bestattungsunternehmers durch ein zerbrochenes Fenster aufmerksam geworden war, fand sie im Trauerzimmer die abgelegten Kleider und den Mann, der im Sarg selig vor sich hinschlummerte.

EIN ECHTER NOTFALL!

Truman Duncan aus dem texanischen Cleburne verlor am 25.6.2006 seine Beine, als er von einem Zug überfahren wurde. Er blieb aber lange genug bei Bewusstsein, um sich mit seinem Handy noch einen Krankenwagen zu rufen.

ABGEPRALLT

Im Mai 2006 überlebte Robin Key in der Nähe von Tampa, Florida, einen Schuss aus einer 38-kalibrigen Pistole. Die Kugel durchbrach die Windschutzscheibe ihres Minivans, prallte von ihrem Sitzgurt und dem Träger ihres BHs ab und landete dann einfach in ihrem Schoß.

AUTISTISCHER STAR

Jason McElwain überwand im Februar 2006 seinen Autismus, um für einige Tage der wohl berühmteste Basketballspieler Amerikas zu werden. McElwain, der erst im Alter von fünf Jahren mit dem Sprechen begann, war zu klein, um im Basketballteam seiner Schule in Rochester, New York, mitzuspielen, wurde wegen seines Eifers aber zum Manager ernannt. Der von seiner Hingabe beeindruckte Coach Jim Johnson beschloss, den 18-Jährigen die letzten Minuten des End-Heimspiels der Saison einzusetzen, und McElwain machte innerhalb von nur vier Minuten 20 Punkte. Die ganze Halle tobte, und zwei Monate später unterzeichnete der Wunderspieler einen Vertrag mit Columbia Pictures, die seine Lebensgeschichte verfilmen werden.

Einfach unglaublich!

TRANSPLANTIERTES GESICHT ▷

Im November 2005 erhielt Isabelle Dinoire im französischen Amiens durch eine 15-stündige Operation die erste Teil-Gesichtstransplantation aller Zeiten. Isabelle war im Mai 2005 durch einen Hundebiss vollkommen entstellt worden und stimmte dem Vorschlag einer Gesichtstransplantation sofort zu. Nachdem sie sechs Monate lang auf einen geeigneten Spender gewartet hatte, ist sie nun, wie auf dem Foto rechts zu sehen ist, gesund und wohlauf.

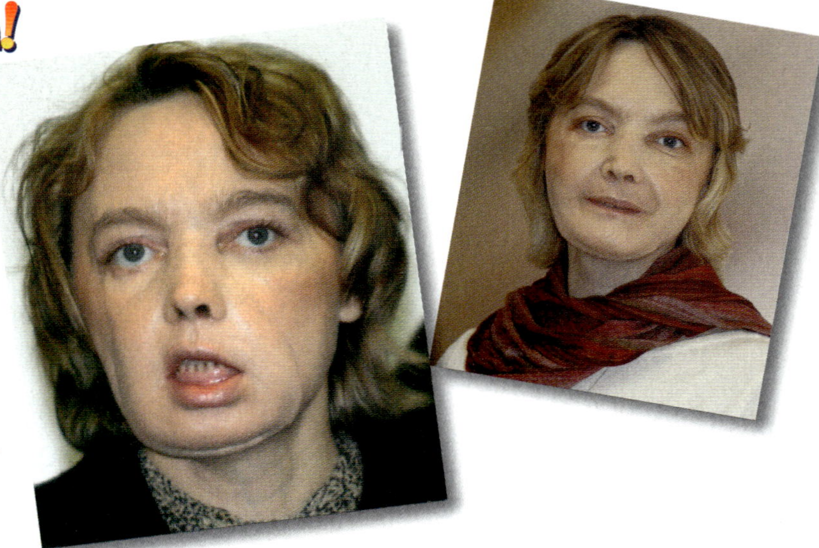

HAARPANZER

Glenda Clarke war im April 2006 gerade in die Toiletten eines New Yorker Nachtclubs gegangen, als im Club eine Schießerei begann. Eine der Kugeln schlug durch die Tür, streifte Glendas Kopf und blieb in ihrem dicken Haar stecken. Glenda blieb unverletzt.

SPEERFISCH

Als Ian Card im Jahr 2006 auf den Bermudas angelte, wurde er von einem 4,30 m langen blauen Speerfisch durchbohrt, der über sein Boot sprang. Der 363 kg schwere Fisch traf Cards Brust mit solcher Wucht, dass der 90 cm lange Speer ihn durchbohrte und ins Meer stieß. Unter Wasser konnte Card sich von dem Tier befreien und kam blutend an die Wasseroberfläche. Er wurde umgehend ins King-Edward-VII-Memorial-Krankenhaus gefahren, wo er operiert wurde. Laut Ärzten hätte der Fisch ihn nur wenige Zentimeter weiter rechts oder links treffen müssen, um ihn umzubringen.

NEBENWIRKUNG

Als der 62-jährige Schotte Reggie Myles eine seltene Krankheit behandeln ließ, stellte sich heraus, dass die Medikamente eine unglaubliche Nebenwirkung hatten: Sie ließen ihn 20 Jahre jünger aussehen! Der Großvater aus Clackmannanshire litt an dem Genfehler Porphyria cutanea tarda, wegen der ihm die grauen Haare ausfielen und er in rasendem Tempo von 104 kg auf nur 44 kg abnahm. Nach der Behandlung wuchs sein Haar jedoch dicht und dunkelbraun nach, und der Großteil seiner Falten verschwand. Heute wird er häufig mit seinen Söhnen verwechselt!

DREIMAL DREI

Bei einer Wahl in Comal County, Texas, erhielten der Bezirksrichter Danny Scheel, der Staatssenator Jeff Wentworth und der Staatsvertreter Carter Casteel jeweils genau 18.181 Stimmen!

GEPFÄHLT

Der elfjährige Ben McKinley aus McComb, Mississippi, überlebte einen Sturz von einem Schwebebalken, bei dem er auf einem Stift landete, der seine Brust und sein Herz durchbohrte.

◁ AKUPUNKTUR MAL ANDERS

Wei Shengchu steckte sich bei einer Akupunktur-Darbietung im chinesischen Chongqing im Januar 2007 nicht weniger als 800 Nadeln in seinen Kopf. Der Akupunkteur und Schönheitspfleger aus Guangxi Zhuang in Südchina trat auch schon mit 1.790 Nadeln im Gesicht auf.

Scharfe Nägel

Aus einer spontanen Laune heraus beschloss Lee Redmond aus Salt Lake City, Utah, im Jahr 1979, ihre Fingernägel nicht mehr zu schneiden. Als die Nägel anfingen, sich zu verbiegen, wollte sie sie zunächst kürzen, brachte es dann aber doch nicht übers Herz, und so wuchsen sie weiter und weiter.

Heute sind sie unglaubliche 84 cm lang! Lee behauptet, dass sie sogar noch länger wären, wenn sie ihr nicht einst abgebrochen wären, als sie aus Versehen darauftrat, was laut eigener Aussage recht unangenehm war. Die Urgroßmutter gibt zu, dass es nicht unbedingt einfach für sie ist, Türen zu öffnen oder sich Jacken überzuziehen. "Man gerät schon ganz schön ins Schwitzen, bis man die Nägel durch die Ärmel gefädelt hat." Redmond hängt so sehr an ihren Nägeln, dass sie ablehnte, als man ihr € 80.000 anbot, wenn sie sie abschnitt. "Die Leute fragen mich immer, ob mir die Nägel nicht im Weg seien, aber in Wirklichkeit sind sie jedem anderen im Weg! Ich habe mich einfach daran gewöhnt, dass sie so lang sind."

Lee weichte ihre Nägel einmal die Woche in einem Topf voll warmem Olivenöl ein, bis sie zu lang wurden, um in den Topf zu passen.

Ripley's

Einfach unglaublich!

ALLES ORANGE?

Seit ihrem dritten Lebensjahr leidet Gemma Williams aus dem englischen Rochdale an einer seltenen Form von Leseschwäche, wegen der sie nur von rechts nach links und verkehrt herum lesen und schreiben kann. Bücher und Zeitschriften muss sie verkehrt herum halten, und sie hat sogar ihren PC-Bildschirm auf den Kopf gestellt! Doch als sie 17 war, fanden Wissenschaftler heraus, dass sich ihr Problem wie von selbst löst, wenn sie Texte durch einen orangefarbenen Filter betrachtet. Auf orangenem Papier kann sie normal lesen und schreiben. Heute hofft Gemma sogar, dass sie ihren Führerschein machen kann - mit einer Brille mit gefärbten Gläsern!

GESUND GEBOHRT

Im Jahr 2003 rettete Dr. Keith Sivertson aus Shoshone, Idaho, das Leben seines Patienten Ben King, indem er ihm mit einem einfachen Haushaltsbohrer ein Loch in den Kopf bohrte. King hatte sich bei einem Treppensturz eine schwere Kopfverletzung zugezogen, und da im örtlichen Krankenhaus kein Hirnchirurg anwesend war, beschloss Sivertson, King den zunehmenden Druck auf sein Gehirn mit dem ihm zur Verfügung stehenden Werkzeug zu nehmen.

DOPPELTER HELFER

Als Allen O'Neil, ein Feuerwehrmann aus dem kalifornischen Long Beach, einer Frau mit Rauchvergiftung half, stellte er anhand ihres Namens fest, dass er 20 Jahre zuvor ihrer Mutter geholfen hatte, sie auf die Welt zu bringen!

SCHLAFENDER KOCH

Ein ehemaliger Koch, der im Schlaf Mahlzeiten zubereitet, ist in medizinischer Behandlung, weil er Angst hat, dass er das Haus abbrennen könnte. Robert Wood aus dem schottischen Fife schlafwandelt vier bis fünf Mal die Woche in seine Küche, wo er Omelettes, schnell Gebratenes und Pommes zubereitet.

BLASENZUCHT

Wissenschaftler an der Wake-Forest-Universität in North Carolina haben menschliche Blasen im Labor gezüchtet und sie erfolgreich Patienten implantiert!

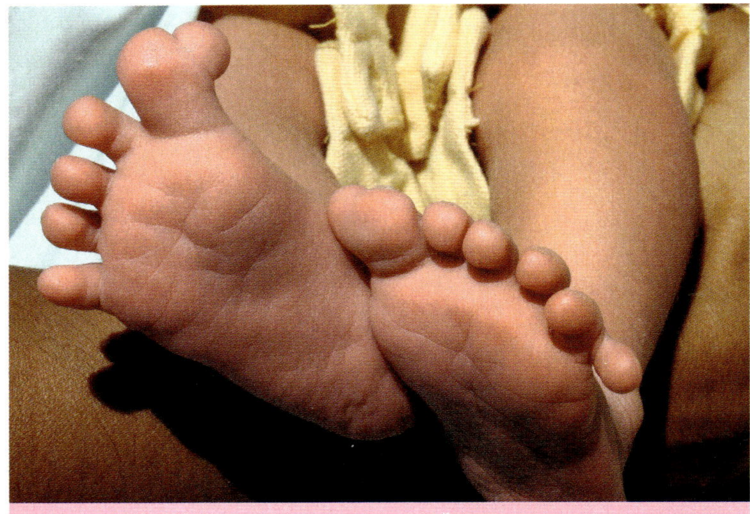

DOPPELTE GLIEDER △

Im Dezember 2006 wurde im westindischen Nadidad ein kleiner Junge geboren, der 25 Finger und Zehen hat. Lakshya hat je sechs Finger, sechs Zehen am rechten und sieben Zehen am linken Fuß.

SELBSTMORD MISSGLÜCKT

Im Jahr 2006 überlebte ein Mann aus Portland, Oregon, einen Selbstmordversuch, bei dem er sich mit einer Nagelpistole zwölf Nägel in den Kopf schoss!

SUPERBART ▷

Ram Singh Chauhan aus dem indischen Staat Rajasthan führt stolz seinen beeindruckenden Bart vor: Er ist mit seinen 1,96 m länger als Ram groß ist. Rams Lieblingssprichwort lautet übrigens: "Ein Mann ohne Bart ist unvollkommen".

TOTAL VERDREHT

Matt Suter wurde von einem Tornado erfasst und über 400 m weit durch die Luft geschleudert. Er überlebte sein Abenteuer mit einer kleinen Kopfverletzung. Das Ganze ereignete sich im Jahr 2006, als Matt im Wohnwagen seiner Familie in der Nähe von Fordland, Missouri, war, als der Tornado mit einer Geschwindigkeit von 240 km/h auf den Trailer traf. Matt wurde in die Luft gewirbelt und über einen Stacheldrahtzaun auf ein Feld geworfen, wo er zum Glück recht weich landete.

LANGE ZUNGE

Annika Irmler aus Hamburg hat eine Zunge, die unglaubliche sieben Zentimeter lang ist! Bei der Messung im Jahr 2001 war sie erst zwölf Jahre alt.

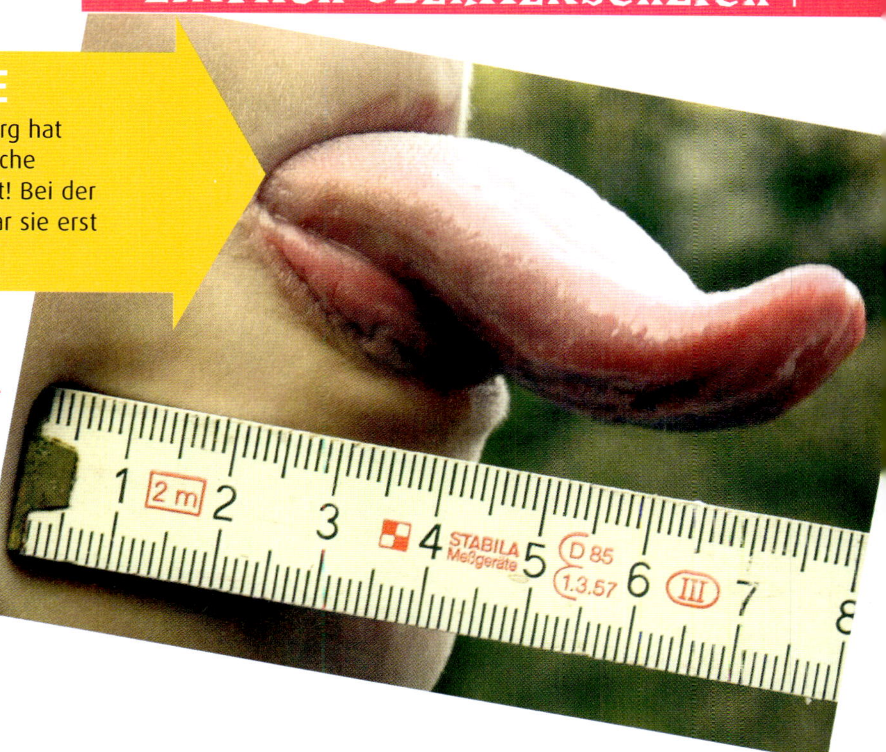

DOPPELTES DRAMA

Im August 2006 kamen zwei Brüder bei verschiedenen Motorradunfällen auf demselben Straßenabschnitt in Butler, Pennsylvania, ums Leben. Die Unfälle ereigneten sich im Abstand von nur zwei Stunden. Das zweite Opfer war auf dem Weg zur Unfallstelle des ersten.

LEBENSFROH

Mark Cook hat einen äußerst aktiven Schutzengel: Der 35-jährige Elektriker aus dem schottischen Oban ist wieder und wieder dem Tod von der Schippe gesprungen. Er war in zwei Motorradunfälle involviert, ist von einem Pier ins Meer gefallen und entkam aus einem Autowrack, in dem er mit seiner Frau fast von einem umgekippten LKW zerquetscht worden wäre. Im Januar 2006 fiel er 7,60 m tief in einen Aufzugschacht und landete nur wenige Zentimeter neben einer Spitze, die ihn durchbohrt hätte. Seine Familie behauptet, dass er sieben Leben hat – wie eine Katze!

GLÜCKSPILZ

Im Jahr 2006 gewann Harold Gray aus Beaufort, South Carolina, € 80.000 mit einem Rubbellos - dabei hatte er erst 20 Tage zuvor mit einem anderen Los € 200.000 gewonnen! Zu allem Überfluss wohnt Harold auch noch in der Lottery Lane!

GERETTETER RETTER!

Im Jahr 2006 rettete der 17-jährige Kevin Stephan, Mitglied der Freiwilligen Feuerwehr und der Pfadfinder, in einem Restaurant in Buffalo, New York, das Leben einer Frau, die sich verschluckt hatte und zu ersticken drohte. Nachdem sie wieder sprechen konnte, stellte sich heraus, dass sie die Krankenschwester war, die ihn nach einem Baseball-Unfall sieben Jahre zuvor wiederbelebt hatte.

FALL VON WUNDER

Im Juli 2006 überlebte der vierjährige Hasim Townsend aus Albany, New York, einen 33,50 m tiefen Sturz aus dem elften Stock, weil er auf eine Metallmarkise fiel, bevor er auf dem Boden aufschlug.

STADT IM GLÜCK

Die Gewinner der Spanischen Weihnachtslotterie 2004, bei der es um Preise in Höhe von 522 Millionen Euro ging, waren 195 Losbesitzer aus der katalanischen Stadt Sort, was auf Deutsch "Glück" bedeutet.

Ripley's

TAUBE NUSS

Der 20-jährige Jesse Maggrah hatte seine Kopfhörer auf und hörte laute Heavy-Metal-Musik, als er die Bahnschienen der Canadian-Pacific-Eisenbahn entlangspazierte und von einem 48 km/h schnellen Zug angefahren wurde.

Er überlebte den Unfall, der sich im April 2006 in Red Deer, Alberta, ereignete, wie durch ein Wunder.

TAUBENMIST

Am 13.3.2006 brach das Dach eines Hauses in Peoria, Illinois, teilweise ein, weil der daraufliegende Taubenmist zu schwer war!

Einfach unglaublich!

ZWILLINGE ZUSAMMEN

Chinesische Zwillingsschwestern, die kurz nach ihrer Geburt in ihrer Heimat getrennt und zur Adoption freigegeben worden waren, trafen drei Jahre später wieder aufeinander, als ihre amerikanischen Adoptivmütter sich im Internet kennenlernten. Als Diana Ramirez aus Miami, Florida, auf einer Elternseite im Internet von dem Geburtstag ihrer Tochter Mia Hanying erzählte, wurde Holly Funk aus Chicago in Illinois aufmerksam. Auch ihre Tochter hieß Mia, und es stellte sich heraus, dass die beiden Mädchen Zwillinge waren.

MILCHDIÄT

Ein 88-jähriger indischer Bauer aus Rajasthan wurde 2006 überraschend Vater - angeblich, weil er jeden Tag drei Liter Kamelmilch trinkt. Virmaram Jat behauptete, dass die Milch ein Aphrodisiakum sei, weswegen sich der Preis für Kamelmilch in Indien über Nacht verdoppelte.

ECHTER SCHRECKEN

Die Kriminologie-Tutorin Sue Messenger hatte jahrelang falsche Tatorte mit Pappskeletten und unechten Kugeln für ihre Studenten inszeniert, als im Jahr 2006 eine Überraschung auf sie wartete: Als die Schüler einer Schule in Fort Lauderdale einen Park nach Hinweisen durchsuchten, stolperten sie plötzlich über die echte Leiche eines obdachlosen älteren Mannes!

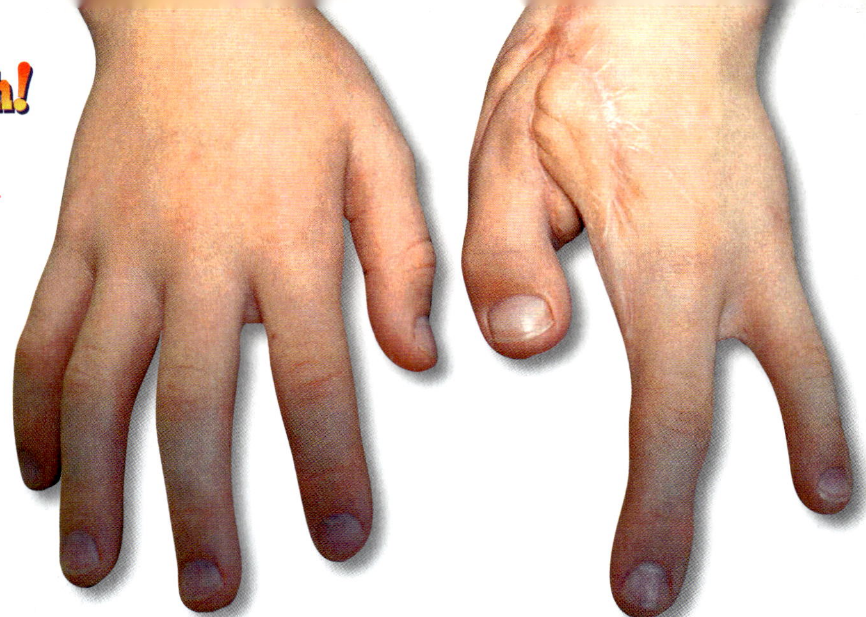

ZEHENFINGER △

Gaeton Foos aus Rochester, New York, verlor im Alter von drei Jahren bei einem Unfall zwei Finger und den Daumen seiner linken Hand. Als er sechs Jahre alt war, transplantierten ihm Chirurgen der Universitätsklinik von Pittsburgh einen seiner großen Zehen als Daumenersatz an seine Hand!

HUNDELIEBE ▷

Michael Monkeymeat aus New York City hat sich seit seinem 13. Lebensjahr auf der ganzen Welt Tätowierungen stechen lassen. Die Pfote auf seiner linken Hand wurde mit Tinte angefertigt, die mit der Asche seines verstorbenen Hundes vermengt war.

FAMILIEN-ANGELEGENHEIT

Als die adoptierte Michelle Wetzell aus Iowa sich auf die Suche nach ihrer biologischen Mutter machte, erwartete sie eine Überraschung: Sie fand heraus, dass sie jahrelang mit ihrer Mutter in einem Schönheitssalon in Davenport zusammengearbeitet hatte!

OHR GESCHNAPPT!

Als Brandon Olivas aus Whittier, New Jersey, 1987 von zwei Hunden angegriffen wurde, biss eines der Tiere dem Siebenjährigen sein rechtes Ohr ab und verschluckte es. Doch Chirurgen holten das Ohr aus dem Magen des Dobermanns heraus und nähten es dem kleinen Brandon wieder an!

DREIGEWEIH

John Moore aus Crestline in Ohio erlegte am Eröffnungstag der Jagdsaison 2004 einen Hirsch mit drei Geweihen.

GETRENNTE SCHILDKRÖTEN

Im Jahr 2004 wurden in einer Tierklinik in Tempe, Arizona, zwei siamesische Schildkröten, die an den Bäuchen zusammengewachsen waren, operativ voneinander getrennt.

EISKALTES HÄNDCHEN

Nachdem sich der Bauer Gerhard Frank aus dem österreichischen Steeg im Jahr 2006 beim Holzhacken aus Versehen seine Hand abhackte, steckte er sie in aller Seelenruhe in eine Kühltasche, stieg in seinen Traktor und fuhr 4,80 km weit nach Hause. Dort legte seine Frau die Hand zur Aufbewahrung in den Kühlschrank. Wenig später wurde sie in einem Innsbrucker Klinikum wieder angenäht.

SÜSSE FALLE

Im Jahr 2006 steckte ein Mann zwei Stunden lang in einem Tank mit dickflüssiger Schokolade fest! Darmin Garcia war aus Versehen in den Behälter in einer Schokoladenfabrik in Kenosha, Wisconsin, gefallen. Die Feuerwehr musste die dickflüssige Masse mit Kokosbutter verdünnen, ehe sie ihn herausziehen konnte!

SPÄTE LIEFERUNG

Eine Postkarte, die eine Mutter 1948 an ihren Sohn geschickt hatte, wurde 58 Jahre später ausgetragen, und zwar nachdem die örtliche Postbeamtin sie auf eBay ersteigert hatte! Judy Dishman aus Spiceland, Indiana, hatte die Postkarte gekauft, weil ihr das Motiv ihrer Heimatstadt gefallen hatte. Als sie dann eintraf, stellte sie fest, dass sie an den 82-jährigen Charles Rose adressiert war und von seiner verstorbenen Mutter Dollie abgeschickt worden war. Judy überbrachte ihm die Karte natürlich.

DER GEHÖRNTE

Neben vielen weiteren ungewöhnlichen Gesichtsbehandlungen hat sich Louis Sanchez III. Silikonhörner in seine Stirn implantieren lassen. Sanchez, der aus Phoenix, Arizona, stammt, hatte wegen seiner Hörner bereits sechs Eingriffe hinter sich und hofft, dass keine weiteren folgen werden.

FEUERFURZ

In einem neuseeländischen Krankenhaus brach 2006 ein Feuer aus, weil ein Patient gepupst hatte. Das in den Blähungen enthaltene Methangas entzündete einen Funken des elektrischen Geräts, mit dem die Hämorrhoiden des Patienten entfernt werden sollten.

RING GEFUNDEN

Diane Kurtz aus Hartford, Connecticut, verlor ihren Verlobungsring, als er ihr in ein Abflussrohr fiel. 15 Jahre später wurde er ihr von einem Kanalarbeiter zurückgegeben.

SCHWANZ DRAN! ▷

Der Nepalese Ram Kumar Ghimire wurde mit einem 7,60 cm langen Schwanzfortsatz geboren. Die Mutter des Teenagers träumte während der Schwangerschaft, dass ihr Kind aussehen würde wie der Hindu-Gott Hanuman - der einen Schwanz hat! Kurz nach der Geburt wurde der Fortsatz entfernt und ist heute nur noch vier Zentimeter lang.

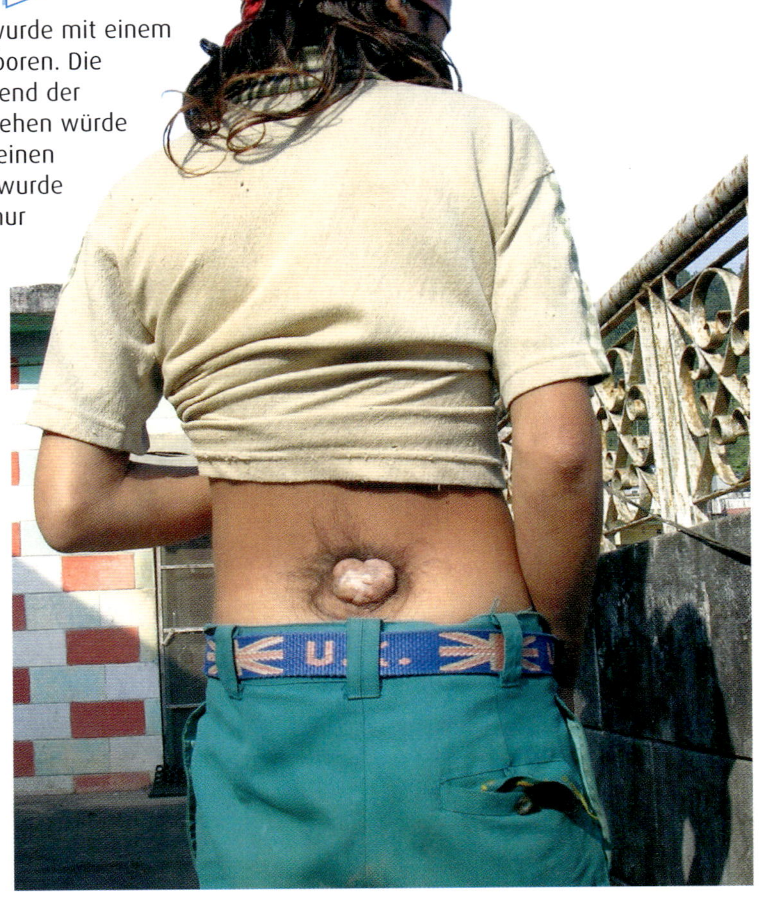

ENDE GUT, ALLES GUT

Nachdem die schwangere Shayna West im Jahr 2005 bei einem Fallschirmunfall 3.050 m tief gefallen war, brachte sie acht Monate später einen gesunden Jungen zur Welt! Als bei ihrem ersten Solosprung in Joplin, Missouri, erst der Fallschirm und dann der Reserveschirm klemmten, fiel sie mit 80 km/h mit dem Kopf zuerst auf einen Parkplatz, wobei sie sich mehrere Schädelknochen brach. Heute trägt sie 15 Metallplatten unter der Haut. Bei ihrem Unfall wusste sie noch nicht, dass sie schwanger war.

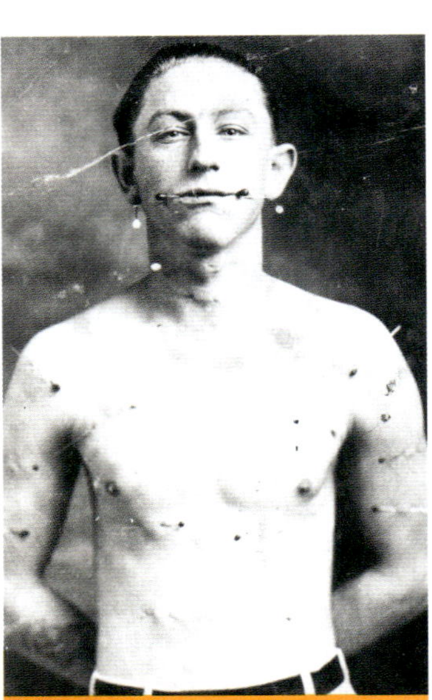

△ GENADELT

B. A. Bryant, hier auf einem Foto aus den 1930er Jahren zu sehen, konnte sich Hunderte von Nadeln in den Körper stecken, ohne Schmerzen zu empfinden. Er stellte seine erstaunliche Fähigkeit im Ripley's Odditorium im texanischen Dallas vor.

SODBRENNEN

Matt "The Tube" Crowley, ein Apotheker aus Seattle, Washington, führt sich einen bis zu 2,10 m langen Schlauch durch die Nase ein, gießt dann mehr als 4 ½ l Flüssigkeit in den Schlauch und saugt diese auch wieder ab. Matt hat einige Fans, die die Flüssigkeit nach der Prozedur trinken! Crowley kann außerdem eine Wärmflasche aufblasen, bis sie platzt.

SELTSAMES ERBE

In der Familie Peavy aus New Hampshire wird ein mumifiziertes Baby immer weitervererbt, seit es 1947 im Haus eines Verwandten entdeckt wurde.

HEILES HERZ

Als der zweijährige Adrian Reid aus Akron in Ohio starke Verbrennungen erlitt, weil er heißen Kaffee verschüttete, heilte die Wunde, die sich direkt über seinem Herzen befand, in Herzform ab.

MENSCHLICHES NADELKISSEN

Dave Haskell aus Chicago, Illinois, bohrt unter dem Künstlernamen "Happy the Human Pincushion" (deutsch: "Happy, das menschliche Nadelkissen") Speere, Haken und andere Gegenstände durch seine Haut. Außerdem kann er mit seinen zahlreichen Piercings Gewichte heben.

DOPPELBLITZ

Der Bauarbeiter Emory Johnson aus Florida wurde schon zweimal vom Blitz getroffen! 1986 erwischte es ihn, als er in seinem Truck saß, 2005, als er gerade auf einer Baustelle arbeitete. Er erklärt: "Es gab einen lauten Knall, und ich hatte das Gefühl, von innen zu verbrennen. Dann verlor ich das Bewusstsein."

MONSTER-BABY

Der am 28.1.2007 geborene Antonio Cruz hat in seiner mexikanischen Heimat Cancun einiges Aufsehen erregt, denn er ist ein echter Brocken! Der kleine "Super-Tonio" wog bei seiner Geburt unglaubliche 6,40 kg und war 55 cm lang. Er kam durch Kaiserschnitt zur Welt. Seine heute siebenjährige Schwester wog bei der Geburt knapp 5,20 kg. Auf dem Bild ist der drei Tage alte Antonio, der bereits 200 g zugenommen hatte, neben einem "normalen" Baby zu sehen.

MAD MAX

Der Läufer Max Springer aus Knoxville, Tennessee, nimmt noch an Leichtathletik-Wettkämpfen und Marathonläufen teil, obwohl er bereits 92 Jahre alt ist!

NERVÖSER RÄUBER

Als im Jahr 2006 ein 60-Jähriger eine Bank in Troy, Michigan, ausraubte, konnte er zwar erfolgreich fliehen, fiel dann aber einfach in Ohnmacht, als er ein vorbeifahrendes Polizeiauto sah!

RAMU, DER WOLFSJUNGE ▽

Ramu, der mit sieben Jahren im Jahr 1954 im indischen Lakhnau gefunden wurde, ist vermutlich sechs Jahre lang von Wölfen großgezogen worden. Als seine Eltern die Geschichte von dem "Wolfsjungen" hörten, identifizierten sie Ramu und erzählten, dass ein Wolf ihn als Baby vom Schoß seiner Mutter gestohlen habe. Alle glaubten, dass er tot sei. Ramu gab nur Tiergeräusche von sich und aß anfangs nur rohes Fleisch und Obst. Er zeigte kein Interesse an anderen Menschen, war aber bei einem Besuch im Zoo ganz aufgeregt, als er Wölfe sah. Ramu lebte weitere 14 Jahre lang im Krankenhaus von Lakhnau und starb im Jahr 1968.

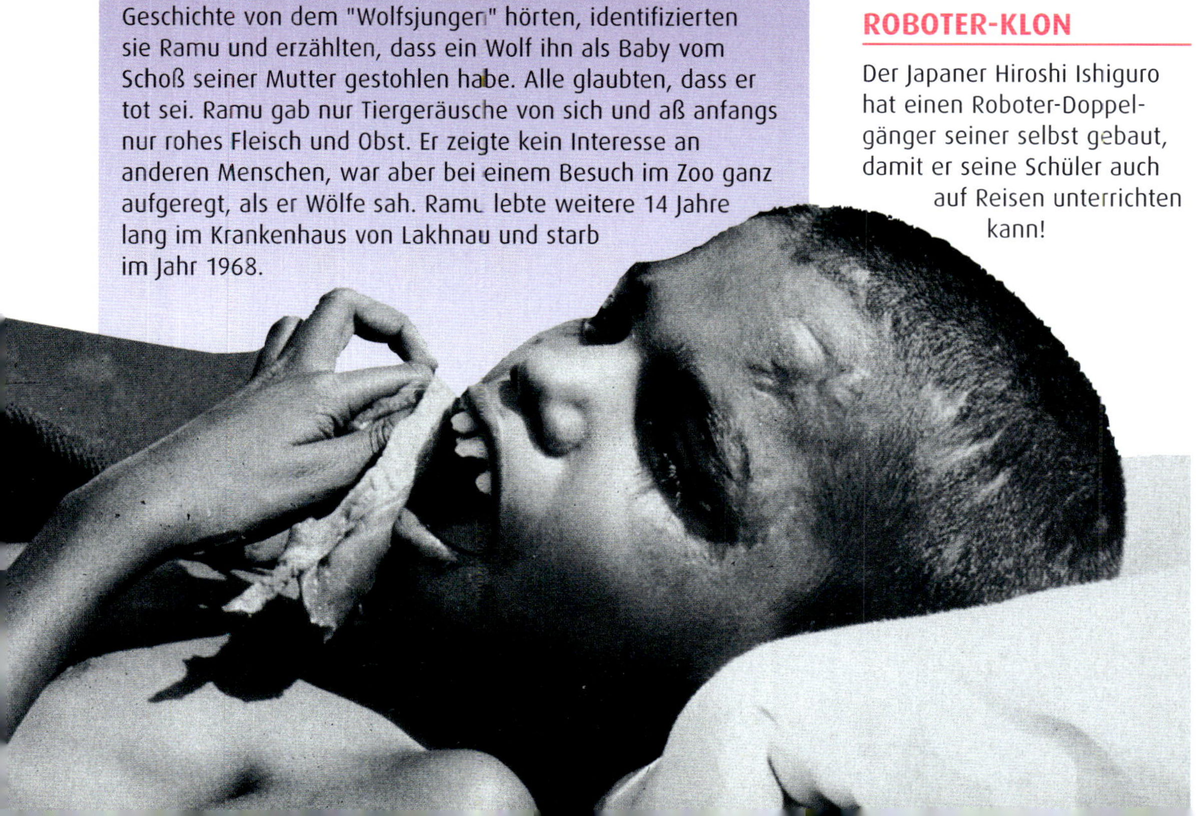

RACHE EINES FISCHES

Als ein 42-jähriger Taucher im September 2006 vor den Florida Keys eine Harpune auf einen Zackenbarsch schoss, freute er sich nicht lange über seinen Fang: 7,60 m tief unter der Wasseroberfläche verkroch sich der Barsch in einem Loch in den Korallen, und der Taucher verfing sich derart in der Leine, dass er am Meeresboden festhing.

ROBOTER-KLON

Der Japaner Hiroshi Ishiguro hat einen Roboter-Doppelgänger seiner selbst gebaut, damit er seine Schüler auch auf Reisen unterrichten kann!

BRAUNER SCHNEE

Am 16.2.2006 fiel über Colorado brauner Schnee. Vermutlich hatte ein Windsturm in Nordarizona Staub aufgewirbelt, der sich in der Luft mit dem Schnee vermengte.

SCHLANGENBISS

Im Jahr 2006 baute ein Mann in Naples, Florida, einen Autounfall, nachdem ihn seine Schlange, die er sich um den Hals gewickelt hatte, plötzlich biss. Der Mann stieg aus seinem Auto, riss sich die Schlange vom Hals und fuhr dann einfach weiter.

WIE DIE LEMMINGE

Bei einer Verfolgungsjagd in Princeton, West Virginia, im Juli 2006 sprangen zwei Polizisten hinter dem Verdächtigen her von einer 15 m hohen Klippe. Nur der Verdächtige zog sich ernsthafte Verletzungen zu.

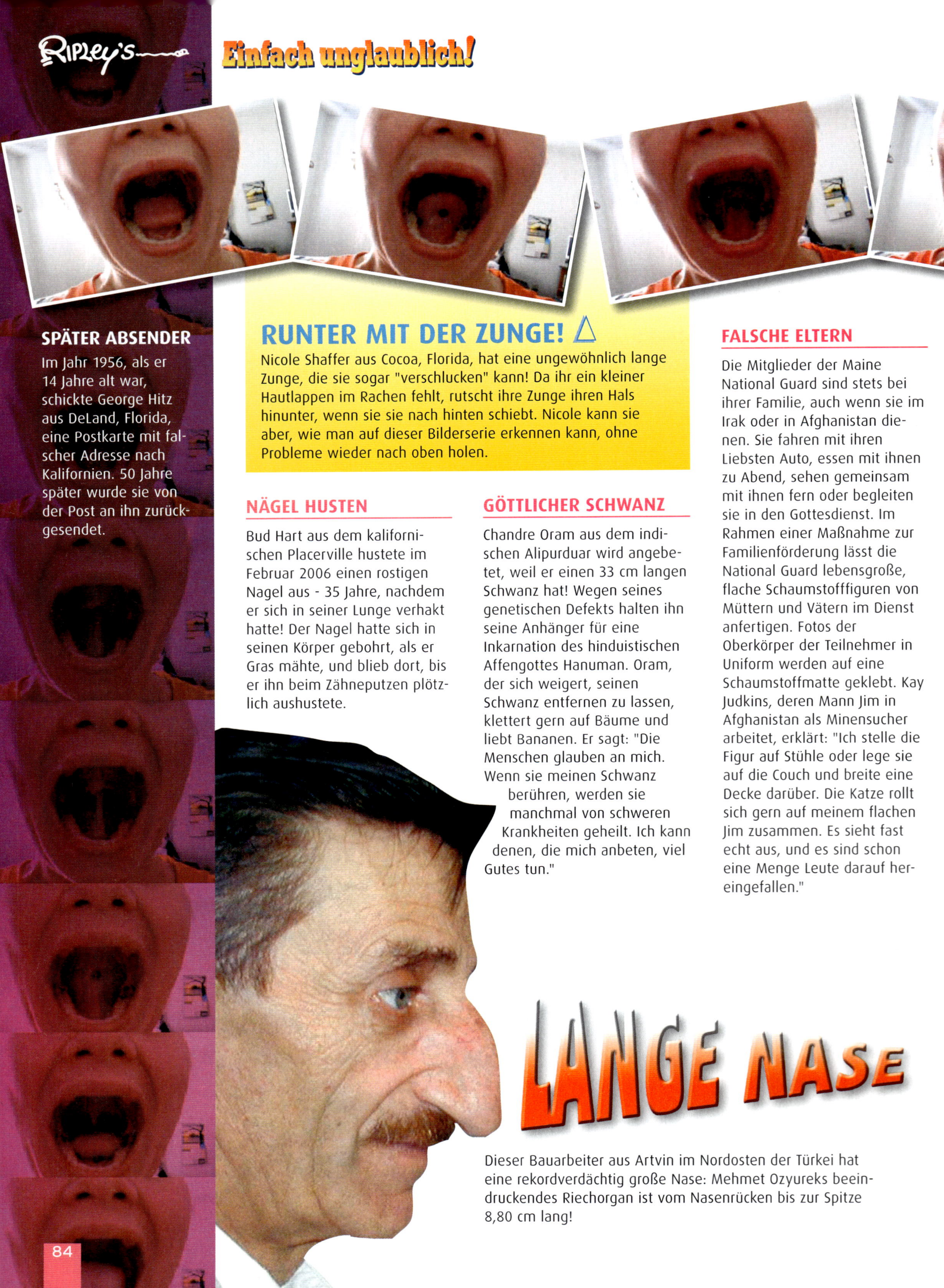

RUNTER MIT DER ZUNGE!

Nicole Shaffer aus Cocoa, Florida, hat eine ungewöhnlich lange Zunge, die sie sogar "verschlucken" kann! Da ihr ein kleiner Hautlappen im Rachen fehlt, rutscht ihre Zunge ihren Hals hinunter, wenn sie sie nach hinten schiebt. Nicole kann sie aber, wie man auf dieser Bilderserie erkennen kann, ohne Probleme wieder nach oben holen.

SPÄTER ABSENDER

Im Jahr 1956, als er 14 Jahre alt war, schickte George Hitz aus DeLand, Florida, eine Postkarte mit falscher Adresse nach Kalifornien. 50 Jahre später wurde sie von der Post an ihn zurückgesendet.

NÄGEL HUSTEN

Bud Hart aus dem kalifornischen Placerville hustete im Februar 2006 einen rostigen Nagel aus - 35 Jahre, nachdem er sich in seiner Lunge verhakt hatte! Der Nagel hatte sich in seinen Körper gebohrt, als er Gras mähte, und blieb dort, bis er ihn beim Zähneputzen plötzlich aushustete.

GÖTTLICHER SCHWANZ

Chandre Oram aus dem indischen Alipurduar wird angebetet, weil er einen 33 cm langen Schwanz hat! Wegen seines genetischen Defekts halten ihn seine Anhänger für eine Inkarnation des hinduistischen Affengottes Hanuman. Oram, der sich weigert, seinen Schwanz entfernen zu lassen, klettert gern auf Bäume und liebt Bananen. Er sagt: "Die Menschen glauben an mich. Wenn sie meinen Schwanz berühren, werden sie manchmal von schweren Krankheiten geheilt. Ich kann denen, die mich anbeten, viel Gutes tun."

FALSCHE ELTERN

Die Mitglieder der Maine National Guard sind stets bei ihrer Familie, auch wenn sie im Irak oder in Afghanistan dienen. Sie fahren mit ihren Liebsten Auto, essen mit ihnen zu Abend, sehen gemeinsam mit ihnen fern oder begleiten sie in den Gottesdienst. Im Rahmen einer Maßnahme zur Familienförderung lässt die National Guard lebensgroße, flache Schaumstofffiguren von Müttern und Vätern im Dienst anfertigen. Fotos der Oberkörper der Teilnehmer in Uniform werden auf eine Schaumstoffmatte geklebt. Kay Judkins, deren Mann Jim in Afghanistan als Minensucher arbeitet, erklärt: "Ich stelle die Figur auf Stühle oder lege sie auf die Couch und breite eine Decke darüber. Die Katze rollt sich gern auf meinem flachen Jim zusammen. Es sieht fast echt aus, und es sind schon eine Menge Leute darauf hereingefallen."

LANGE NASE

Dieser Bauarbeiter aus Artvin im Nordosten der Türkei hat eine rekordverdächtig große Nase: Mehmet Ozyureks beeindruckendes Riechorgan ist vom Nasenrücken bis zur Spitze 8,80 cm lang!

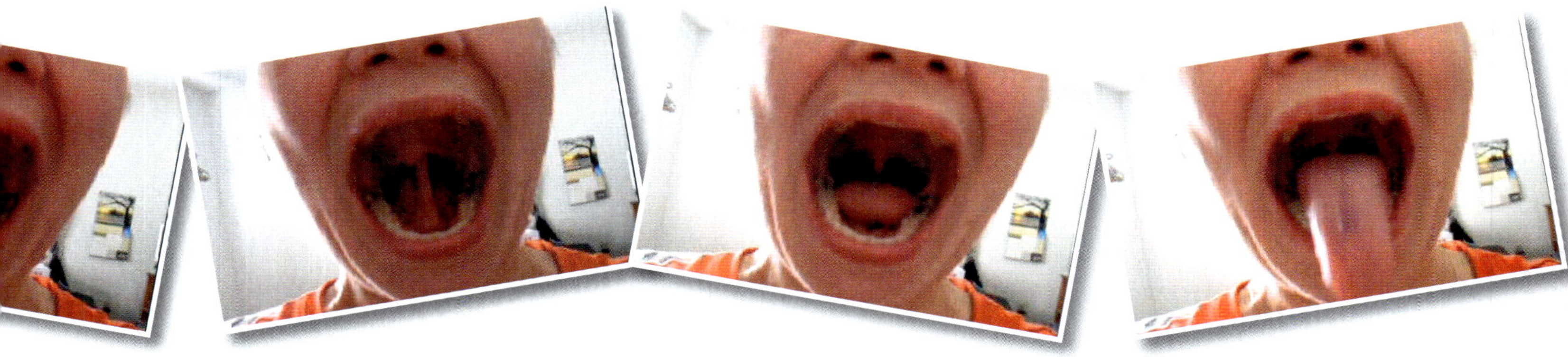

WIE EIN WIRBELWIND

Die vierjährige Grace Hove aus Trenton, North Dakota, wurde am 7.5.2006 beim Trampolinspringen von einem Wirbelwind erfasst und 7,60 m hoch in die Luft geschleudert. Grace überlebte mit einem gebrochenen Arm, einer gebrochenen Hüfte und mehreren Prellungen.

HAUTSTÖRUNG

Obwohl er mit einer schweren Hautstörung namens Harlekin-Ichthyose geboren wurde, bei der sich die Haut in eine harte Schale verwandelt, ist Ryan Gonzalez aus dem kalifornischen San Diego ein erfolgreicher Triathlet.

PARALLELE LEBEN

Als sich die lange voneinander getrennten Schwestern Peggy Lill und Gladys Nohlquist aus New York nach 79 Jahren 2006 wiedertrafen, stellte sich heraus, dass sie erstaunlich ähnliche Lebenswege hinter sich hatten: Seit ihrer Trennung in einem Waisenhaus 1927 waren sie auf Bauernhöfen groß geworden, holten in mittleren Jahren ihren Schulabschluss nach und wurden Krankenschwestern. Beide hatten zweimal geheiratet und jeweils fünf Kinder: vier Mädchen und einen Jungen!

STARKER HELD

Im Juli 2006 hob der 45-jährige Engländer Colin O'Neill aus Bury einen drei Tonnen schweren Tiefbagger an, um seinen 14-jährigen Nachbarsjungen Jon-Ashley Entwisle zu befreien. Colin hielt den Bagger 20 Minuten lang fest, bis ein Notarzt eintraf!

SELTSAME REPTILIEN

Fred Lally aus West Fork in Arkansas sammelt leidenschaftlich gern mutierte Reptilien. Seit seiner Kindheit fängt und verkauft er Reptilien, die er auch ausstellt. Er besitzt Albinoschildkröten und -schlangen, zweiköpfige Reptilien und siamesische Schildkröten, zum Beispiel eine mit zwei Köpfen und sechs Beinen.

AUF LEBEN UND TOD

Bei dem verzweifelten Versuch, einen 68 kg schweren Wels an Land zu ziehen, ertrank ein ungarischer Fischer im Somes-Fluss, weil er die Leine nicht loslassen wollte. Vermutlich stieß er sich den Kopf an einem Stein, als er unter Wasser gezerrt wurde. Als man seine Leiche fand, klammerte er sich noch immer an die Leine, an der der 1,20 m lange Wels festhing.

MINI-MANN

Der 1992 geborene Khagendra Thapa Magar aus Baglung in Westnepal ist nur 51 cm groß und wiegt weniger als 4,50 kg. Laut seiner Mutter begann er erst mit acht Jahren zu laufen und hörte mit elf auf zu wachsen.

AUF ALLEN VIEREN

Fünf Mitglieder einer Familie aus der Südtürkei bewegen sich nur auf allen vieren vorwärts! Einige Wissenschaftler halten sie für den lebenden Beweis für die Theorie der rückwärtsgerichteten Evolution.

Drei Schwestern und ein Bruder aus der 19-köpfigen Familie Ulas laufen ausnahmslos auf Händen und Füßen, während eine weitere Schwester aufrecht gehen kann, allerdings nur für kurze Zeit und mit gebeugten Knien und gesenktem Kopf.

Anders als Gorillas und Schimpansen, die auf den Knöcheln laufen, nutzen die zwischen 18 und 34 Jahre alten Geschwister aus der Türkei ihre stark verschwielten Handflächen als Sohlen. Ihre vierbeinige Gangart ist niemals zuvor bei anatomisch gesunden, erwachsenen Menschen beobachtet worden.

Die Sprache der Ulas ist ebenso primitiv wie ihre Gangart: Sie können nicht von eins bis zehn zählen und wissen nicht, in welchem Land sie leben. Die vier Schwestern können allerdings nähen. Ihre Mutter erzählt, dass sie schon im Alter von zehn Monaten zu Laufen begannen, aber stets ihre Hände mitbenutzten.

RIPLEY'S ERKLÄRT

Viele Wissenschaftler sind sich einig, dass die Ulas-Geschwister an einem erblich bedingten Hirnschaden leiden, der ihre Entwicklung beeinträchtigt hat. Aus diesem Grund fällt es ihnen schwer, auf zwei Beinen das Gleichgewicht zu halten, und sie entwickelten ihre "vierbeinige" Gangart. Uner Tan von der medizinischen Fakultät der türkischen Cukurova-Universität vertritt allerdings die These, dass die Familie auf ein tief im Bewusstsein verankertes, instinktives Verhalten zurückgreift, das im Laufe der Evolution verdrängt wurde. Er bezeichnet diesen Prozess als rückwärtsgerichtete Evolution.

Die Ulas-Geschwister tragen Merkmale unserer affenähnlichen Vorfahren, die noch nicht aufrecht gingen.

FREMDE ZUNGEN

Als die 60-jährige Engländerin Linda Walker nach einem Schlaganfall im Krankenhaus erwachte, sprach sie nicht mehr ihren üblichen Newcastle-Dialekt, sondern eine Mischung aus Jamaikanisch, Kanadisch, Italienisch und Slowakisch. Linda, die aus Newcastle upon Tyne stammt, leidet vermutlich an dem Fremd-Akzent-Syndrom, einer Krankheit, die erstmals im Zweiten Weltkrieg entdeckt wurde. Die Patienten sprechen plötzlich anders, weil winzige Bereiche des Sprachzentrums im Gehirn geschädigt wurden. Die verlängerten oder verkürzten Vokale sorgen dafür, dass es so klingt, als würden sie mit fremdländischem Akzent sprechen.

DIE HALBE FRAU

Rosemarie Siggins aus Pueblo in Colorado leidet an Sakraler Agenesie, einer seltenen Krankheit, wegen der sie keine Hüfte und nur eine halbe Wirbelsäule hat. Im Alter von zwei Jahren mussten ihr beide Beine amputiert werden. Dennoch hat Rosemarie, die heute Mitte 30 ist, zwei erfolgreiche Schwangerschaften hinter sich: 1999 brachte sie ihren Sohn Luke, 2006 die Tochter Shelby zur Welt. Rosemarie, die hier mit Ehemann Dave und Sohn Luke zu sehen ist, läuft auf den Händen oder nutzt ein Skateboard zur Fortbewegung. Sie erklärt: "Ich habe noch alle meine Fortpflanzungsorgane. Ich sehe nur deswegen so aus, als hätte ich keinen Unterleib, weil der untere Teil meiner Wirbelsäule fehlt."

DREI AUF EINEN SCHLAG

Die Häuser von Mrs. Patterson aus Baltimore, Maryland, und ihren beiden Töchtern wurden alle am 17. März 1996 vom Blitz getroffen.

FLASCHENPOST

Die vierjährige Alesha Johnson aus England warf im Juli 2005 eine Flasche ins Meer, die sechs Monate später und 14.500 km weit entfernt in Australien wiedergefunden wurde. Die Flasche enthielt einen Zettel mit Aleshas Namen und der Adresse ihres Kindergartens in Lancashire. Im Januar 2006 wurde sie von einem Jungen in einer Werft bei Perth aus dem Wasser gezogen.

MUSIKALISCHE URNE

Die Asche des Musikers Roger Busdicker aus Winona, Minnesota, wurde 2006 in seiner Klarinette beigesetzt. Seine Familie fand, dass das Instrument aus Ebenholz und Silber, auf dem der Verstorbene 50 Jahre lang gespielt hatte, der ideale Ruheplatz sei. Da nicht die ganze Asche in die Klarinette passte, wurde der Rest in den Instrumentenkasten gestreut.

BÄRENSTARK!

Bill Murphy aus Alaska überlebte im September 2003 den Angriff eines Grizzlybären, klebte seine Wunden mit Isolierband zu und fuhr in seinem Geländewagen 24 km weit bis zu seinem Truck, mit dem er noch eine halbe Stunde bis zum nächsten Krankenhaus brauchte.

DICKER BROCKEN

Die 2006 in einem brasilianischen Krankenhaus geborene Isabel Vitoria Ribeiro war bei ihrer Geburt 60 cm lang - so groß, dass sie nicht einmal in ihre Wiege passte.

FESTGEBISSEN

Als die ungarische Eisläuferin Ani Zoltany im Februar 2006 durch die Eisdecke eines Sees brach, überlebte sie nur, indem sie sich zehn Minuten lang mit den Zähnen an einer Eisplatte festbiss. Nachdem sie in das eiskalte Wasser des Velence-Sees gefallen war, wurden ihre Hände schnell taub und sie musste ihren Kopf mit Hilfe der Zähne über Wasser halten, bis Rettung eintraf.

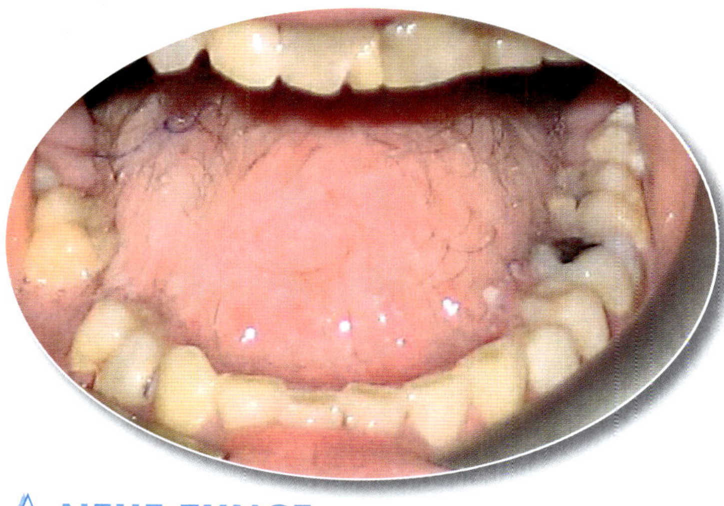

△ NEUE ZUNGE

Der 23-jährige Jarislav Ernst aus Gliwice hat eine neue Zunge, die aus Gewebe aus seinem Po gewachsen ist! Der Pole musste sich seine vom Krebs befallene alte Zunge entfernen lassen, worauf ihm Chirurgen Nervengewebe aus dem Hintern entnahmen und es zu einer Zunge formten, die ihm dann in den Mund genäht wurde.

DREI VOLLTREFFER

Dem Golfer Stewart Sneddon gelangen 2006 auf einem Golfplatz bei Edinburgh, Schottland, an drei aufeinanderfolgenden Samstagen drei Hole-in-Ones am selben Loch. Jedes Mal schlug er den Ball mit einem Achter-Eisen 134 m weit in Richtung des 13. Loches. Die Chancen für seine Treffer standen bei eins zu zwei Billionen.

AUSGESCHLAFEN

Als ein Kurzschluss in John Betteridges Haus im kanadischen Quispamsis einen 7.200 Volt starken Stromstoß freisetzte, der alle Lampen und Geräte explodieren ließ, schlief der kleine Sohn John jr. einfach seelenruhig weiter - in einem Metallbett! Wie durch ein Wunder erlitt er keine Verletzungen.

◁ DIE HERRIN DER BLITZE

Es heißt, dass der Blitz niemals zweimal an derselben Stelle einschlägt - aber die 84-jährige Christine Moody aus dem englischen Somerset ist der lebende Gegenbeweis! Sie wurde insgesamt viermal vom Blitz getroffen. Das erste Mal erwischte es sie 1980, als sie in einem Hotel ein Tasse Tee trank. 22 Jahre später schlug der Blitz in sie ein, als sie der Beerdigung einer Freundin beiwohnte. Nach sechs Monaten wurde sie bei einem Spaziergang auf der Straße getroffen, und im Dezember 2004 schlug der Blitz in ihr Bett ein. Wie durch ein Wunder wurde Christine niemals ernsthaft verletzt, aber sie ist "allergisch" gegen Strom, da sie starke Schmerzen spürt, wenn sie sich elektrischen Geräten nähert.

DER GEHÖRNTE

Dieses Foto eines gehörnten Mannes wurde Robert Ripley Anfang der 1940er Jahre zugeschickt. Es soll ein Chinese sein, der Ende der 1930er Jahre aufgenommen wurde.

KÖNIG DER BAUMWOLLPFLÜCKER

Der Baumwollpflücker R. L. Stubblefield hatte an seiner rechten Hand zwei Daumen, weswegen er bis zu 136 kg Baumwolle am Tag pflücken konnte! Er lebte in den 1930er Jahren im texanischen Italy.

SCHATZ IM STURM

Nachdem 2004 mehrere Hurrikans die Küste von Florida heimgesucht hatten, fand Joel Ruth am Strand 180 spanische Silbermünzen, die 300 Jahre alt waren und einen Wert von über € 30.000 hatten.

GLÜCKSTREFFER

Auf einem Golfplatz in Cleveland, Ohio, schlug der achtjährige Harrison Vonderau im Juli 2006 mit demselben Golfball zwei Hole-In-Ones in nur 20 Minuten!

STEINWAGEN

Der verstorbene Raymond Tse jr. ließ sich für sein Mausoleum auf dem Rosehill-Friedhof in New Jersey einen originalgroßen Mercedes aus Stein bauen.

VERFRÜHTE DIAGNOSE

Nachdem Larry Green nach einem Autounfall in North Carolina im Januar 2005 noch an der Unfallstelle für tot erklärt worden war, lieferte man ihn ins Leichenschauhaus. Erst dort bemerkte man, dass er noch atmete!

HUND AM STEUER

Eine Frau aus dem chinesischen Hohhot baute 2006 einen Autounfall - weil sie versucht hatte, ihrem Hund das Fahren beizubringen! Li erklärte, dass ihr Hund mit Vorliebe hinter das Lenkrad kletterte und ihr beim Fahren zusah, weswegen sie schließlich beschloss, ihn lenken zu lassen, während sie die Pedale bediente.

BÄRTIGE DAME

Grace Gilbert zog Anfang des 20. Jahrhunderts mit dem berühmten Zirkus Barnum and Bailey als "Bärtige Lady" durch die USA. Grace war 1,75 m groß und hatte einen 25 cm langen Bart.

HANDZAHM

Dieses Foto aus dem Jahr 1946 zeigt W. M. Heldman aus Sharpsburg, Pennsylvania, der an jeder Hand zwei Daumen hatte. An seiner linken Hand waren außerdem drei Finger zusammengewachsen. Trotzdem konnte er seine Hände ganz normal benutzen.

EINATMEN, BITTE!

Ed Anato Hayes aus Mountain Air in Colorado führte in den 1930er Jahren unglaubliche Tricks vor. Hier sieht man, wie er beim Einatmen seinen gesamten Bauchraum nach innen verschiebt.

BEIN GEKLAUT

Innerhalb von fünf Monaten wurde Melissa Huff aus dem kalifornischen Arcadia zweimal ihre Beinprothese gestohlen und wieder zurückgebracht. 2003 hatte sie ihr echtes Bein verloren, als sie auf dem Bürgersteig von einem Auto angefahren wurde.

PÜNKTLICHE ANKUNFT

Als Carolyn Holt aus St. Peters, Missouri, am 21.4.2006 allein mit dem Auto unterwegs war, erlitt sie einen Herzanfall. Unter den ersten vier Personen, die anhielten, um ihr zu helfen, waren zwei Krankenschwestern und ein Vertreter für Defibrillatoren!

DAS ERBE DES PFÖRTNERS

Als Genesio Morlacci in Ruhestand ging, nahm er für kurze Zeit eine Teilzeitstelle als Pförtner an der Universität von Great Falls in Montana an. Als er im Alter von 102 Jahren starb, hinterließ er der Universität eine Spende von € 1,85 Millionen, mit der er anderen die Bildung ermöglichen wollte, die er selbst niemals erhalten hatte.

WIE HERUM DENN NUN?

Auf diesem Foto zeigt Avery Tudor aus New York City, wie er seinen Fuß um 180° verdreht.

LANG GEKAUT

Als junge Frau knabberte Marie Brunozzy aus Wanamie, Pennsylvania, an ihren Fingernägeln. Dann aber legte sie die schlechte Angewohnheit ab und ließ ihre Nägel wachsen. Auf diesem Bild aus dem Jahr 1953 waren sie schon 13,70 cm lang.

TEURER STURZ

Bei einem Besuch im Fitzwilliam-Museum im englischen Cambridge im Januar 2006 stolperte Nick Flynn über einen Schnürsenkel, fiel eine Treppe hinunter und zerstörte beim Aufprall drei chinesische Porzellanvasen aus dem 17. Jahrhundert. Die Vasen, die 40 Jahre lang unberührt auf einem Fensterbrett gestanden hatten, sind insgesamt € 485.000 wert. Es dauerte sechs Monate, eine von ihnen wieder zusammenzusetzen.

◁ ZWEI MÄULER

Diese Regenbogenforelle wurde im Dezember 2005 aus einem See bei Lincoln, Nebraska, gezogen. Der 454 g schwere Fisch hatte gleich zwei Mäuler! Der Angler Clarence Olberding, der ihn fing, stellte verblüfft fest, dass unter dem funktionsfähigen oberen Maul, in dem der Haken steckte, noch ein weiteres, nicht funktionsfähiges herausragte.

RETTENDES KREUZ

Der russische Teenager Marina Motygina überlebte 2006 einen Blitzschlag, der so stark war, dass er das Goldkreuz schmolz, das sie um den Hals trug. Der Blitz traf sie mitten in den Kopf und fuhr durch ihren Körper in den Boden. Am Hals trägt Marina nun eine Narbe in Kreuzform.

ZUFÄLLIGES TREFFEN

Die Brüder Joe und George Ipser aus Cleveland, Ohio, hatten sich seit 20 Jahren nicht mehr gesehen, bis sie zufällig am Neujahrsabend in einem Krankenhaus aufeinandertrafen.

CLEVERE SCHMETTERLINGE

Wissenschaftler der Medizinfakultät an der Universität von Massachusetts haben herausgefunden, dass Monarchschmetterlinge den Einfallswinkel und die Intensität von Sonnenlicht nutzen, um ihre innere Uhr zu stellen und aus dem Osten der USA nach Mexiko zu ziehen.

ZWANGSDIÄT

Nachdem sich Ricky Megee aus Brisbane 2006 in der australischen Wildnis verlief, ernährte er sich drei Monate lang von Egeln, Fröschen, Grashüpfern und Eidechsen.

LOTTO, LOTTO!

Im Dezember 2002 gewann das Ehepaar Angelo und Maria Gallina aus dem kalifornischen Belmont zusammen € 13.820.000 - allerdings auf getrennten Lotteriescheinen! Die Wahrscheinlichkeit für solch ein Glück liegt bei eins zu 24 Billionen.

GEHEIMSPRACHE

Die eineiigen, vier Jahre alten Zwillinge Luke und Jack Ryan aus dem englischen Cleckheaton haben ihre eigene Sprache entwickelt. Sie können sich stundenlang unterhalten, ohne dass ihre Eltern ein Wort verstehen.

OHRENHAARE DELUXE ▽

Dieses im Februar 2002 aufgenommene Foto zeigt B. D. Tyagi aus dem indischen Bhopal, der stolz die zehn Zentimeter langen Haarsträhnen präsentiert, die ihm aus den Ohren wachsen.

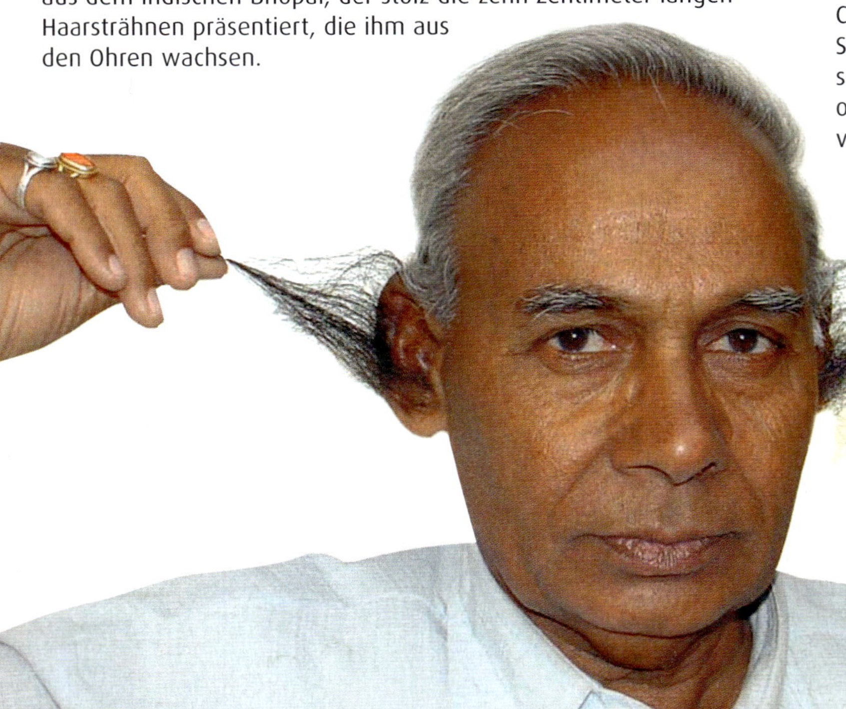

Die kleine Meerjungfrau

Milagros Cerrón wird ihrem Namen wirklich gerecht, denn Milagros ist das spanische Wort für "Wunder". Auf der ganzen Welt sind nur drei Fälle bekannt, in denen Kinder mit dem sogenannten Meerjungfrauensyndrom, auch als Sirenomelie bezeichnet, überlebten.

Aufgrund der Krankheit, die nur bei einer von 100.000 Lebendgeburten auftritt, sind die Beine der kleinen Milagros zusammengewachsen, sodass sie wie ein Fischschwanz aussehen. In der Regel sterben die Kinder bei der Geburt, aber 2005 haben Chirurgen einer Klinik im peruanischen Lima erfolgreich zwei Operationen an Milagros vorgenommen. Bei der ersten trennten sie die Knie, dann die Oberschenkel. Auch wenn die Kleine noch mindestens zehn Jahre lang in Behandlung sein wird, macht sie schon ihre ersten vorsichtigen Schritte.

EINE FRAGE DER EHRE

Nachdem der Bosnier Remzo Pivic von seinem Landsmann Ahmet Adulovic aus den Fluten eines reißenden Eisbachs gerettet wurde, konnte er seine Schuld 20 Jahre später endlich begleichen! Pivic blieb stets mit seinem tapferen Retter, der nach Kanada auswanderte, in Kontakt. Als er erfuhr, dass Adulovic eine neue Niere brauchte, flog Pivic nach Ottawa und bedankte sich bei seinem Helden mit einer Organspende.

HAARIGE ANGELEGENHEIT

Aaron Studham aus Massachusetts führt den Irokesenschnitt in eine neue Dimension, denn seine Haarpracht ist unglaubliche 53 cm hoch! Zwar braucht er bis zu einer Stunde Zeit, viel Haarspray und Geduld mit dem Föhn, um sich zu frisieren, aber laut Aaron ist es die Sache wert, zumal er wegen seines auffälligen Stylings eine Menge Mädchen kennenlernt!

HÜBSCHER HUT!

Dieses Mitglied eines Stammes aus Nordthailand hat sich seit mehr als 70 Jahren nicht mehr die Haare geschnitten! Seinen über fünf Meter langen Zopf trägt der alte Mann wie einen wärmenden Turban ordentlich um seinen Kopf gewickelt.

BUTTERFLUSS

Bei einem Feuer in einer Molkerei in New Ulm, Minnesota, wurde im Dezember 2005 ein Butterfluss im Wert von € 800.000 freigesetzt! Die fettige Masse bedeckte die Straßen, zerstörte die Ausrüstung der Feuerwehr und verstopfte die Gullys.

WANDER-RING

Linda Blardo aus Zephyrhills, Florida, verlor einst beim Schwimmen ihren Highschool-Klassenring. 34 Jahre später wurde er in einem Park in Georgia wiedergefunden - 756 km entfernt von dem Ort, an dem sie ihn verloren hatte!

METALL IM MAGEN

Die Ärzte einer vietnamesischen Klinik entfernten im Jahr 2006 unglaubliche 119 rostige, je 75 mm lange Nägel aus dem Magen einer Frau. Die 43-jährige Patientin klagte über Magenschmerzen. Beim Röntgen entdeckte man neben den Nägeln auch andere seltsame Gegenstände in ihrem Bauch.

WASCHGANG ▷

Im September 2006 ließ sich Luo Shiyuan aus einem Dorf im chinesischen Chongqing seine Haare waschen - zum ersten Mal seit 26 Jahren! Neben dem Waschen hatte er auch auf das Schneiden verzichtet, weswegen sein Haar zwei Meter und sein Bart 1,50 m lang waren. Der 80-Jährige brauchte für die fünfstündige Prozedur die tatkräftige Unterstützung seiner zwölfköpfigen Familie.

DREI MAL DREI

Der englische Komiker Vic Reeves trägt nicht nur denselben Geburtsnamen, Jim Moir, wie sein Vater und Großvater - die drei Männer hatten auch am selben Tag Geburtstag, und zwar am 24.1.

UMWELTSÜNDE

Matthew Buer aus dem englischen Essex wurde im Februar 2006 von zwei verschiedenen Bezirken wegen Umweltverschmutzung mit einer Geldstrafe belegt. Er hatte Pommes frites aus seinem Autofenster geworfen, die sich über die Bezirksgrenzen hinweg verteilt hatten.

SPÄTE LIEBE

Der 33-jährige Muhamad Noor Che Musa aus Nordmalaysia heiratete 2006 die 104-jährige Wook Kundor. Während es sich um seine erste Ehe handelte, heiratete sie zum 21. Mal.

ZWILLINGS-LAWINE

18 Monate, nachdem Joanne Johnson, die eine eineiige Zwillingsschwester hat, Richard McGee, ebenfalls ein eineiiger Zwilling, heiratete, brachte sie eineiige Zwillingsbrüder zur Welt. Laut Expertenmeinung geht die Wahrscheinlichkeit für eine solche Konstellation gegen unendlich. Der Gynäkologe, der dem Paar aus dem englischen Lancashire mitteilte, dass sie Zwillinge erwarteten, war übrigens ebenfalls ein eineiiger Zwilling!

WUNDERAUTO

Alan Poster aus New York fand auf wundersame Weise sein Auto wieder - 37 Jahre, nachdem es gestohlen worden war! Die neue Corvette war 1969 aus seiner Garage verschwunden und im November 2005 auf einem Schiff, das nach Schweden unterwegs war, wieder aufgetaucht. Obwohl der Wagen silberfarben statt blau lackiert war und weder Lüftung noch Tank hatte, war er mit € 16.000 dreimal so viel wert wie ursprünglich.

DREIARMIGES BABY

Voller Überraschung stellte die frischgebackene Mutter Xu fest, dass ihr kleiner Sohn mit drei Armen auf die Welt gekommen war! Jie-Jie, der im April 2006 in der chinesischen Provinz Anhui das Licht der Welt erblickte, hatte zwei linke Arme! Optisch sahen die doppelten Arme zwar ganz normal aus, aber sie waren beide nicht voll funktionsfähig, und so entschieden die Ärzte, den Arm zu amputieren, der näher an der Brust wuchs, weil er dünner und stets gebeugt war. In einer dreistündigen Operation befreiten sie den kleinen Jie-Jie, der noch lange Zeit physiotherapeutische Behandlung erhalten wird, von seinem überflüssigen Körperteil.

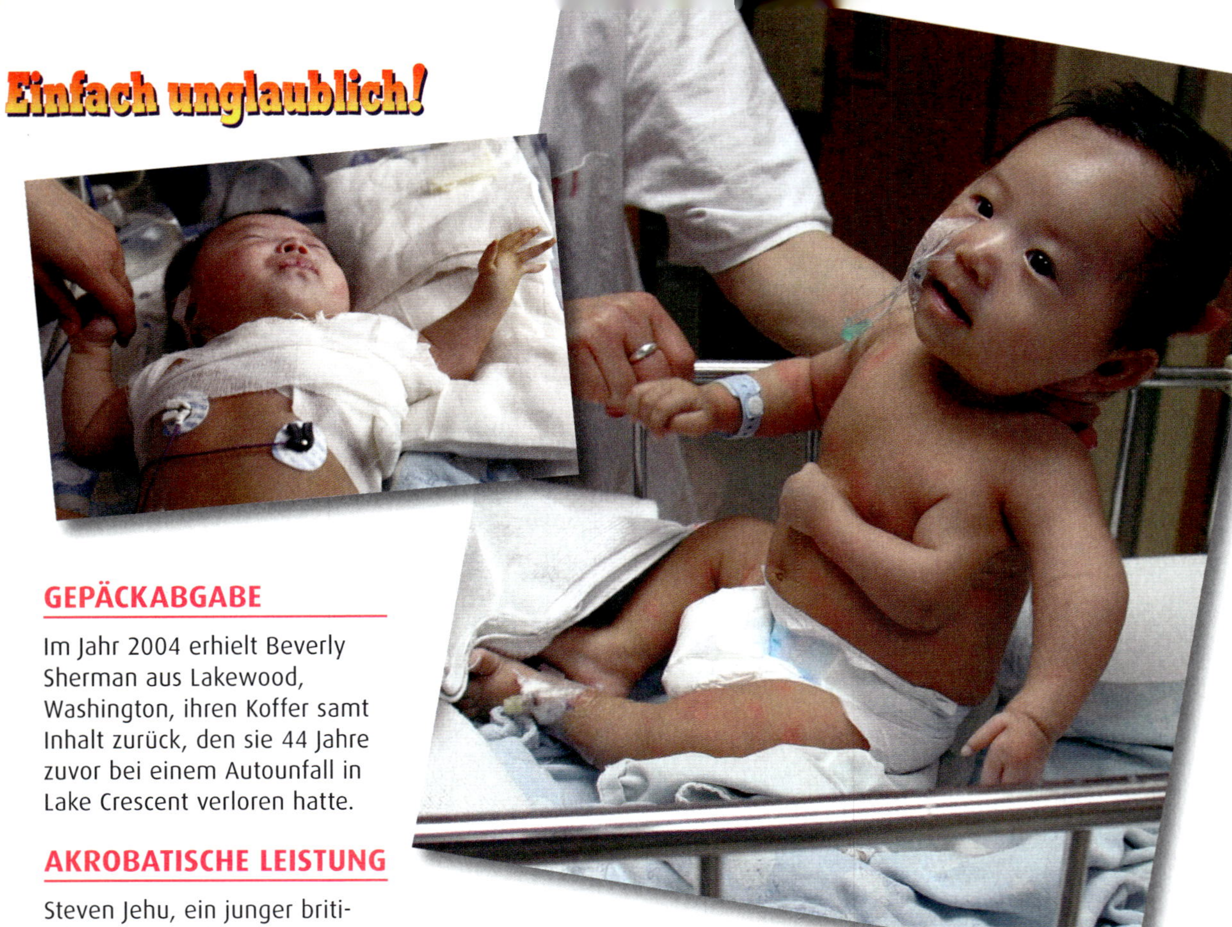

GEPÄCKABGABE

Im Jahr 2004 erhielt Beverly Sherman aus Lakewood, Washington, ihren Koffer samt Inhalt zurück, den sie 44 Jahre zuvor bei einem Autounfall in Lake Crescent verloren hatte.

AKROBATISCHE LEISTUNG

Steven Jehu, ein junger britischer Turner, überlebte einen 10,60 m tiefen Sturz aus einem Hotelfenster. Während des Falls machte er einen Salto, damit er auf den Füßen landete.

DURCH DIE BRUST

Jessie Wickham aus Ann Arbor bohrte sich im Juni 2003 bei einem Unfall einen Mikrophon-Ständer durch die Brust, als sie im 8 1/2 ten Monat schwanger war. Sie überlebte ohne schwere Verletzungen und brachte einen gesunden Jungen zur Welt.

TÖDLICHE BEERDIGUNG

Im Jahr 2006 wurden bei einer Beerdigung im niederländischen Vorden zwei Menschen getötet. Die Opfer, die für die Musik zuständig waren, hatten sich auf dem Friedhof unter einen Baum gestellt, der dann von einem Blitz getroffen wurde.

AUSGEMECKERT

Der kroatische Schäfer Milan Prpic verlor 2006 durch einen einzigen Blitzschlag 230 Schafe - die Hälfte seiner Herde.

GROSSE DAME

Yao Defen aus der Provinz Anhui in Ostchina ist unfassbare 2,36 m groß! Hier ist sie neben ihrer normal großen Freundin vor ihrem Haus zu sehen. Defen leidet an Akromegalie, einem Tumor an ihrer Wachstumsdrüse, weshalb große Mengen an Wachstumshormonen freigesetzt werden. In ihrem 28. Lebensjahr wurde ein Teil des Tumors entfernt, aber es sind noch weitere Operationen nötig.

MAKABRER ZUFALL

Zwei Frauen, die beide mit erstem Vornamen April und mit zweitem Dawn hießen und in verschiedenen Teilen von Fairfax County, Virginia, lebten, waren mit 22-jährigen Männern zusammen. Im Dezember 2005 wurden die Frauen festgenommen, weil beide den Mord an ihrem Lebensgefährten in Auftrag gegeben hatten!

ZWILLINGSBRUCH

Die Zwillingsschwestern Cassidy und Marissa Wiese aus Laurel in Nebraska hatten am selben Tag Rollschuhunfälle, bei denen sich jede von ihnen den linken Arm brach.

GEBURTENFLUT

Angela Magdaleno aus dem kalifornischen Los Angeles brachte innerhalb von nur drei Jahren sieben Kinder auf die Welt! 2003 bekam sie Drillinge, und im Juli 2006 folgten Vierlinge, womit sie nun insgesamt neun Kinder hat! Die Wahrscheinlichkeit, ohne Fruchtbarkeitsbehandlung Vierlinge zu bekommen, liegt bei 1:800.000!

EISERNE LUNGE

Bei seinem Tod im Februar 2006 hatte John Prestwich aus dem englischen Chipperfield über 50 Jahre lang mit Hilfe einer Maschine geatmet. 1955 war er mit 17 Jahren an Polio erkrankt und blieb vom Kinn an abwärts gelähmt. Da er nicht mehr selbst atmen konnte, musste er fortan mit einer Eisernen Lunge leben. Trotz seiner Behinderung bestieg er den Eiffelturm, machte einen Hubschrauberflug und fuhr mit dem London Eye, dem großen Riesenrad an der Themse in London.

DOPPELT FRUCHTBAR

Eine Frau aus dem brasilianischen Cariacica hatte zwei Gebärmütter und brachte im Mai 2003 gesunde Zwillinge zur Welt - die in getrennten Gebärmüttern aufgewachsen waren.

PÜNKTLICH

Samantha Noble aus Florida brachte ihr drittes Kind pünktlich am 3.3.2003 um 3.33 Uhr nachmittags auf die Welt.

LUNGENNUSS

Als der 67-jährige Derek Kirchen aus dem englischen Norfolk seine achte Lungenentzündung in Folge hatte, dachten seine Ärzte schon, dass er Lungenkrebs habe. Aber statt eines Tumors fanden sie einen Cashewkern, der 18 Monate lang in seiner Lunge festgesteckt hatte.

DOPPELHERZ

Als ein britischer Tourist 2006 in seinem Urlaub in Irland starb, staunten die Ärzte bei seiner Obduktion nicht schlecht: In einer in seinen Körper eingenähten Plastiktüte fanden sie ein zweites Herz und eine Extralunge.

DREIBEINIGER MANN

Francisco Lentini, der 1889 auf Sizilien zur Welt kam, hatte drei Beine! Mit neun wanderte er in die USA aus, wo er ein Zirkusstar wurde. Lentini war sehr erfolgreich, heiratete, bekam vier Kinder und wurde 77 Jahre alt.

EHRLICHER FINDER

Im Jahr 2006 erhielt Gary Karafiat aus Naperville, Illinois, seine Brieftasche zurück - ganze 35 Jahre, nachdem er sie in seiner High School verloren hatte!

TREUER FISCH

Im Juli 2006 fing der englische Angler Bob Watton aus Poole in Dorset innerhalb von drei Tagen zweimal denselben Fisch, und zwar über drei Kilometer vor der Küste! Als er den fünf Kilo schweren Wolfsbarsch zum ersten Mal erwischte, verhakte sich die Angelleine an einem Stein und der Fisch entkam. Aber drei Tage später holte Bob an fast derselben Stelle erneut einen etwa 60 cm langen Wolfsbarsch ein und erkannte ihn sofort wieder, da die zerrissene Leine und der Haken noch immer aus seinem Maul hingen.

HUMMERDIEB

Als Paul Westlake aus dem englischen Plymouth beim Schwimmen seinen Geldbeutel verlor, erwartete er nicht, ihn jemals wiederzusehen. Doch wenige Tage später tauchte er wie durch ein Wunder auf - in den Scheren eines Hummers! Ein Tiefseetaucher hatte das diebische Krustentier auf dem Meeresgrund gefunden.

WUNDERKIND ▷

Emylea Tharby, die im April 2006 in dem kanadischen Städtchen London geboren wurde, wuchs nicht in der Gebärmutter ihrer Mutter heran, sondern entwickelte sich in der Bauchhöhle! Während ihr Köpfchen auf der Leber ihrer Mutter Lia ruhte, war ihre Nabelschnur mit der Außenseite der Gebärmutter verbunden. Lia klagte während der Schwangerschaft zwar über schwere Magenschmerzen, doch der Grund wurde erst bei Emyleas Kaiserschnittgeburt gefunden. Bisher sind weltweit nur vier ähnliche Schwangerschaften bekannt.

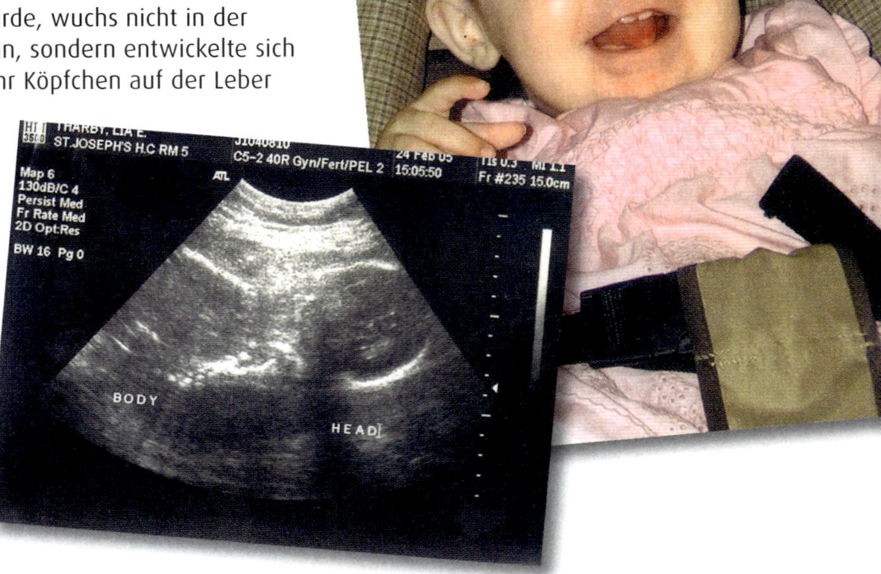

ZUNGE RAUS!

Bei einem Aufruhr am 13. 5. 2006 biss sich Kaijuan Corbett aus Brooklyn, New York, ein Stück seiner Zunge ab und spuckte es auf die Polizei.

RETTENDER MIST

Als Phil Harrison aus dem englischen Yorkshire 2006 neun Meter tief von einem Fabrikschlot fiel, überlebte er nur, weil er auf einer 15 cm hohen Schicht Taubenmist landete!

SEELENHANDEL

Ein Chinese aus Jiaxing in der Nähe von Shanghai erhielt 2006 immerhin 58 Angebote, als er versuchte, seine Seele im Internet zu versteigern. Die chinesische Internetauktionsseite Taobao unterband den Handel schließlich, da der Anbieter die Übergabe der Ware nicht gewährleisten konnte.

LEICHENTRÄGER

An der St.-Ignatius-Highschool in Cleveland, Ohio, gibt es eine freiwillige Sargträgergruppe, die ihre Dienste kostenlos den umliegenden Beerdigungsinstituten anbietet.

ABGEHUSTET

Chris Brown aus dem englischen Cheltenham hustete einen 2,50 cm langen Zweig aus, der 20 Jahre lang in seiner Lunge festgesteckt hatte!

KLUGER KOMODO

Flora, ein Komodowaran-Weibchen aus dem Zoo im englischen Chester, hat elf Eier gelegt, ohne jemals mit einem Männchen in Kontakt gekommen zu sein! Wissenschaftler fanden heraus, dass sie sich selbst befruchtet hat. Die sogenannte Parthogenese tritt in sehr seltenen Fällen bei Wirbeltieren auf, die lange ohne männlichen Gefährten gelebt haben.

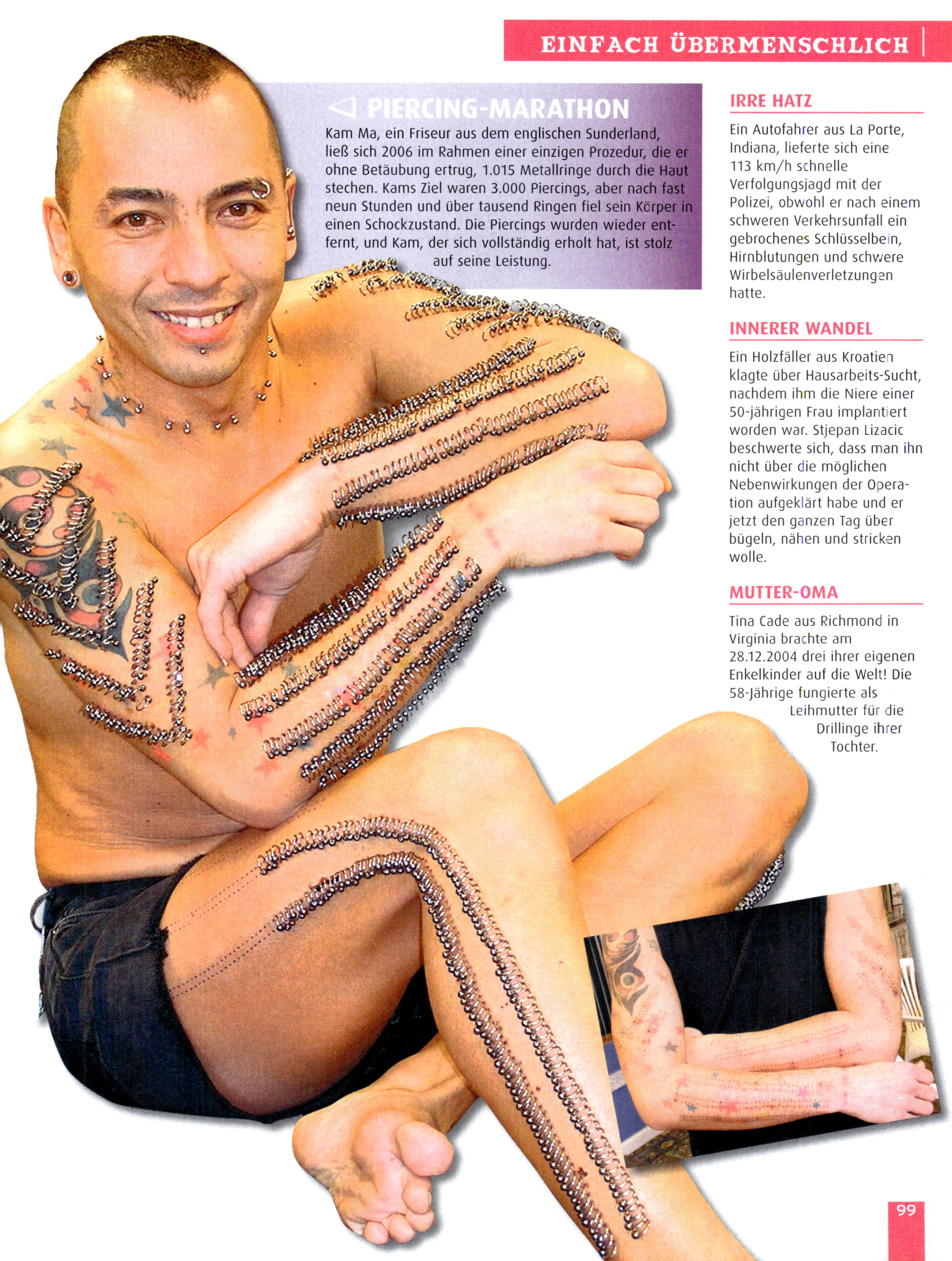

◁ PIERCING-MARATHON

Kam Ma, ein Friseur aus dem englischen Sunderland, ließ sich 2006 im Rahmen einer einzigen Prozedur, die er ohne Betäubung ertrug, 1.015 Metallringe durch die Haut stechen. Kams Ziel waren 3.000 Piercings, aber nach fast neun Stunden und über tausend Ringen fiel sein Körper in einen Schockzustand. Die Piercings wurden wieder entfernt, und Kam, der sich vollständig erholt hat, ist stolz auf seine Leistung.

IRRE HATZ

Ein Autofahrer aus La Porte, Indiana, lieferte sich eine 113 km/h schnelle Verfolgungsjagd mit der Polizei, obwohl er nach einem schweren Verkehrsunfall ein gebrochenes Schlüsselbein, Hirnblutungen und schwere Wirbelsäulenverletzungen hatte.

INNERER WANDEL

Ein Holzfäller aus Kroatien klagte über Hausarbeits-Sucht, nachdem ihm die Niere einer 50-jährigen Frau implantiert worden war. Stjepan Lizacic beschwerte sich, dass man ihn nicht über die möglichen Nebenwirkungen der Operation aufgeklärt habe und er jetzt den ganzen Tag über bügeln, nähen und stricken wolle.

MUTTER-OMA

Tina Cade aus Richmond in Virginia brachte am 28.12.2004 drei ihrer eigenen Enkelkinder auf die Welt! Die 58-Jährige fungierte als Leihmutter für die Drillinge ihrer Tochter.

Reggie ist nicht von Natur aus kahl - seine Mutter hat ihm die Haare vom Kopf geleckt—S. 110

Der Hase Rudi wog mit nur einem Jahr zehn Kilo und war noch nicht einmal ausgewachsen—S. 113

Schweinchen Pinky liebt nichts mehr als eine Runde Frühschwimmen im Pool seiner Besitzer—S. 115

TOTAL TIERISCH

Katzen – wie im wahren Leben

Bei einer amerikanischen Reality-Fernsehshow flogen im Jahr 2006 im wahrsten Sinne des Wortes die Fetzen - denn die Teilnehmer waren allesamt Katzen!

Zehn Katzen, die alle aus Tierheimen stammten, verbrachten zehn Tage im Schaufenster eines New Yorker Geschäfts, in das ein extra angefertigtes Häuschen gebaut worden war, in dem Mini-Sofas und -Betten und sogar ein Fischbecken standen - allerdings nur mit Plastik-Fischen. Die Katzen mussten Aufgaben erfüllen und wurden nach Kategorien wie Schnurren und Spielzeugmäuse-Fangen bewertet. Jeden Tag schied eines der Tiere nach dem Zuschauervotum aus. Die Show war die Idee eines Tierfutterherstellers und sollte dafür sorgen, dass sich mehr Menschen herrenloser Tiere annehmen. Nach der Show fanden alle zehn Katzen ein neues Zuhause.

Die zehn glücklichen Katzen lebten in einem wahren Luxusappartement und trugen viel zur Unterhaltung der Passanten bei.

SCHLANGENFÜSSE

Diese einen Meter lange Schlange wurde in China gefunden. An ihrem Bauch wachsen zwei fußähnliche Fortsätze, die jeweils fünf Zehen aufweisen.

WEITE REISE

Nachdem ein Goldfisch durch eine Flutwelle aus einem Gartenteich gespült worden war, fand man ihn lebend in einem Straßengraben wieder - und zwar über 1,50 km weit entfernt! Der Fisch war fünf Tage zuvor aus dem künstlichen See auf dem Grundstück von Craig und Julie Struther im neuseeländischen Mosgiel gerissen worden.

FISCH-FEUER

Kipper, der Wels, löste 2006 ein Feuer aus, das ein Haus im englischen Poole zerstörte! Während er in seinem Aquarium herumtobte, spritzte Wasser in eine Steckdose und verursachte einen Kurzschluss, der die Plastikhaube des Aquariums schmelzen ließ. Das darunterstehende Sofa fing Feuer und setzte das ganze Haus in Brand.

RATTENLIEBE

Roger Dier aus dem kalifornischen Petaluma hielt in seinem Ein-Zimmer-Appartment 1.300 Ratten!

EIS-GRIZZLY

Bei einer Jagd in Nordkanada im April 2006 schoss der 65-jährige Jim Martell aus Idaho einen Bären, der eine Kreuzung aus Grizzly und Eisbär war. Es handelt sich um das erste Exemplar, das jemals in freier Wildbahn entdeckt wurde. Den Wildhütern fiel auf, dass das weiße Fell braune Flecken aufwies. Außerdem waren die Krallen lang, der Kopf gewölbt, und er hatte einen Buckel am Nacken - alles Merkmale von Grizzlybären. Gentests bestätigten dann den Verdacht: Der Vater des Tiers war ein Grizzly, die Mutter ein Eisbär. Zuvor gab es Kreuzungen dieser beiden Arten nur in Zoos.

HUNDESHERIFF

Im Jahr 2006 präsentierte der Sheriff von Geauga County in Ohio die neueste Waffe im Kampf gegen das Verbrechen: Einen 900 g schweren Chihuahua namens Midge. Sheriff Dan McClelland will den Hund, der selbst auf zwei Beinen stehend nur 60 cm hoch ist, zum kleinsten Drogenhund Amerikas ausbilden.

HAUSTIER-YOGA

Heather Stevens aus Westhollywood, Kalifornien, gibt 30-minütige Yogastunden für Hunde und ihre Besitzer. Zu Stevens' Kunden gehören Pudel, Dackel und Pointer. Sie behauptet, dass ihre eigene alte Hündin durch Yoga wieder beweglicher wurde.

DIEBISCHE STARE

Bill Dougherty, Manager einer Autowaschanlage in Fredericksburg, Virginia, stellte mit Erstaunen fest, dass Stare in seine Waschanlage eingebrochen waren und den Münzschacht hochgeklettert waren, um das blinkende Kleingeld zu klauen!

BÄRENKÄMPFERIN

Im Februar 2006 rang die nur 41 kg schwere Lydia Angyiou aus dem kanadischen Ivujivik mit einem 320 kg schweren Eisbären, der plötzlich auf der Straße auftauchte, auf der ihr siebenjähriger Sohn mit seinen Freunden spielte. Als sich der Bär vor ihrem Sohn aufrichtete, begann Lydia, das Tier zu treten und zu schlagen, während ein Nachbar ein Gewehr holte.

HUNDETHERAPIE

Der Dackel Hans kann seit einem Unfall seine Hinterläufe nicht mehr bewegen. Heute arbeitet er zweimal die Woche als Therapeut in einem Krankenhaus in Florida. Ausgestattet mit einem eigenen Nummernschild besucht er Patienten, die an den Rollstuhl gefesselt sind.

GESCHNAPPT!

Freddie, der Pekinese der Familie Slevin aus Bozeman in Montana, wurde von einem Adler entführt und lebte eine Woche lang in der eiskalten Wildnis, ehe er nach Hause zurückfand.

SPORTSBÄR

Jennifer Ehrlichman aus Hayward, Wisconsin, entdeckte einen Bären, der seinen Winterschlaf in einem Adlernest 14 m hoch in den Ästen einer Espe hielt!

TRUTHAHN-ANGRIFF

Ein aggressiver neun Kilo schwerer wilder Truthahn terrorisierte im Jahr 2005 die Anwohner von Woburn in Massachusetts. Viele Bürger hatten Angst, das Haus zu verlassen, und jedesmal, wenn die Polizei das Tier vertrieb, kehrte es zurück.

SCHACHMATT

Als Blake Fessenden 2006 im Fluss Suwannee in Florida eine Spazierfahrt auf seinem Boot machte, sprang plötzlich ein 1,20 m langer Stör aus dem Wasser und traf ihn mit solcher Wucht, dass er k. o. ging.

HÖRNCHEN AN BORD

Im Jahr 2003 verirrte sich ein Streifenhörnchen in Dixie Goldsbys Auto, als sie einen Campingausflug in Utah machte, und fuhr den ganzen Weg bis nach Kalifornien mit ihr mit.

DUMME IDEE

Eine Frau aus Jacksonville in Florida setzte 2006 bei dem Versuch, eine Schlange zu töten, ihr Haus in Brand! Sie fand das Tier auf ihrer Veranda, begoss es mit Benzin und zündete es an. Es entstand ein Schaden von über € 800, aber die Schlange entkam lebend!

▽ SCHLANGEN-SNACK

Dieser Python wurde 2006 in dem malaysischen Dorf Kampung Jabor mitten auf der Straße gefunden, nachdem er ein trächtiges Schaf gefressen hatte. Die sechs Meter lange gierige Schlange konnte sich nicht mehr bewegen und wurde von der Feuerwehr eingefangen. Sie wog 90 kg - allerdings wohl vor allem wegen des Schafs.

KANAL-GEFAHR

Im Januar 2005 fand man in der Kanalisation von Miami einen 3,60 m langen und 180 kg schweren Alligator. Man vermutet, dass er sich von Tieren ernährte, die bei Voodoo-Ritualen ins Wasser geworden wurden.

DER WUNDERHUND

Faith, die zweibeinige Hündin, wurde kurz vor Weihnachten 2002 in Oklahoma City geboren. Ihre Mutter, ein Wachhund, wollte sie nach der Geburt töten, weil sie schwach und kaum lebensfähig war, aber Faith wurde von der Familie Stringfellow gerettet und großgezogen. Nach sechs Monaten brachten sie dem Labrador-Chowchow-Mischling bei, auf den Hinterläufen zu gehen.

ELEFANTEN-OP

Dr. William Baldwin, Chirurg im kanadischen Scarborough-Krankenhaus, führte eine neunstündige Operation an einem Elefanten durch, bei der dem Tier ein Nierenstein entfernt wurde.

RÜSSELKUNST

Im Jahr 2006 war in einer Kunstgalerie im schottischen Edinburgh eine Ausstellung mit Bildern zu sehen, die von Elefanten gemalt worden waren. Die thailändischen Tiere hatten die Pinsel mit den Rüsseln gehalten und einige hübsche Bilder gemalt. Als Meisterkünstlerin erwies sich die sechs Tonnen schwere Paya mit einem "Selbstporträt".

KÄNGURU-FOHLEN

Dieses Fohlen wurde Anfang des 20. Jahrhunderts ohne Vorderbeine geboren.

TALENTIERTER TERRIER

Tillie, ein Jack-Russell-Terrier aus Brooklyn, New York, malt abstrakte Gemälde, die schon in 16 Ausstellungen zu sehen waren. Tillie hat mehr als 100 Bilder verkauft, einige sogar für fünfstellige Beträge!

IDENTITÄTSKRISE

J. R., das Hängebauchschweinchen, schien im August 2006 eine schwere Identitätskrise zu durchleben. Der kleine Streuner wurde in ein Tierheim in Shelbyville, Kentucky, gebracht, nachdem er mehrere Hunde aus der Ortschaft angegriffen hatte. Während seines zweiwöchigen Aufenthalts in einem Hunde-zwinger entwickelte J. R. hundeähnliches Verhalten - unter anderem fand er Geschmack an Hundekeksen.

HÜPF-HUND

Dieses Bild aus dem Jahr 1932 zeigt Nellie, einen Hund ohne Vorderläufe. Nellie gehörte Dr. P. W. Horner aus Elkhart, Indiana, und bewegte sich auf den Hinterläufen, gestützt durch ihren Schwanz, hüpfend vorwärts.

Cholla, der Pferdekünstler

Wenn sich Cholla an die Leinwand stellt und den Pinsel schwingt, muss man schon zweimal hinsehen - denn Cholla ist ein Pferd!

Der 20-jährige Quarter-Horse-Hengst gehört Renee Chambers aus Reno in Nevada und malt schon seit zwei Jahren. Seine Werke sind in der Kunstwelt bekannt und wurden in verschiedenen Galerien und Kunstmagazinen ausgestellt. Er hat sogar seine eigene Website! "Er liebt das Malen", erklärt sein Besitzer. "Wenn er auf seiner Koppel steht und mich mit der Staffelei ankommen sieht, trabt er auf der Stelle zu mir, ohne dass ich ihn rufen muss."

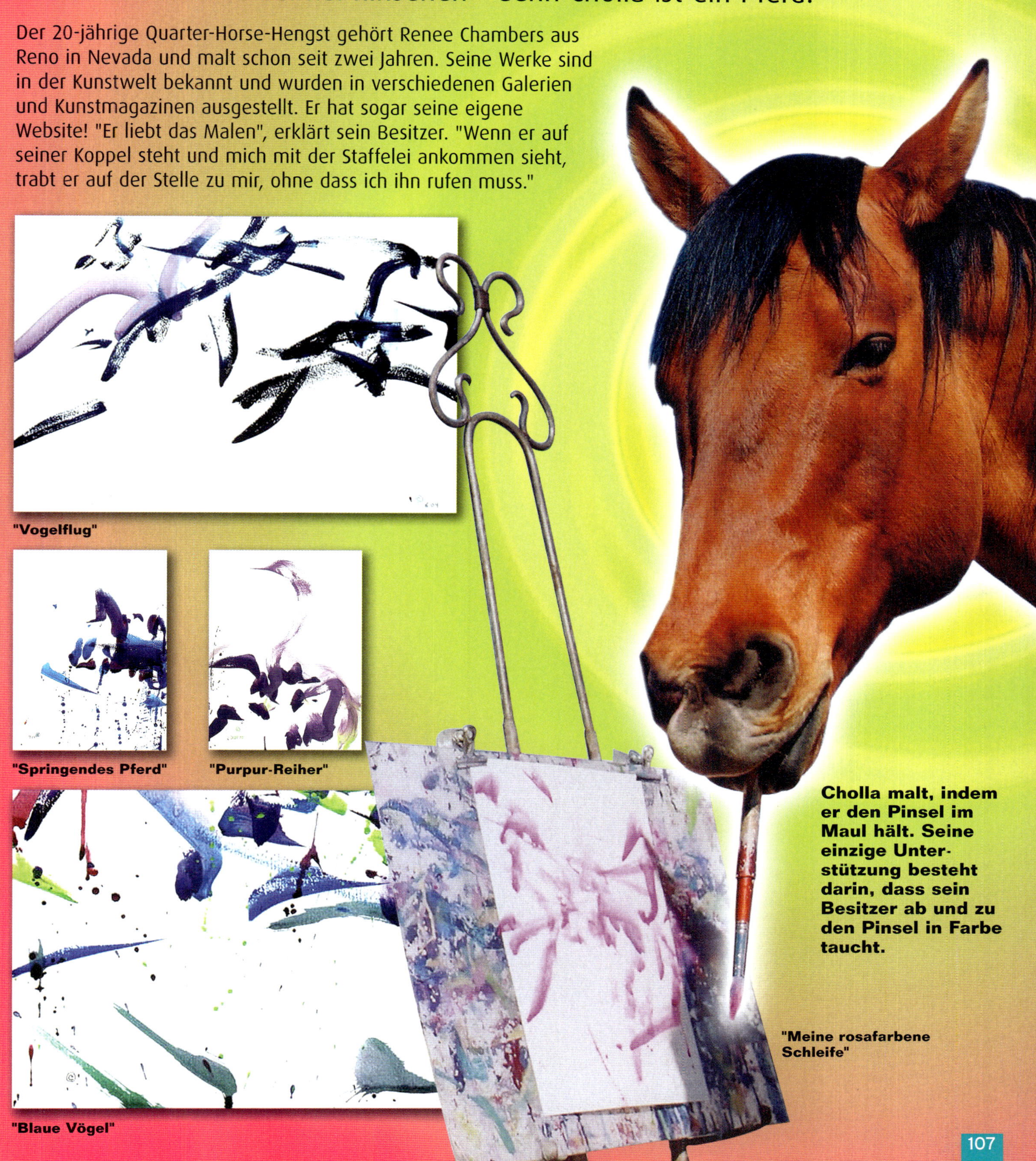

"Vogelflug"

"Springendes Pferd"

"Purpur-Reiher"

"Blaue Vögel"

Cholla malt, indem er den Pinsel im Maul hält. Seine einzige Unterstützung besteht darin, dass sein Besitzer ab und zu den Pinsel in Farbe taucht.

"Meine rosafarbene Schleife"

KALTER KATER

Der Kater Louis aus Oklahoma City überlebte vier Wochen lang in einem Kühlschrank - ohne Futter und Wasser! Der vierjährige Besitzer hatte das Tier in einen Kühlschrank im Stall gesperrt, weil er dachte, dass sein kleiner Freund dort sicher sei, und Louis wurde erst einen Monat später entdeckt. Der Kater hatte 3,20 kg abgenommen, aber wie durch ein Wunder überlebt.

NACHTVOGEL

Der Fettschwalm verbringt sein ganzes Leben in Finsternis! Die Vögel aus Südamerika leben in Höhlen, die sie nur nachts verlassen, um Obst zu fressen. Zum Fliegen nutzen sie, ähnlich wie Fledermäuse, die Echoortung.

FUSSBALL-KROKOS

Erroberto Piza Rios aus dem mexikanischen Ixtapa spielt am liebsten Fußball - und zwar mit einem Team aus Krokodilen! Er hat insgesamt 47 der Reptilien gezähmt, die er alle nach berühmten Fußballern benannt hat! Die Krokodile beherrschen die Kunst des Kopfballs und können sich den Ball vom Kopf bis zum Schwanz über den Rücken rollen lassen.

FISCHLAUF

Brook Chaney gewann im April 2006 den Kabeljau-Staffellauf beim 33. Fischer-Fest in Boothbay Harbor, Maine.

VOGELSTERBEN

Bei einer Ausstellung der etwas anderen Art im kanadischen Royal Ontario Museum wurden fast 2.000 Vögel gezeigt, die von den hellen Lichtern der Stadt Toronto in den Tod gelockt worden waren. Die Ausstellung war Teil einer Kampagne, die die Anwohner und Behörden darauf aufmerksam machen sollte, wie viele Vögel nachts sterben, wenn sie gegen beleuchtete Hochhäuser prallen. Während des Vogelzugs 2005 wurden 89 verschiedene Vogelarten von den Bürgersteigen der Stadt aufgesammelt.

WOLLIGES WUNDER

George, ein Merino-Hammel, starb 2006 in seiner Heimat Warren in Australien - im biblischen Alter von 21 Jahren, fünf Monaten und drei Tagen. Das Schaf war so beliebt, dass seine Besitzer Phil und Myra Tolhurst zu seinem 21. Geburtstag Schulkinder zum Feiern einluden. Auf dem Fest gab es eine Torte mit 21 Kerzen und ein Gedicht zu Georges Ehren.

KATZENPROGNOSE

Fanny Shields aus Baltimore in Maryland besaß einen Kater namens Napoleon, der mit solcher Genauigkeit das Wetter voraussagen konnte, dass seine Prognosen regelmäßig in der Zeitung erschienen.

SPRUNG INS GLÜCK

Der Jack-Russell-Terrier Russett überlebte einen Sturz von einer 140 m hohen Klippe - mit nichts weiter als ein paar Schnittwunden und Prellungen! Russett hatte gemeinsam mit seinem Besitzer Martin Coombes auf der englischen Isle of Wight Hasen gejagt, als das Unglück geschah.

SCHWEINEVERBOT

Ein russischer Bauer wurde 2006 des Fußballstadions verwiesen, weil er sein Schwein mitgenommen hatte! Man befürchtete, dass das Tier einen Aufstand anzetteln könne. Vladimir Kisilev durfte das Schwein, das schon auf einer Moskauer Schweineshow aufgetreten war, zu dem Spiel von Spartak Moskau nicht mitnehmen, weil die Fans der gegnerischen Mannschaft St. Petersburg Zenit das Heimteam häufig als "Schweine" bezeichneten.

△ WAS FÜR EIN FANG!

Als J. J. Holcomb aus Panama im Jahr 1934 zum Fächerfisch-Angeln aufbrach, hatte er wohl kaum mit einem solchen Fang gerechnet! Als er seine Beute einholte, wickelte sich die Leine um einen weiteren riesigen Fächerfisch, und so hatte Holcomb auf einmal zwei Fische mit einem Gesamtgewicht von 95 kg an der Leine!

GLÜHFISCH

Ein taiwanesisches Unternehmen hat eine neue, genetisch manipulierte Fischart erschaffen, die im Dunkeln golden leuchtet. Den Fisch-Embryos wird ein fluoreszierendes Protein injiziert, das aus Quallen gewonnen wird. Der Medaka-Fisch sieht noch spektakulärer aus als Neonfische, weil er unter normalem Licht golden leuchtet, bei anderen Lichtarten aber auch die Farben wechseln kann.

BERÜHMTES HUHN

Im Februar 2006 starb das wohl berühmteste Huhn der USA im biblischen Alter von 16 Jahren. Matilda, die doppelt so alt wurde wie gewöhnliche Hühner, war in der *Tonight Show* als Assistentin des Magiers Keith Barton aus Birmingham, Alabama, aufgetreten. Er hatte sie aus einem Eigelb in einem verschlossenen Topf hervorgezaubert.

AUF DEN MÜLL!

Im Jahr 2006 landete eine Schildkröte aus dem englischen Kent aus Versehen in einer Mülltonne und überlebte eine ganze Nacht in einer Recycling-Anlage. Nach einer Fahrt im Müllwagen und dem drohenden Tod durch die Müllpresse wurde sie in letzter Sekunde gerettet.

KUHKATZE

Cowcat (deutsch: "Kuhkatze") wurde nach ihrer ungewöhnlichen Fellzeichnung benannt. Bevor sie von Louisa Stroup Nilsson aus dem englischen Devon aufgenommen wurde, war sie herrenlos.

BLINDER PASSAGIER

Nachdem er im November 2005 von einem Peugeot angefahren wurde, fuhr ein kleiner Hund 97 km weit durch Nordirland, weil er im Kühler festklemmte. Er überlebte zwar unverletzt, wurde aber drei Wochen später erneut angefahren - diesmal mit tödlichem Ausgang.

HIRSCH DABEI!

Ein Muntjak-Hirsch überlebte 2004 eine 40 km weite Fahrt durch England, nachdem er angefahren worden und im Kühlufteinlass über der Stoßstange eines Rovers steckengeblieben war. Der Fahrer bekam von alldem nichts mit!

TIER-AKADEMIE

Viviane Theby aus dem deutschen Wittlich hat eine Akademie der etwas anderen Art gegründet: All ihre Schüler sind Haustiere! Theby hat schon einem Hund das Tanzen, einem Huhn das Xylophonspielen und einem Kater das Klavierspiel beigebracht. Fuchs, der Kater, war so erfolgreich, dass er sogar CDs verkauft und Konzerte gegeben hat.

HEILIGE KUH

Mehr als 20.000 Menschen aus dem Süden Ägyptens pilgerten im Februar 2006 zum Haus von Mohammed Abu Dif, um sich den Segen eines Kalbs zu holen, das angeblich religiöse Bedeutung hat. Es heißt, dass die Falten im Fell des Tiers nach der Geburt die Worte "Es gibt keinen Gott außer Allah" formten.

HEUSCHRECKEN-SCHWARM

Geschätzte 12,50 Billionen Heuschrecken fielen 1874 über eine 514.370 km² große Fläche in Nebraska her.

◁ KAHLER BABY-PAVIAN

Reggie, ein kleiner Mantelpavian, der im September 2005 im Paignton-Zoo im englischen Devon geboren wurde, hat wegen seiner seltsamen Frisur viel Aufsehen erregt. Reggie sollte eigentlich nicht kahl sein, aber seine überfürsorgliche Mutter hat ihm die Haare vom Kopf geleckt! Die Zoowärter befürchteten schon, dass seine Sippe ihn verstoßen könnte, weil er so seltsam aussieht, aber zum Glück wurde er ohne Einschränkungen akzeptiert.

KÜSSCHEN, KÜSSCHEN!

Der thailändische Schlangenbeschwörer Khum Chaibuddee küsste bei einer Aufführung im Ripley's-Museum im thailändischen Pattaya im Oktober 2006 insgesamt 19 hochgiftige Königskobras. Die Reptilien wurden nach und nach auf die Bühne gelassen, wo Khum jede einzelne küsste, ohne sich eine einzige Verletzung zuzuziehen!

Ripley's

FALSCHER ALARM

Als eine Frau aus Koblenz hörte, wie eine Kinderstimme in der Nebenwohnung verzweifelt nach seiner Mutter rief, verständigte sie die Polizei. Doch es stellte sich heraus, dass die Rufe von einem sprechenden Papageien stammten!

GLÜCK GEHABT!

Brent Carey sprang in einem Park in Charleston, South Carolina, auf den Rücken eines drei Meter langen Alligators, weil das Reptil den Hund der Freundin des Mannes in einen See gezerrt hatte! Carey gelang es, dem Reptil den kleinen Hund namens Chance wieder zu entreißen.

STRASSENKUNST

Nate Hill aus dem New Yorker Stadtteil Brooklyn stellt Kunstwerke aus überfahrenen Tieren her! Inspiriert von einem Freund, der den Kopf eines Meerschweinchens an einen Schlangenleib fügte, näht er Pfoten, Schwänze und Köpfe verstorbener Tiere aneinander, um verrückte Kreuzungen zu erschaffen.

Einfach unglaublich!

EINSEITIGE ERNÄHRUNG

Nichts mag Arthur Boyt lieber, als einen leckeren Wieseleintopf mit einer Beilage aus Fledermausflügeln! Der 66-jährige ehemalige Tierpräparator aus dem englischen Davidstow ernährt sich nämlich von überfahrenen Tieren!

Sein Gefrierschrank quillt über von den Überresten von Tieren, die er am Straßenrand gefunden hat, darunter Igel, Katzen, Otter und ein Labrador. Aus Kanada hat er sogar ein Stacheltier mitgebracht! Er erklärt: "Andere Leute essen Äpfel, die vom Baum auf den Boden gefallen sind. Ich sehe da keinen Unterschied." Arthur, der seit seinem 13. Lebensjahr überfahrene Tiere isst und noch nie in seinem Leben krank war, hält Dachs-Sandwiches für gesundheitsfördernd. Große Hufeisenfledermäuse hingegen findet er nicht sonderlich schmackhaft, weil sie angeblich, ähnlich wie Grauhörnchen, nach nicht viel schmecken. Fuchsfleisch hingegen hat ihm ein zu stechendes Aroma. Seine Frau Su teilt seinen seltsamen Geschmack übrigens nicht und hilft ihrem Mann auch nicht beim Kochen - sie ist Vegetarierin!

Arthur Boyt bereitet einige überfahrene Tiere für ein Abendessen der seltsamen Art zu.

UNERWARTETER BESUCH

Manchmal werden Märchen wahr, jedenfalls für eine Frau aus dem kanadischen Vancouver. Als sie eines Tages im Jahr 2006 nach Hause kam, fand sie in ihrer Küche einen Bären vor, der Porridge aß! Das Tier hatte sich über eine Packung Haferflocken hergemacht und schien sein Festmahl so zu genießen, dass drei Polizisten nötig waren, um ihn aus der Küche zu vertreiben.

DEM TOD ENTSCHLÄNGELT

Jonathan Kents Haustier, eine 1,80 m lange Anakonda, schlängelte sich gesund und munter durch die Überreste von Jonathans Büro in Kalifornien – es war durch ein Feuer völlig zerstört worden!

IM SCHNEE GEFANGEN

Guinness, der Golden Retriever von Terry Coward aus dem kanadischen Barrie, überlebte elf Tage lang in einer Schneewehe, in der er seit einem Autounfall festgesteckt hatte!

Ripley's

DOPPEL-KRÄCHZER

Dieser zweiköpfige südamerikanische Papagei wurde in den 1990er Jahren in England großgezogen.

WILDE FAHRT

Eine Katze klammerte sich 2005 als blinder Passagier an die Unterseite eines Geländewagens und überlebte die 113 km weite Fahrt über die Autobahn von New Jersey. Die Katze namens Miracle wurde schließlich befreit, als ein anderer Autofahrer sie zufällig bemerkte. Miracle kam mit verbrannten Pfoten und angesengtem Fell unter dem Auto hervor, außerdem fehlte ihr eine Kralle.

DURCHGEDREHT

Der Dobermann Barney sollte eigentlich die wertvollen Ausstellungsstücke im Teddybärenmuseum im englischen Wookey Hole bewachen. Aber 2006 rastete er plötzlich für 15 Minuten aus, zerfetzte über 100 der kostbaren Kuscheltiere und richtete dabei einen Schaden von über € 30.000 an. Zu seinen Opfern zählte auch Mabel, ein wertvoller Steiff-Bär, der einst Elvis Presley gehört hatte.

MONSTERHASE ▷

Mit nur einem Jahr wog Hase Rudi, der Erwin Teichmann aus Berlin gehört, bereits zehn Kilo, war 94 cm lang und hatte 20 cm lange Ohren - und wuchs immer noch!

SCHRUMPF-FROSCH

In Südamerika gibt es eine verblüffende Froschart, bei der die ausgewachsenen Tiere kleiner sind als die Kaulquappen! Während die Frösche im Frühstadium bis zu 25,40 cm groß sind, erreichen die erwachsenen Frösche Maße von höchstens 7,60 cm.

KOMMISSAR KATER

Unter den vielen Polizisten und Feuerwehrmännern, die 2006 in Brooklyn vom Bezirks-Staatsanwalt wegen Tapferkeit geehrt wurden, befand sich auch ein Kater! Der kleine Fred bekam einen Sonderpreis, weil er dabei geholfen hatte, einem betrügerischen Tierarzt das Handwerk zu legen.

BESONDERS KLEIN ...

Zwergpferde erreichen normalerweise eine Höhe von rund 86 cm und ein Gewicht von 113 kg, aber Thumbelina, die 2001 in St. Louis, Missouri, das Licht der Welt erblickte, ist sogar noch kleiner! Sie ist 43 cm hoch und wiegt 27 kg. Das Zwergenmädchen frisst nur eine Tasse Getreide und zwei Handvoll Heu am Tag!

... UND RIESENGROSS

Radar, ein belgischer Zugpferdhengst, hat ein Stockmaß von unfassbaren zwei Metern! Er wiegt 1.088 kg, und sein Hufdurchmesser beträgt 26 cm! Er frisst täglich acht Kilo Getreide, 18 kg Heu und damit seinem texanischen Besitzer Bill Priefert fast die Haare vom Kopf!

FESTMAHL FÜR HUNDE

In einem Restaurant in Denver, Colorado, wird jedes Jahr ein Hundeabend veranstaltet, bei dem Hundebesitzer gemeinsam mit ihren vierbeinigen Freunden ein Feinschmecker-Dinner bestellen können.

HUNDE-DATING

Hundebesitzer, die neue Bekanntschaften für ihre vierbeinigen Freunde suchen, können auf einer neuen Website den perfekten Kandidaten finden! Die vermutlich erste Hundepartnervermittlungsseite Großbritanniens bietet auch Tipps zur Hundehaltung an.

AKTIVE SCHILDKRÖTE

Nachdem die Schildkröte Daisy 55 Jahre lang mit ihrem Gefährten zusammengelebt hatte, beschloss sie 2006, dass es an der Zeit für eine Veränderung war. Sie verließ ihr Zuhause im englischen Devon und wurde erst zwölf Tage später über 1,50 km weit entfernt wieder entdeckt. Ihre Reise, die sie erstmals seit Anfang der 1950er Jahre von ihrem Männchen Bert trennte, führte sie einen steilen Berg hinauf, über Straßen und durch tiefe Traktorfurchen.

EULEN-LINSEN

Dr. Chris Murphy, ein Augenarzt für Tiere aus Madison in Wisconsin, führte eine Augenoperation an einem blinden Virginia-Uhu durch und setzte dem Nachtvogel dann Kontaktlinsen ein.

SUPERDOGGE

Der damals dreijährige Deutsche Doggenrüde Gibson aus dem kalifornischen Sacramento war schon 2006 unglaubliche 2,20 m groß, wenn er sich auf die Hinterläufe stellte. Seine beste Freundin ist laut Besitzerin Sandy Hall ein nur 18 cm hoher Chihuahua namens Zoie!

KRASSE KROKOS

Das Bhitarkanika-Naturschutzgebiet an der indischen Orissa-Küste ist die Heimat der größten Salzwasserkrokodile der Welt. Eine Erhebung im Jahr 2006 ergab, dass einige der Reptilien bis zu sechs Meter lang waren. Es wurde sogar ein Exemplar gefunden, das unfassbare sieben Meter lang war! Salzwasserkrokodile werden bis zu 100 Jahre alt und können innerhalb weniger Minuten einen Menschen verschlingen.

SCHWEINE-SCHWIMMEN

Die beiden Tamworth-Schweine Pinky und Perky lieben nichts mehr als eine Runde Frühschwimmen im Pool ihrer Besitzer. Die wasserfreudigen Schweinchen leben auf dem Hof von Craig und Marjorie Walsh im englischen Worcestershire, die sie erstmals in das Becken setzten, weil sie das Gefühl hatten, dass sich die beiden langweilten. Heute freuen sich die Schweine jeden Morgen auf ihr nasses Vergnügen.

Ripley's Einfach unglaublich!

SCHIMPANSEN-PARTY

Der Schimpanse Cheeta, der in einem Dutzend Filme Tarzans besten Freund spielte, feierte im April 2006 seinen 74. Geburtstag und wurde damit zum ältesten lebenden Primaten der Welt.

Der 1,20 m große Schimpanse wiegt 68 kg und wurde bei einer Erkundungstour durch Liberia im Jahr 1932 von dem Tiertrainer Tony Gentry aus Hollywood entdeckt. Nach seinem letzten Auftritt im Jahr 1967 neben Rex Harrison in *Doktor Doolittle* ging der begabte Affe in Pension. Heute lebt er in der Cheeta-Primatenstiftung, wo er sich die Zeit mit Klavierspiel und Malerei vertreibt. Seine Meisterwerke auf Leinwand wurden in Galerien ausgestellt und erzielten Preise bis zu € 80.

Cheeta, hier an der Seite seines Co-Stars Lex Barker zu sehen, der in den 1940er und 1950er Jahren in vielen Hollywood-Filmen den Tarzan gab.

Cheeta ist ein begabter Künstler. Seine Werke wurden schon in der National Gallery in der englischen Hauptstadt London ausgestellt.

In der Cheeta-Primatenstiftung in Kalifornien verbringt der berühmte Affe seine Tage mit Klavierspielen. In Gefangenschaft lebende Schimpansen werden selten älter als 50 Jahre.

Cheeta in seinen jüngeren Tagen mit Maureen O'Sullivan und Johnny Weissmüller in einem Tarzanfilm aus den 1930er Jahren.

STILLES LEID

Holly, eine zwölfjährige Collie-Hündin, überlebte einen Monat lang in einer drei Meter tiefen Grube. Sie konnte sich nicht bemerkbar machen, weil sie nicht bellen kann. Holly war in die Grube im englischen Cornwall geflüchtet, weil sie Angst vor einem Gewitter hatte. Schließlich hörten Passanten ihr Winseln.

HAUSARREST

Nachdem er mehrmals Nachbarn angegriffen hatte, wurde Kater Lewis aus Fairfield in Connecticut von der Polizei unter Hausarrest gestellt - er darf nie wieder das Haus verlassen.

GOLD-KATER

Der amerikanische Zahnarzt David Steele aus Alexandria, Indiana, hat seinem einjährigen Perserkater Sebastian € 1.500 teure Goldkronen eingesetzt. Sebastians untere Fangzähne standen vor und drohten abzubrechen.

SONDERLIEFERUNG

Als ein Geschäftsmann aus Tampa, Florida, eine Lieferung von 400 bestellten Papageienkäfigen öffnete, staunte er nicht schlecht, als ihm eine völlig unterernährte Katze entgegentaumelte. Sie wog nur noch 1,40 kg und war fast einen Monat lang in dem Container eingesperrt gewesen.

WANDERKATZE

Sneakers, ein langhaariger schwarzgescheckter Kater, verließ 1996 sein Zuhause in Seattle und wurde zehn Jahre später von Tierpflegern in Kalifornien eingesammelt und zu seiner Familie zurückgebracht! Im April 2006 wurde er von seinen neuen Besitzern, die sich nicht länger um ihn kümmern konnten, in einem Tierheim in Sacramento abgegeben. Ein Elektrochip in seinem Ohr verriet seine Herkunft. Sneakers frühere Besitzerin Alison MacEwan freute sich sehr, ihren Kater wiederzuhaben, rätselt aber bis heute, wie das Tier die 965 km lange Reise in den Süden bewältigt haben mag.

◁ WACHKATER

Auf spektakuläre Weise verteidigte der rotgetigerte Kater Jack im Jahr 2005 sein Territorium: Er scheuchte einen Schwarzbären, der sich verzweifelt 15 Minuten lang in den Ästen festklammerte, auf einen Baum. Als der Bär schließlich vom Baum kletterte, jagte Jack, der in West Milford, New Jersey, lebt, ihn sofort auf den nächsten und ließ erst von ihm ab, als seine Besitzerin Donna Dickey ihn ins Haus rief. Sie erklärte: "Jack mag es eben nicht, wenn sich Eindringlinge in seinem Garten herumtreiben."

SCHAFSCHUHE

In Deutschland tragen einige Schafe winzige Gummistiefel, um Hufinfektionen vorzubeugen. Der Geschäftsmann Wilhelm Fennen fertigte anfangs nur Schuhe für Hunde an, bis ein Bauer aus der Nähe von Hamburg Schuhe für seine Schafherde bestellte.

DONUT-HUND

Ein Hund mit einer Vorliebe für Donuts wird für einen Hausbrand im kanadischen Vancouver verantwortlich gemacht. Der Hund sprang vermutlich hoch, um an eine Schachtel Donuts zu kommen, und schaltete dabei aus Versehen den Herd ein.

FESTGESTECKT

Im Jahr 2006 steckte ein Hund zwei Stunden lang mit dem Kopf in einem zehn Zentimeter breiten Aluminiumrohr fest, ehe Tierpfleger aus dem texanischen Fort Worth ihn mit Hilfe von Gleitmittel aus Mineralöl befreien konnten. Der Hund hatte vermutlich einen Hasen oder ein Eichhörnchen gejagt.

WÜTENDER SCHWARM

Als eine jugendliche Autofahrerin aus dem kanadischen Vancouver gegen einen hohlen Baum fuhr, verärgerte sie damit Zehntausende von Honigbienen, die die Fahrerin und neun weitere Personen krankenhausreif stachen. Als der Notwagen eintraf, war von Jacqueline Cossairts Wagen vor lauter Insekten nichts mehr zu sehen. Die Feuerwehr musste in voller Montur eingreifen, um das junge Mädchen aus dem Wagen zu befreien.

HAUTHUNGER

Eine kenianische wurmartige Amphibienart namens *Bolengerula taitanus* ernährt ihren Nachwuchs auf ganz besondere Weise: Die Miniwürmer dürfen ihren Müttern die Haut abziehen und aufessen.

HER MIT DEM HANDSCHUH!

Während andere Katzen tote Mäuse oder Vögel nach Hause bringen, hat sich Willy, der Kater von Jennifer und Dan Pifer aus Pelham, New York, eine ganz andere Beute ausgesucht: Gartenhandschuhe! Er hat schon so viele Handschuhe aus Nachbargärten gestohlen, dass seine Besitzer die Beute an ihre Wäscheleine hängen, zusammen mit einem Schild, auf dem steht: "Unser Kater ist ein Handschuhdieb - bitte nehmen Sie sich Ihre Sachen zurück!" 2006 sammelte Willy in nur vier Monaten 25 Handschuhe. Im Winter steigt er übrigens auf getragene Socken um, die er aus der Waschküche klaut.

HUNGRIGER HOUDINI

Das neueste Kunststück von Houdini, einem 3,60 m langen burmesischen Python, der als Haustier gehalten wird, wäre fast auch sein letztes gewesen. Die Schlange verschluckte im Juli 2006 nicht nur ihr Futter, das aus einem Hasen bestand, sondern auch eine Heizdecke, die sie wärmen sollte, samt Kabel und Drähten. In einer Tierklinik in Ketchum, Idaho, wurde der gefräßige Houdini operiert. Wie auf dem Röntgenbild zu sehen, erstreckten sich die Heizdrähte auf einer Länge von 2,40 m durch das gesamte Verdauungssystem des 27 kg schweren Reptils.

GALERIE

ZU VIEL DES GUTEN

ZWEIKÖPFIGE SCHILDKRÖTE

Diese zweiköpfige Baby-Schildkröte wurde 2003 in Südafrika geboren. Laut ihrem Besitzer Noel Daniels frisst sie mit beiden Mäulern!

VIERBEINIGES GEFLÜGEL

Ein älterer Chinese aus Hangzhou fand dieses vierbeinige Küken, als er Gemüse auf dem Markt kaufen wollte.

WIE VIELE HÖRNER?

Dieses hungrige Schaf mit fünf Hörnern ist ein beliebter Bewohner des Zoos in der chinesischen Provinz Anhui.

SCHLANGE ZU VERSTEIGERN

"We" heißt diese unglaubliche zweiköpfige Albino-Klapperschlange. Das Reptil lebt in einem Aquarium in St. Louis, Missouri, und wird im Internet von seinen Besitzern versteigert. Das Geld soll in eine Stiftung für Erziehungsprogramme fließen.

SIAMESISCHE KROKOS

Diese beiden Babykrokodile wurden auf einem Bauernhof im thailändischen Bangkok geboren. Sie sind am Hinterteil zusammengewachsen.

ZWEI RÜSSEL

Dieses Ferkel mit zwei Rüsseln wurde 2006 auf einem Bauernhof in der Vorstadt von Liaocheng in Ostchina geboren.

DOPPELSCHNÜFFLER

"Duo" ist ein Staffordshire-Bullterrier mit zwei Nasen. Er lebt in einem Tierheim im englischen Newcastle, wo er von der Polizei abgegeben wurde. Duo leidet an der Hundevariante einer Gaumenspalte. Die Tierärzte halten ihn für den ersten Fall seiner Art.

KÄNGURU IM GLÜCK

Dieses Känguru-Weibchen aus einem Zoo im chinesischen Hangzhou erhielt im August 2006 eine Beinprothese! Nachdem sie ihr Bein bei einem Unfall verloren hatte, verständigte die Zooleitung einen Hersteller für künstliche Gliedmaßen, die eine spezielle Beinprothese anfertigten. Das Känguru war im Nu wieder gesund!

SURFENDER ELCH

Im Januar 2006 wurde ein ausgewachsener Elch dabei beobachtet, wie er den norwegischen Fluss Namsen, der nach Regenfällen stark angestiegen war, auf einer Eisscholle entlangsurfte!

VAMPIRFINK

In Dürreperioden trinkt der auf den Galapagosinseln beheimatete Spitzschnabel-Grundfink, auch als Vampirfink bezeichnet, das Blut von größeren Vögeln.

NOTLANDUNG

Im Jahr 2006 zwang eine Schlange einen Piloten zu einer Notlandung! Monty Coles aus West Virginia befand sich in seiner einmotorigen Maschine 915 m hoch in der Luft, als er die Schlange an seiner Armatur bemerkte. Als sie ihm zwischen die Füße fiel, schnappte er sie sich mit der einen Hand und nutzte die andere zum Steuern. Als die Schlange sich um seinen Arm wickelte und mit dem Schwanz einen Landungshebel betätigte, beschloss Coles, in Ohio notzulanden.

ÜBERRASCHUNGSPOST

Niederländische Zollbeamte entdeckten eine lebende Giftschlange in einem Paket, das 2006 von Hongkong nach Holland geschickt worden war. Angeblich enthielt es Spielzeug, und die Beamten hielten das Tier anfangs für eine Plastikattrappe, bis sich die Fea-Viper, die in den Wäldern Südostasiens beheimatet ist, plötzlich bewegte.

FLIEGENDE KUH

An einem stürmischen Tag in den 1930er Jahren wurde in Oklahoma eine Kuh von einem Tornado in einen Baum geweht!

QUAL IM FLUSS

Als Robert Chavez im März 2006 mit seinem Deutschen Schäferhund am Grand River, der in den Michigan-See mündet, spazierenging, brach das Tier durch die Eisdecke und wurde fortgespült. Nach 13 Stunden wurde der Hund lebend geborgen. Er hatte sich in einen Tunnel gerettet.

METALL-MICKEY

Dieser Nashornvogel, eines von nur zwölf Exemplaren in Großbritannien, erhielt eine neue Lebenschance, indem man seinen Schnabel 2006 mit einer Metallschiene verstärkte. Der Vogel lebt in einem Vogelzoo im englischen Gloucestershire. Metall-Mickey, wie er heute heißt, brach sich den Schnabel und wäre ohne seine Prothese verhungert. Nun ist er stolzer Besitzer des wohl ersten Stahlschnabels in der Geschichte Englands.

RATTENFÄNGER

Im Jahr 2006 verwöhnte eine chinesische Stadt über 200 Katzen mit einem Fischmahl, um ihnen für ihre harte Arbeit zu danken. Die Bewohner von Sanjiang belohnten die Tiere für ihre Dienste als Rattenfänger.

FARBCODE

Con Slobodchikoff, ein Professor aus Arizona, hat festgestellt, dass Präriehunde über spezielle Ruflaute kommunizieren, die unter anderem über die Größe und Hemdfarbe eines Menschen informieren können.

PINGUIN-PULLOVER △

Dank dieser leuchtend bunten Pullover haben es Pinguine schön warm! Sie wurden von einer Seniorengruppe aus dem australischen New South Wales gestrickt. Die nur 46 cm großen Pinguine wurden an der Küste von Tasmanien und New South Wales mit Ölschlick verklebt. Als Helfer sie säuberten, gingen dabei auch die natürlichen Öle ihres Gefieders verloren, die sie vor der Kälte schützen. Die kleinen Pullover sollen sie warm halten, bis sie sich völlig erholt haben.

HUNDEHELFERIN

Innerhalb von vier Jahren brachte die britische Hundeliebhaberin Jayne Hayes über 2.500 Hunde zu ihren Besitzern zurück. Ihre Website wird vier Millionen Mal pro Jahr angeklickt, und jede Woche erscheinen 100 neue verlorene oder gestohlene Hunde in der Datenbank.

AUF DER FLUCHT

Rosco, eine Amerikanische Bulldogge, hatte es satt, eingesperrt zu sein. Also kaute er das Schloss seines Zwingers auf, kletterte eine zwei Meter hohe Wand mit Stacheldraht hoch und flüchtete aus einem Tierheim in Virginia Beach, Virginia.

OHREN WEG

Der Mischlingswelpe "Weasel" hatte nicht den besten Start ins Leben: Er wurde ohne Ohren geboren und mit ein paar Monaten auf einer Polizeistation in Südwales abgegeben. Eine Tierschutzorganisation brachte den kleinen Kerl zu einem Ohrenspezialisten, der feststellte, dass Haut über Weasels Ohren gewachsen war, sein Gehör aber dennoch intakt war. Die Tierpfleger, die den Hund als "fröhlich, freundlich und ansonsten vollkommen gesund" bezeichnen, freuten sich, Weasel für eine Operation anmelden zu können, durch die seine Hörkraft hergestellt werden soll.

HUNDEHOCHZEIT

Im Jahr 2006 fand die wohl rührendste Hochzeit statt, die jemals im Bethel Park in Pennsylvania veranstaltet wurde. Braut und Bräutigam trugen Pelz, aber das war kaum überraschend, denn Bräutigam Buck war ein Bernhardiner, während es sich bei seiner Braut Peaches um einen Collie-Beagle-Mischling handelte. Buck trug außerdem eine blaue Krawatte, und Peaches einen hübschen Schleier. Die Zeremonie wurde von einem Hundeclub zur Unterhaltung der Bewohner eines Altersheims veranstaltet. Der Trauzeuge war ein Sheltie, das Blumenmädchen ein Yorkshireterrier, und zu den Brautjungfern gehörten ein Stoffpudel und ein Irish Setter.

HUNDEJOCKEY

Der Jack-Russell-Terrier Freddie aus dem englischen Gloucestershire reitet gern auf dem Rücken eines 94 cm hohen Shetlandponys! Freddie springt immer wieder freiwillig auf Pony Daisy, das auf dem Nachbargrundstück lebt, und seine Besitzerin Patricia Swinley erklärt: "Er ist eben der geborene Reiter! Als er Daisy zum ersten Mal sah, raste er auf sie zu und sprang einfach auf ihren Rücken!"

BESTE FREUNDE

Gohan, ein neun Zentimeter großer Zwerghamster, und Aochan, eine einen Meter lange Rattenschlange, leben glücklich Seite an Seite in einem japanischen Zoo. Das wirklich Erstaunliche aber ist, dass Gohan, dessen Name "Futter" bedeutet, Aochan im Oktober 2005 als Abendessen serviert wurde! Doch die Rattenschlange beschloss, den Hamster nicht zu fressen, sondern sich mit ihm anzufreunden. Seitdem teilt sich das ungleiche Paar einen Käfig.

KATZENKARREN

Nach einem Angriff durch einen Waschbären war ein Kätzchen querschnittgelähmt. Dr. Alice Davis aus Ashland, Oregon, bastelte ihr einen maßgefertigten Laufwagen aus K'NEX™, einem amerikanischen Konstruktionsspielzeug.

GASSI GEHEN

Robert Garnett aus dem englischen Essex geht jeden Tag mit seinem Leguan spazieren.

ÜBER DIE KLIPPE

Der Jack-Russell-Terrier Pepe war 2006 so vertieft in seine Jagd auf ein Eichhörnchen, dass er eine Klippe hinabsprang! Er landete direkt neben dem stark befahrenen Pacific Coast Highway nahe Los Angeles und wäre fast von einem LKW überfahren worden. Doch ein Motorradfahrer eilte ihm zu Hilfe. Sein Besitzer Brandon McMillan, der von der Rettungsaktion nichts mitbekam, kletterte die Klippe hinunter und musste dann selbst von der Feuerwehr gerettet werden, weil der Boden unter seinen Füßen nachgab.

HAKEN-HORROR

Karen und Phillip Vavro aus Butler, Pennsylvania, sind stolze Besitzer einer Katze namens Nippy, die einen 6,40 cm langen Metallaufhänger für Christbaumschmuck verschluckte. Die Katze überlebte und schied den Haken, der ihr ganzes Verdauungssystem passiert hatte, 20 Tage später wieder aus!

KATZENJAGD

Bamboo, eine 2,90 kg schwere Katze aus dem kanadischen Esquimalt, wurde von einem Virginia-Uhu aus dem Garten ihrer Besitzerin Colleen Hamilton geraubt. 22 Stunden später hinkte Bamboo nach Hause zurück. Drei ihrer Beine waren gebrochen, und von den Eulenklauen hatte sie blutige Löcher im Fell. Der Tierarzt folgerte, dass die Katze aus großer Höhe herabgefallen sein musste.

Ripley's

BRÜLLAFFE

Ausgestopfter Südamerikanischer Brüllaffe mit fünf Gliedmaßen, 2004 von Ripley's erstanden.

SCHLAUER CORGI

Tim Pennings, Mathematikprofessor am Hope College in Holland, Michigan, besitzt einen Corgi, der angeblich rechnen kann.

LAWINENGEFAHR

Eine Berner Sennenhündin namens Tiga rettete sich aus einer Lawine in Colorado, die ihren Besitzer getötet hatte, und überlebte sechs Tage lang in der Eiseskälte, ehe sie gefunden wurde.

GOLDZAHN

Der bosnische Zahnarzt Milan Vujnovic verpasste seinem Hund, einem acht Monate alten Russischen Terrier namens Atos, einen Goldzahn als Belohnung für seine Treue.

LUXUSBETTEN

Eine Firma aus dem englischen Essex stellt temperaturgeregelte Wasserbetten für Hunde her. Die Betten haben besonders feste Auflagen.

BEINPROTHESE

Footsie, ein Schäferhundmischling aus Ann Arbor, Michigan, bekam 2004 von den Prothesenspezialisten Steve Hoover und Kenneth Woodard künstliche Hinterläufe angepasst, weil ihm beide Beine von den Knien ab fehlten. Seine Besitzerin Helen DePinto erzählt, dass er vor dem Einsetzen der Prothesen nur kriechen konnte.

TAPFERE EICHHÖRNCHEN

Aaron Rundus, Wissenschaftler an der Universität von Kalifornien, entdeckte, dass Eichhörnchen tapfer ihr Territorium verteidigen, wenn sie von Klapperschlangen angegriffen werden. Sie verwirren die Schlangen sogar, indem sie mit dem Schwanz wedeln, was die empfindlichen Wärmesensoren der Reptilien irritiert.

HOHES HEIM

Im Jahr 2006 fand ein Waschbär ein neues Zuhause auf dem Dach eines 43-stöckigen Gebäudes mitten in Chicago! Der Waschbär, der dabei beobachtet wurde, wie er im 36. Stock des Kluczynski Federal Buildings am Gerüst entlangkletterte, wurde mit einem Köder aus Thunfisch gefangen und schließlich freigelassen.

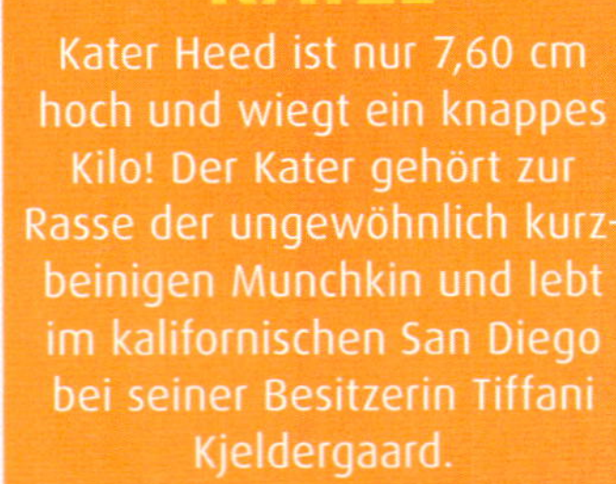

ZWERGEN-KATZE

Kater Heed ist nur 7,60 cm hoch und wiegt ein knappes Kilo! Der Kater gehört zur Rasse der ungewöhnlich kurzbeinigen Munchkin und lebt im kalifornischen San Diego bei seiner Besitzerin Tiffani Kjeldergaard.

▽ KLEINE CHAMÄLEONS

Im August 2006 wurden Charles und Camille, zwei Jemenchamäleons, Eltern von nicht weniger als 56 gesunden Babys! Nur sehr selten überleben so viele kleine Reptilien aus einem Eiwurf, und ihre Besitzerin Vicky Fox aus dem englischen Dorset musste schnell ein neues Zuhause für die Kleinen finden, denn schon im Alter von drei Monaten fangen die Tiere an, ihr Territorium sehr aggressiv zu verteidigen.

KRÄHEN-FUSSBALL

Vier Aaskrähen aus dem Zoo im japanischen Tokuyama können mit ihren Schnäbeln einen winzigen Ball in Richtung eines kleinen Fußballtors dribbeln! Manchmal kämpfen sie sogar um den Ball! Die Tierpfleger wollen versuchen, ihnen auch Pässe und Freistöße beizubringen.

HUNDSSCHAF

Ein Schaf von Emlyn Robert aus Nordwales benimmt sich wie ein Hund! Das Tier, das von Hirtenhunden aufgezogen wurde, lässt sich gerne an der Leine spazierenführen und jagt mit den anderen Hunden Enten. Außerdem sieht es gerne fern, kann durch Reifen springen und eine Rampe hinunterrutschen - genau wie die Hunde!

FIESER STORCH

Im Jahr 2006 klagte ein älteres Paar aus Potsdam, dass es von einem Storch verfolgt würde. Gerhard Schneider erzählte, dass er und seine Frau seit Wochen von einem riesigen Storch gejagt würden, wann immer sie ihr Bauernhaus verließen. Manchmal saß der Vogel sogar auf ihrem Auto oder pochte Tag und Nacht mit dem Schnabel gegen die Fenster ihres Hauses, wenn sie nicht nach draußen kamen.

SCHLAUER KATER

Im Dezember 2005 rief Kater Tommy den Notruf, als sein Besitzer Gary Rosheisen aus Columbus, Ohio, aus dem Rollstuhl fiel! Keiner weiß, wie es dem Kater gelang, die richtigen Tasten zu drücken. Als die Notrufzentrale den Anruf entgegennahm, antwortete niemand, und als sie die Nummer zurückriefen und keiner abnahm, beschlossen sie, dem Fall nachzugehen. Rosheisen hatte vorher versucht, Tommy beizubringen, wie man den Notruf wählt, hatte aber keine Ahnung, ob der Kater es begriffen hatte.

FROSCHSAFT

Ein Besuch in der Froschsaftbude auf dem Markt von San Juan de Lurigancho im peruanischen Lima ist nichts für schwache Nerven. Gehäutete Frösche werden im Mixer zu einem Saft püriert, den viele der Einheimischen für äußerst heilsam halten.

LÄRMEMPFINDLICHES KROKODIL

Provoziert durch das Geräusch einer Kettensäge, rannte Brutus, ein 4,40 m langes Krokodil, das in der Corroboree-Park-Gaststätte in Nordaustralien lebt, sechs Meter weit, um einem erschrockenen Arbeiter die Kettensäge abzunehmen und zu zerschmettern.

HELDENHAFTER HUND

Als sein Frauchen in Kalifornien von einem Mann mit einer Pistole bedroht wurde, sprang Jet, ein Australian Shepherd, in den Weg und fing sich dabei drei Kugeln ein. Sein Frauchen Patricia Maupin pries ihren Hund, der sich schnell erholte, als Helden.

FRIEDLICHES MITEINANDER

In einem Tigerzoo in der Nähe der thailändischen Stadt Bangkok hat sich eine seltsame Freundschaft entwickelt: Auf diesem Foto aus dem Jahr 2004 sieht man eine Tigerin beim gemeinsamen Spaziergang mit einem Ferkel.

ELSTERFALLE

Um ihre Augen vor den sehr aggressiven Elstern zu schützen, tragen australische Fußgänger Sonnenbrillen oder kleben sich Fotos von Augen auf den Hinterkopf, um die Tiere zu verwirren.

BETRUNKENE PELIKANE

Im Juni 2006 wurden in der Nähe von Los Angeles vier Pelikane der Trunkenheit verdächtigt! Drei der kalifornischen Braunen Pelikane stolperten durch die Straßen von Laguna Beach, während ein vierter in der Nähe auf einer Küstenstraße gegen die Windschutzscheibe eines fahrenden Autos geprallt war. Experten glauben, dass die Tiere giftige Algen gefressen hatten.

FEIND IM BETT

Eine Chinesin aus Xi'an fand nach zweimonatiger Abwesenheit im Bett ihrer Wohnung im sechsten Stock eines Hochhauses eine 1,50 m lange Schlange. Das Reptil wurde gefangen und in den Bergen freigelassen.

SUPERMAMI

Ein 4,40 m langes Hammerhaiweibchen, das im Mai 2006 bei Boca Grande in Florida gefangen wurde, war mit unglaublichen 55 Babyhaien trächtig!

BÖSE POLLY!

Das Papageienweibchen Polly verhinderte 2006 den Start eines Flugzeugs, weil sie aus der Kiste auf dem Schoß ihres Besitzers entkommen war. Als sich das Flugzeug zum Abheben vorbereitete, begann Polly herumzufliegen und an den Schultern der Gäste zu knabbern. Zehn Minuten später wurde sie wieder eingefangen, und der Flug von Alderney auf den Kanalinseln ins englische Southampton konnte beginnen.

◁ MÄUSEREITER

Diese kleine Maus schwang sich im Juni 2006 in der indischen Stadt Lakhnau auf den Rücken eines freundlichen Frosches, um sich aus dem Hochwasser zu retten.

Weiße Wunder

GALERIE

Albino-Tiere sind seltene und aufsehenerregende Geschöpfe. Ihr ungewöhnliches Äußeres entsteht durch einen genetischen Defekt, und in manchen Kulturen gelten sie als heilig. Häufig tauchen sie in Sagen und Mythen auf. Hier sind verschiedene wild oder in Gefangenschaft lebende Tiere aus der ganzen Welt zu sehen.

KÄNGURU

AMSEL

ALLIGATOR

SCHIMPANSE

IGEL

EICHHÖRNCHEN

GORILLA

Ripley's

Einfach unglaublich!

GEHÄNGTER ELCH

Arbeiter eines Elektrizitätswerkes in Fairbanks, Alaska, fanden einen 545 kg schweren Elchbullen, der an einem 15 m hohen Strommast hing!

ANGRIFF DER FISCHE

Marcy Poplett aus Peoria, Illinois, wurde auf dem Fluss Illinois von ihrem Boot gestoßen, weil ihr ein Silberkarpfen aus dem Wasser ins Gesicht gesprungen war.

FLUGHUND

Ein Bernhardiner überlebte, nachdem er in der polnischen Stadt Sosnowiec von seinem betrunkenen Besitzer aus dem Fenster einer Wohnung im zweiten Stock geworfen worden und auf einem Fußgänger gelandet war. Der 50 kg schwere Hund kam mit nur wenigen Kratzern davon. Der Mann, auf dem er landete, war zwar geschockt, aber ebenfalls kaum verletzt.

CHAMÄLEONSCHLANGE

Wissenschaftler haben in Borneo eine Schlangenart entdeckt, die die Farbe ändern kann. Das chamäleonartige Verhalten der giftigen Wasserschlange wurde zufällig durch Forscher aus Chicago und Deutschland entdeckt, die ein Exemplar in einen dunklen Eimer legten und beobachteten, wie es die Farbe von Rotbraun zu fast Weiß änderte.

BÄRENBARDE

Beim Lake-Tahoe-Shakespeare-Festival in Sand Harbor, Nevada, im Jahr 2006 kam es zu einem spektakulären Auftritt - durch Bären! Ein Bär stürmte das verlassene Büffet und machte sich über Lachs, Beefsteak und Kirscheis her. Ein weiterer Bär verirrte sich während einer Aufführung auf die Bühne. Die Veranstalter mussten das Publikum beruhigen, bis der Bär vertrieben war.

MYSTERIÖSER GAST

Die Mitglieder der Familie Leroy aus Washington entdeckten, dass jede Nacht ein streunender Hund die Tür ihres Autos öffnete und es sich dort zum Schlafen gemütlich machte!

TOD MIT 176

Harriet, eine Galapagosschildkröte aus dem Queensland Zoo in Australien, die angeblich das älteste Tier der Welt war, starb im Jahr 2006 im biblischen Alter von 176 Jahren an einem Herzinfarkt. Harriet hatte ihre Jugend in England verbracht, fiel dann aber wegen des schlechten Wetters in einen dauerhaften Winterschlaf. Als der Erste Weltkrieg ausbrach, war sie 84 Jahre alt, und bei Neil Armstrongs Mondlandung 139. Außerdem hielt man sie über ein Jahrhundert lang für ein Männchen und nannte sie Harry.

UNERWÜNSCHTER GAST

Als es an die Tür von Lori Pachellis Haus in Florida klopfte, öffnete sie und stand einem 2,40 m langen Alligator gegenüber! Während Mrs. Pachelli hysterisch ihren Mann anrief, lauerte das aggressive Tier, das sich sein Maul an der Tür blutig geschlagen hatte, der armen Frau eine Stunde lang auf, ehe es sich wieder in den See hinter dem Haus zurückzog.

GERISSENE KATZE

Im Jahr 2006 adoptierte eine Katze aus dem brasilianischen Porto Alegre einen aus dem Nest gefallenen kleinen Vogel. Die beiden fraßen Fleisch vom selben Teller, und die Katze nutzte ihren kleinen Freund sogar, um andere Vögel anzulocken und zu fangen.

HAARIGER BESUCH

Im Jahr 2006 spazierte ein Bär in ein Casino in Nevada! Das Montbleu Casino und Spa bezeichnet sich zwar als "Zuhause der Wilden", hatte aber nicht damit gerechnet, dass der 68 kg schwere Bär den Slogan wörtlich nehmen würde.

KATZENKUNST

Eine Kunstgalerie im kanadischen Woodstock sammelte Geld für ein Tierheim, indem es von Katzen gemalte Bilder verkaufte. Die Sammlung mit dem Titel "Pfoten und Fotos" entstand, indem man die Pfoten der Tiere in Farbe tauchte und sie dann über Leinwände laufen ließ.

MEHR ALS NUR GEHÖRNT

Lurch, ein afrikanischer Watussibulle, hat 2,30 m lange Hörner mit einem Umfang von 97 cm - und die Hörner sind noch nicht ausgewachsen! Lurch, der bei seiner Eigentümerin Janice Wolf in Arkansas lebt, ist wirklich etwas ganz Besonderes, denn seine Eltern hatten normal große Hörner. Er ist so berühmt, dass schon Besucher aus Schweden, Südafrika und Ecuador bei ihm waren!

NICHT WÄHLERISCH

Erdkröten, die in der Brutzeit kein Weibchen finden können, versuchen sich mit allem Möglichen zu paaren, zum Beispiel mit Stöcken, Wasserlilien oder Goldfischen!

SCHNELLE REAKTION

Der zwölfjährige Malcolm Locke aus Orlando, Florida, überlebte, obwohl er von einem Alligator ins Wasser gezogen wurde. Er hieb dem Reptil auf die Nase und schwamm schnell davon.

GEMEINSAM SPEISEN

Ein neues Restaurant in China fordert seine Gäste dazu auf, gemeinsam mit ihren Haustieren an einem Tisch zu essen! Es gibt zwar vor allem Speisen für die vierbeinigen Gäste, aber auch die Besitzer finden Getränke und Snacks auf der Karte. Der Paradise Pet Club in Shanghai desinfiziert die Teller übrigens dreimal täglich!

Schlangenmenschen können ihre Körper auf die erstaunlichste Art und Weise verdrehen und verbiegen—S. 151

Zhang Yingmin hat eine ganz eigene Technik entwickelt, um Luftballons aufzublasen—S. 135

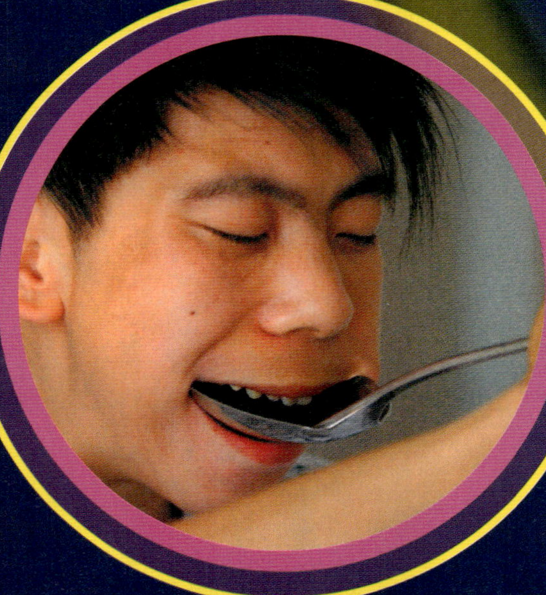

Zhang Dong zeigt, wie er sich einen riesigen Löffel in den Mund schiebt—S. 145

FANTASTISCHE FÄHIGKEITEN

EINBETONIERT

In Gedenken an seinen Helden Harry Houdini befreite sich der kanadische Entfesselungskünstler Dean Gunnarson aus einer Plexiglaskiste, die mit zwei Tonnen nassem Zement gefüllt war. Er ist der erste Mensch der Welt, der dieses Kunststück gewagt hat - nicht einmal Houdini selbst war so weit gegangen.

Der sensationelle Stunt fand am Halloweenabend 2006, dem 80. Todestag Houdinis, um 13:26 Uhr in Winnipeg statt. Gunnarson ließ sich mehrere Polizeihandschellen anlegen, die durch Ketten und Vorhängeschlösser verbunden waren, sodass sein ganzer Körper gefesselt war. Dann ließ man ihn in die Kiste herab, und der Zement wurde eingeschüttet. Der Deckel der Kiste wurde mit sechs Hochsicherheitsschlössern fest verschlossen. Zum Erstaunen der Zuschauer, die jede seiner Bewegungen sehen konnten, entkam der Entfesselungskünstler seinem Gefängnis in nur zwei Minuten und 43 Sekunden. Er musste sich beeilen, damit er unter dem Gewicht des Zements nicht zusammenbrach oder erstickte. "Ich hatte das Gefühl, als würde mich eine Boa erdrücken", erklärte er hinterher. Gunnarson hatte für seine Vorführung in schnelltrocknendem Zement geübt. "Bei jeder Bewegung fühlte ich, wie sich der Druck auf meine Rippen und Lungen verstärkte." Doch der Zement fügte ihm bis auf ein paar Verätzungen keine Schäden zu.

Die Eingebung für sein Kunststück kam ihm, als er eines Tages 221 m hoch am Hoover-Damm vor Las Vegas in einer Zwangsjacke von einem Trapez baumelte. Er wusste, dass beim Bau des Damms einige Arbeiter zu Tode gekommen und bei lebendigem Leibe begraben worden waren, als sie in den nassen Zement fielen. "Da dachte ich mir: 'Was für ein schrecklicher Tod!'"

Gunnarson macht sich klein, bevor er von Kopf bis Fuß mit Beton übergossen wird.

Er fängt an, die Schlösser zu öffnen.

Nach nur zwei Minuten und 43 Sekunden hatte Gunnarson sich befreit.

SIEG ÜBER ALCATRAZ

Gestärkt durch eine ordentliche Portion Pizza, schwamm der siebenjährige Braxton Bilbrey aus Glendale, Arizona, im Jahr 2006 die berüchtigte zwei Kilometer lange Strecke von der Insel Alcatraz bis nach San Francisco in nur 47 Minuten!

ZUSAMMEN SCHNELLER

Im August 2006 ernteten 105 Mähdrescher im kanadischen Winkler 65 ha Winterweizen in nur elf Minuten und acht Sekunden.

RIESIGES BUFFET

Im Las Vegas Hilton Hotel stand im März 2006 ein Buffet mit unglaublichen 510 verschiedenen Gerichten zur Auswahl! Von Huhn nach Mongolischer Art über Wellington-Lachs bis hin zu Crème Brulée und hausgemachtem Apfelkuchen gab es alles, was das Herz begehrt.

HEILIGE FRAU

Mata Amritanandamayi, weiblicher Guru aus Indien, reist durch die Welt, um Menschen zu umarmen. In den letzten 35 Jahren hat sie geschätzte 26 Millionen Umarmungen verteilt und wird deshalb auch „Die umarmende Heilige" genannt.

SILBERKUGEL

Stanley Jollymore aus Brule Point in Nova Scotia hat die letzten 20 Jahre damit verbracht, eine 35 kg schwere silberne Kugel aus über 139.000 Zigarettenschachtel-Silberpapierchen zu rollen!

LÖFFELORCHESTER

Im Jahr 2006 brachte eine Straßentheatergruppe 345 Löffelspieler zusammen, um im englischen Trowbridge den Gassenhauer "Knees Up Mother Brown" zu spielen. Die Löffel werden gespielt, indem man zwei Löffel ähnlich wie Kastagnetten gegeneinander schlagen lässt.

RIESIG STARK

Eddie Polo, auch bekannt als "Kleiner Riese", zog im Jahr 1937 dieses Auto 91 m weit durch die Straßen von Dover in New Hampshire - und zwar an seinen Haaren!

RÜCKWÄRTSRENNER

Ein brasilianischer Rentner behauptet, dass er seine Gesundheit einem ganz besonderen Training verdankt: Er läuft jeden Tag 31 km weit, und zwar rückwärts! Ary Brasil, 69, stammt aus Joacaba und läuft regelmäßig, seit er 16 war - aber erst seit sechs Jahren rückwärts. "Ich bekam Schmerzen in Rücken und Beinen", erklärt er, "und dann stellte ich fest, dass sie verschwinden, wenn ich rückwärts laufe. Ich bin nicht mehr so schnell außer Atem, und meine Muskeln werden stärker. Vor neun Jahren hatte ich meine letzte Erkältung."

ALLE ALS GROUCHO

Die kleine Stadt Gorham in Maine erlangte im Juli 2006 Bekanntheit, als sich 1.489 Personen versammelten, die sich alle als Groucho Marx verkleidet hatten! Wie der berühmte Entertainer trugen die Anwohner Brille, Nasenattrappen, buschige Augenbrauen und Bart.

SCHNELL GESCHNITZT

Stephen Clarke aus Haverton, Pennsylvania, kann in unter 25 Sekunden ein Gesicht in einen Kürbis schnitzen!

TALENTIERT

Im Jahr 1934 zeichnete Tom Breen aus New York mit Händen und Füßen simultan Comics.

HUNDEFAHRT

Bei dem Wohltätigkeitsrennen Hogs for Dogs im Jahr 2006 in Amherst, New York, fuhren Harley-Davidson-Besitzer mit ihren Hunden spazieren. Manche Vierbeiner saßen auf dem Beifahrersitz, aber Beau, der Malteser von Don Wereski, hatte es sich in einer Tragetasche auf der Brust seines Herrchens bequem gemacht. "Ich nehme ihn überall mit hin", erklärte der Besitzer. "Er liebt Motorradfahren."

VIELE VERSE

Im Jahr 2006 schrieb der Franzose Patrick Huet ein Gedicht mit fast 7.600 Versen auf eine 800 m lange Stoffbahn. Eineinhalb Monate brütete Huet über "Hoffnungsschimmer für das Echo der Welt". Einen weiteren Monat benötigte er, um das Gedicht abzuschreiben. Die Stoffbahn wurde mit Hilfe eines Traktors entrollt und auf einer Rennbahn im Südosten Frankreichs ausgestellt.

HENDRIX MAL VIELE

Im Mai 2006 trafen sich 1.581 Gitarristen, um gleichzeitig Jimi Hendrix' Stück "Hey Joe" zu spielen. Die aus Deutschland, Ungarn, den Niederlanden und den USA angereisten Musiker trafen sich im polnischen Breslau.

ALLES IM ALL

Ein Russe hat einen Golfball über eineinhalb Milliarden Kilometer weit geschlagen! Der Kosmonaut Mikhail Tyurin schlug den Ball 2006 mit einem goldbeschichteten Sechser-Eisen in den Orbit. Das Tee war auf der Plattform einer internationalen Raumstation 355 km über der Erde fixiert. Laut Wissenschaftlern wird der Ball die Erde mit einer Geschwindigkeit von acht Stundenkilometern bis zu vier Jahre lang umkreisen, bevor er die Umlaufbahn verlässt und in der Erdatmosphäre verglüht.

FAHRRADKONZERT

Dirigiert von Jörg Kärger spielten 2003 an der Leipziger Universität 600 Menschen sechs Musikstücke auf ihren Fahrradklingeln.

FURMANS FAXEN

Ashrita Furman, ein 52-jähriger Reformhausbesitzer aus New York City, scheint von Jahr zu Jahr wagemutiger zu werden: Er bestieg beispielsweise auf einem Springstock den japanischen Berg Fuji und lief elf Kilometer weit durch Ägypten, während er einen Billardqueue auf dem Finger balancierte. Außerdem balancierte er im englischen Stonehenge über zwei Stunden lang auf einem Ball, machte 9.628 Sit-Ups in einer Stunde und lief in einer Stunde und 25 Minuten zehn Kilometer weit - während er einen Hula-Hoop-Reifen um seine Hüften kreisen ließ!

AUGEN AUF, OHREN AUF!

Zhang Yingmin aus der chinesischen Provinz Shandong, hier auf einem Bild von 2006 zu sehen, hat eine ganz besondere Art, Ballons aufzublasen: Er stößt Luft durch Augen und Ohren aus!

HULA-HOOP!

Die dreifache Mutter Lori Lynn Lomeli aus Ohio ist nur dann wirklich glücklich, wenn ihr Hula-Hoop-Reifen um ihre Hüften kreist! Sie geht ihrem Hobby seit ihrem achten Lebensjahr nach und machte Schlagzeilen, als sie in Reno, Nevada, 82 Reifen gleichzeitig dreimal um ihre Hüften kreisen ließ!

KLEINER ▷ SCHLAGZEUGER

Der zweijährige Amerikaner Julian Pavone hat schon vor 30.000 Menschen Schlagzeug gespielt! Laut seinem Vater Bernie begann der Kleine schon mit drei Monaten mit dem Schlagzeugspielen. Er hat sogar schon eine eigene CD aufgenommen.

MILCHMASCHINE

Joey Chestnut aus dem kalifornischen San José trank in 41 Sekunden 4,50 l Milch, um sich für das Philadelphia-Wing-Bowl-Wettessen zu qualifizieren, bei dem er mit 173 verspeisten Hühnerflügeln den ersten Platz belegte!

HOCHTOURIGES RADIO

Jay und Jason Plugge aus dem kalifornischen Sunnyvale erfanden ein Autoradio, das das Motorengeräusch von verschiedenen Autos und Motorrädern wie Ferraris, Corvettes und Harley Davidsons aus den 1950ern bis 1970ern spielen kann.

SCHWERER SARI

Indische Weber haben einen Seidensari angefertigt, der 483 m lang und über 1,20 m breit ist. Bis zu 120 Weber arbeiteten 80 Tage lang 24 Stunden am Tag an dem 57 kg schweren Stück!

PARK AUF ZEIT

Im November 2005 verwandelte die Künstlergruppe Rebar einen Parkplatz mitten in San Francisco in einen Park auf Zeit. Sie steckten Münzen in die Parkuhren, legten künstlichen Rasen aus und stellten eine Bank und einen Baum auf. Die "Parkdauer" betrug zwei Stunden. Bei einem früheren Projekt verbrachte die Gruppe fünf Tage damit, einen Aktenschrank in die Wüste von New Mexico zu graben, der als Bibliothek dienen sollte.

INSEKTENMAHL

Anlässlich des 15. Geburtstags des Insectariums im kanadischen Montreal im Jahr 2005 bereitete die Köchin Nicole-Anne Gagnon ein wahres Festmahl zu - aus Insekten! Es gab Blattschneideameisen in Tortillas, geröstete Grillen auf einem Gurken-Canapé, gegrillte Heuschrecken und Bruschetta mit Oliventapenade und Kiemenringelwürmern.

VIER BEINE, EIN BRETT

Bei der ersten Hunde-Surfweltmeisterschaft, die 2006 am Hundestrand von Coronado, Kalifornien, ausgetragen wurde, ritten Hunde auf maßgefertigten Surfbrettern auf den Wellen. Die Hunde hatten jeweils drei Chancen, um eine Jury aus Surflehrern mit ihren Stunts zu beeindrucken. Die Tiere wurden nach Selbstvertrauen, Surfdauer und allgemeinen Surffähigkeiten beurteilt.

◁ ALLES AUS ZEITUNG

Zhu Zhonghe aus dem chinesischen Shanghai entdeckte im Alter von 70 Jahren die Kunst des Modellbaus aus Zeitungspapier. Er hat schon den Eiffelturm, eine holländische Windmühle, Brücken, Schiffe und die ehemalige Residenz des verstorbenen Vorsitzenden Mao Tse-tung nachgebaut.

DER SCHWERTSCHLUCKER

Roderick Russell verdient sein Geld damit, sich 61 cm lange Klingen in die Speiseröhre einzuführen. Die Speiseröhre eines Erwachsenen ist durchschnittlich 30 bis 38 cm lang. Der Schwertschlucker aus Burlington, Vermont, spielt bei jeder Aufführung mit seinem Leben.

Russell erlernte die Kunst des Schwertschluckens in Italien und übte ein Jahr lang dreimal am Tag, bevor er das erste Mal auftrat. Zunächst musste er seinen Schluckreflex überwinden. Vielen Schwertschluckern gelingt dies durch Übungen mit Kabelummantelungen oder Pfauenfedern, aber Russell verwendete von Anfang an ein Schwert. Dann begriff er, dass Speiseröhre und Magen nicht so gerade sind wie ein Schwert.

"Gerade der Magen ist viel flacher, als man denken mag", erklärt er. "Außerdem krümmt er sich nach rechts. Der Kehldeckel und die Luftröhre sind überraschend schwierige Hindernisse. Ich habe gelernt, meinen Kehldeckel mit der Hand zu schließen, aber heute gelingt mir das auch mit der Schwertspitze. Dann halte ich meinen Atem für den Bruchteil einer Sekunde an, während das Schwert am Kehldeckel vorübergleitet. Wenn es die Herzgegend streift, bin ich immer sehr angespannt. Dann muss ich das Schwert etwas nach links führen, damit es in den Magen rutscht."

Russell will dem Publikum mit seinen Vorführungen zeigen, dass man alles erreichen kann, wenn man nur will, denn er ist davon überzeugt, dass der Geist stärker ist als der Körper. Dennoch trifft er eine kleine Vorsichtsmaßnahme: "Ehe ich das Schwert schlucke, befeuchte ich immer die Klinge. Ein trockenes Schwert ist nämlich noch schwerer zu schlucken."

Röntgenaufnahmen zeigen, wie tief das Schwert in Russells Körper steckt.

VON OBEN HERAB

Im Jahr 2006 machten sich die drei "Extrem-cellisten" Clare Wallace, Jeremy Dawson und James Rees an die Aufgabe, auf dem Dach jeder Kathedrale in England zu spielen. Innerhalb von zwölf Tagen besuchten sie alle 42 anglikanischen Kathedralen und durften auf den Dächern von immerhin 31 davon spielen. Zu ihrem Repertoire gehörten "Up the Roof" und "Climb Every Mountain".

LUFTGITARRIST

Nachdem er sich jahrelang über Leute lustig gemacht hatte, die Luftgitarre spielen, entdeckte Craig Billmeier aus dem kalifornischen Alameda plötzlich selbst seine Leidenschaft für das seltsame Hobby. Nach vier Monaten hatte Billmeier, der den Künstlernamen "Hot Lixx Hulahan" trägt, zwei regionale Wettbewerbe gewonnen und wurde 2006 zum amerikanischen Luftgitarrenmeister gekrönt.

△ ZWEIHÄNDIGER BOWLER

Edward Soloff aus Atlantic City, New Jersey, konnte, wie auf diesem Foto von 1930 zu sehen ist, simultan zwei Spiele auf zwei verschiedenen Bowlingbahnen spielen. Sein beeindruckender Durchschnittswert lag bei 270 Punkten pro Spiel!

VIELE KLEINE ROBINS

Insgesamt 307 Kinder verkleideten sich im März 2006 als Robin Hood und versammelten sich an der Ravenshead Church im englischen Sherwood Forest. Die Kostüme samt Pfeil und Bogen hatten die Kinder selber mitgebracht, und die grünen Hüte hatten sie in der Schule gebastelt.

STREICHHOLZMODELLE

Pat Acton aus Gladbrook, Iowa, hat schon originalgetreue Modelle von Schiffen, Flugzeugen, Raumstationen und Häusern aus Streichhölzern gebastelt. Sein erstes Projekt begann er vor 30 Jahren - eine Kirche, die aus 500 Streichhölzern bestand und nach einigen Tagen fertig war. Sein neuester Clou ist ein Modell von Hogwarts, der Zaubererschule aus J. K. Rowlings *Harry-Potter*-Büchern. Er saß über zwei Jahre daran und verbrauchte 600.000 Streichhölzer!

SUPER-FRUCHTSHAKE

Dreieinhalb Stunden lang wurde in einem Laden im kanadischen Kitchener im August 2006 mit sieben Mixern Obst zerkleinert, um einen 740-l-Fruchtshake zu mixen. Das Monster-Getränk wurde anschließend in 700-ml-Bechern verkauft.

ETCH-A-SKETCH™

Im Jahr 2006 arbeiteten an die 3.000 Menschen gemeinsam an dem Bild einer riesigen Teekanne auf einem sechs mal elf Meter großen Etch-A-Sketch™ in Boston, Massachusetts.

LANGE LESUNG

Botanik-Professor Anniah Ramesh hielt im März 2006 im indischen Mysore eine Vorlesung zum Thema "Molekulare Logik des Lebens", die über 98 Stunden dauerte! Drei Tage und Nächte lang sprach er ohne Unterbrechung, bis seine schmerzenden Beine und die Übermüdung ihren Tribut forderten. Am Ende war er so müde, dass er einnickte, während er etwas an die Tafel schrieb.

RASENDE LIEBE

Die Liebe ist für Don Tuttle und Carol Deeble eine wahre Achterbahnfahrt. Das Paar aus Manchester in Connecticut heiratete 2001 auf seiner Lieblingsachterbahn, der Comet am George-See in New York, und erneuerte die Schwüre 2006 an derselben Stelle. Sie sind schon mit fast 750 Achterbahnen in 15 Ländern gefahren.

EINGEBROCHEN △

Am 21.10.2006 kletterte der dreijährige Robert Moore, enttäuscht über seine erfolglosen Versuche, ein Plüschtier aus einem Spielautomaten zu ziehen, einfach in das Gerät hinein! Es stand in einem kleinen Geschäft in Antigo, Wisconsin, in dem sich schnell Mitglieder der Feuerwehr versammelten, die versuchten, Robert aus dem Automaten zu holen. Sie brachen das Schloß auf, schoben einen Schraubenzieher in das Gerät und erklärten Robert, welche Schrauben er von innen öffnen musste!

OPERN-PUZZLE

Ein detailliertes Plastikmodell des australischen Sydney Opera House, an dem sieben Jahre lang gearbeitet worden war und das nach seiner Ausstellung auf der Expo in Washington 1974 verschwunden war, wurde 2006 in 24 Umzugskisten in einem Lagerhaus in Sydney wiedergefunden - allerdings ohne Bauanleitung! Man brauchte 2.000 Stunden, um das Modell wieder aufzubauen – ein wahrhaft gigantisches Puzzle.

BALLON-EXPERTE

Schon als Junge war Nate Mikulich fasziniert von der Magie, und seit er mit 13 dem Ballonkünstler Crazy Richard begegnet war, bastelte er leidenschaftlich gern Tierfiguren aus Ballons. Heute kann Mikulich, der aus dem Osten Michigans stammt, in nur acht Sekunden einen Ballon-Pudel hinter seinem Rücken binden.

SCHWERE KUGELN

Milan Roskopf aus der Slowakei jonglierte 2006 in Deutschland für 15,80 Sekunden mit drei Kanonenkugeln, die je zehn Kilo wogen. Er fing schon mit neun Jahren mit dem Jonglieren an, verwendete damals aber natürlich noch viel kleinere und leichtere Bälle.

Riesiger Gummiball

Diese gigantische Kugel wurde im November 2006 aus über 175.000 Gummibändern hergestellt. Das 2.084 kg schwere Monster, das Steve Milton aus Eugene, Oregon, gebastelt hatte, wird hier auf eine Waage zugerollt. Steve verbrachte über ein Jahr lang jeden Tag ein paar Minuten damit, der Kugel ein paar Bänder hinzuzufügen. Das Ergebnis ist stolze 1,70 m hoch und hat einen Umfang von 5,80 m!

OfficeMax

Ripley's Einfach unglaublich!

XXL-GEMÄLDE

Zweieinhalb Jahre und 100 Tonnen Farbe brauchte der Künstler David Aberg für ein 7.990 m² großes Gemälde. Das Bild, das den Namen "Monster-Erde" trägt, ist ein Symbol für den Frieden und wurde wegen seiner Größe in einem Flugzeug-Hangar im südschwedischen Angelholm angefertigt.

RASENDE FINGER

Ben Cook ist der König der Fingerfertigkeit! Der 18-Jährige aus Orem in Utah gewann im Juli 2006 in Denver, Colorado, einen Wettbewerb im SMS-Schreiben, bei dem er unglaubliche 160 Zeichen in nur 42 Sekunden tippte!

HERR DER BALLONS

John Cassidy aus Philadelphia, Pennsylvania, gelang es im Mai 2006 in New York City, innerhalb von einer Stunde 700 Ballons aufzupusten und zuzubinden. Er schaffte es auch schon, in einer Stunde 654 Ballonfiguren zu binden.

GELÄNDEWAGEN-PARADE

Die Mitglieder des Geländewagenclubs aus Harlan County in Kentucky schlossen sich an einem Samstag im Jahr 2006 zu einer Parade von 1.100 Geländewagen zusammen. Der Umzug begann in Verda und endete 3,20 km weiter in Evarts.

LANGE BEINE

Der kanadische Stelzenläufer Doug Hunt hat auf einem Paar 15,50 m hoher Stelzen 29 Schritte geschafft, ohne sich abzustützen! Die Stelzen wogen zusammen 62 kg.

KISSENSCHLACHT

Fast 1.000 Menschen kamen am Valentinstag 2006 durch Mundpropaganda und Internetwerbung in San Francisco zu einer halbstündigen Kissenschlacht zusammen. Die Teilnehmer versteckten ihre Kissen in Einkaufstüten und Rucksäcken. Innerhalb von Minuten war die Gegend um das Ferry-Gebäude schneeweiß vor Federn!

DOPPELTALENT

Drew Tretick, Absolvent der Juilliard-Musikschule in New York, lebt heute in Südkalifornien, wo er sein Geld damit verdient, Geige zu spielen - während er Einrad fährt!

HANDTUCH DELUXE

Im Juni 2006 wurde am kalifornischen Hermosa Beach ein riesiges Frottee-Handtuch präsentiert. Es war 40 x 24 m groß und wog fast 450 kg.

SCHNELLER PUTZER

Terry Burrows ist der Meister der Fensterputzer! Im englischen Birmingham reinigte er 2005 drei jeweils 114 cm² große Fenster inklusive der Fensterbänke - innerhalb von nur zehn Sekunden!

GITARRENSOLO

Der Musiker Jef Sarver aus Chicago spielte im Jahr 2006 ununterbrochen 48 Stunden lang Gitarre. Nur alle acht Stunden machte er eine kurze Pause. Sarver, der sich mit Sit-Ups und Liegestützen auf sein Kunststück vorbereitete, spielte über 600 Lieder!

FOLIENKUNST

Pete Schwickrath aus Piscataway, New Jersey, fertigt Skulpturen aus Alufolie an, die er anschließend bemalt. Unten ist ein Werwolf zu sehen, der eine junge Frau bedroht.

DER MANN, DER SCHLANGEN KÜSSTE

Der malaysische Schlangenbeschwörer Shahimi Abdul Hamid küsste 2006 in nur drei Minuten eine giftige Königskobra 51-mal in Folge. Für sein Kunststück, das er im März 2006 vor den Toren von Kuala Lumpur aufführte, brauchte er Schnelligkeit, Mut und gute Reflexe, denn nur seine bloßen Hände schützten ihn vor der 4,60 m langen Schlange. Ein einziger Tropfen Gift der Königskobra genügt, um einen Menschen zu töten, und bei jedem Biss werden bis zu zwölf Tropfen abgesondert – dennoch entschied Shahimi sich für einen Ort, der eine Stunde vom nächsten Krankenhaus entfernt lag.

Ripley's Einfach unglaublich!

ANGEKETTET

Brad Mottashed und Evgueni Venkov bastelten im April 2006 gemeinsam mit 18 Kommilitonen von der kanadischen Waterloo-Universität in Ontario aus 50.000 Trinkhalmen eine 8.580 m lange Kette.

SCHNEEBALL-SCHLACHT

Im Feburar 2006 nahmen über 3.700 Personen an einer Massenschneeballschlacht in Houghton, Michigan, teil.

HAMMELREITER

Der achtjährige Ryan Murphy hat sich bereits zur Ruhe gesetzt - er ist ein Champion im Schaf-Rodeo! Beim Truckee Rodeo 2006 in Sierra, Nevada, gewann er zum zweiten Mal in Folge den Hauptpreis und hat nun abgedankt, da er bald die Obergewichtsgrenze von 27 kg erreichen wird. Sein Erfolgsgeheimnis besteht darin, sich rückwärts auf das Schaf zu setzen, weil er sich auf diese Weise besser festhalten kann. Während andere Reiter schnell abgeworfen werden, hat Ryans besonderer Stil ihn 22 Sekunden lang im Sattel gehalten!

AUF-TRITT

Über 700 Menschen streckten im August 2006 auf dem Parkplatz des Algonquin Arts Plaza in Manasquan, New Jersey, ihren rechten Fuß in die Höhe. Zu den Teilnehmern gehörten nicht nur Tanzschüler, sondern auch Männer in Turnschuhen, Frauen in Sandalen und Jungs in Surferhosen und Flip-Flops.

FUSSABDRÜCKE

Das Magazin *National Geographic Kids* klebte innerhalb von 1 ½ Tagen 10.932 Fußabdrücke aus Papier zusammen, die sich 2,90 km weit durch ihre Büroräume in Washington, D. C., zogen. Die Fußabdrücke waren auch von Kindern aus Australien, Japan und der Mongolei eingeschickt worden. Es war sogar einer von einem Kind mit sechs Zehen dabei!

LIDER-LICH

Im Jahr 2005 befestigte der Chinese Yang Guanghe Haken an seinen Augenlidern und zog ein Auto eine Straße entlang!

MENSCHLICHE FLAGGE

Im Mai 2006 versammelten sich über 18.000 Menschen in einem Fußballstadion in Lissabon, Portugal, um mit ihren Körpern die portugiesische Landesflagge darzustellen.

KAZOO-PARADE

Im Jahr 2006 versammelten sich über 500 Menschen auf den Straßen von Nazareth, New Jersey, um den 4. Juli mit einem Kazoo-Konzert zu feiern.

ALTE PREISE

Michael "Mickey" Di Fater aus Greenburgh, New York, feierte seinen 75. Geburtstag, indem er die Preise an seinem Imbiss-Stand auf zehn Cent für einen Hot-Dog und fünf Cent für eine Limo senkte!

MELONENKÖNIG

Ivan Bright aus Hope in Arkansas widmete sich 30 Jahre lang der Kunst des Melonenzüchtens. Sein ganzer Stolz ist eine 122 kg schwere Carolina Cross. Er starb am 12.8.2006 im Alter von 92 Jahren - dem 30. Jahrestag des Hope-Wassermelonen-Festivals.

UND ES GEHT DOCH!

Dirk Gion ließ sich 2006 auf Wasserskiern hinter einem riesigen deutschen Kreuzfahrtschiff herziehen, weil im Fernsehen behauptet worden war, dass das unmöglich sei. Der 50-Jährige blieb erstaunliche fünf Minuten lang aufrecht stehen.

BABY-MARATHON

In der kolumbischen Stadt Cali fand 2006 ein Krabbelmarathon für Babys statt, an dem über 1.100 Kinder teilnahmen. Die Babys waren zwischen acht und 18 Monaten alt und mussten eine fünf Meter weite Strecke zurücklegen. Der Preis bestand in einer Tüte voller Babysachen.

EIN MUNDVOLL LÖFFEL

Im Jahr 2006 wurden chinesische Fernsehzuschauer Zeugen einer Show aus der Stadt Nanjing, in der verschiedene Teilnehmer ihre unglaublichen Fähigkeiten unter Beweis stellten. Zu ihnen gehörte Zhang Dong, der sich einen riesigen Löffel in den Mund steckte!

SCHOKI AUS DEM LKW

Wer trinkt schon seinen Kakao aus der Flasche, wenn er einen ganzen LKW leertrinken kann? 620 Angestellte und Studenten der Nationaluniversität von Singapur tranken innerhalb von 30 Minuten 350 l Schokoladenmilch vom LKW.

BOWLING-MISSION

Larry Woydziak aus Lawrence, Kansas, hat sich vorgenommen, in jedem County in Kansas zu bowlen, in dem es eine Kegelbahn gibt. Sein 79. und letztes Spiel fand in der Stadt Sterling statt.

ELVIS-PARADE

In paillettenbesetzten Overalls, knallpinken Jacketts und blauen Samtschuhen imitierten im Juli 2006 ganze 94 hüftschwingende "Elvisse" im kanadischen Collingwood den King of Rock mit seinem Klassiker "All Shook Up".

BUNTE WÄNDE

Im Jahr 2006 vollendete die Flugzeugbaugesellschaft Boeing ein Wandgemälde auf seiner Fabrikwand, das aus über 9.290 m² bedrucktem Material besteht. Über fünf Monate lang wurden die 474 Bögen, die jeweils 18 x 1,20 m groß sind, zusammengesetzt.

BH-KETTE

Hunderte von Freiwilligen banden im April 2006 auf Zypern über 114.700 BHs zusammen und wickelten die Kette um den Hafen von Paphos. Die 113 km lange Kette sollte mehr Bewusstsein für Brustkrebs bewirken. BHs aus der ganzen Welt, zum Beispiel Kanada, den USA, Thailand, Brasilien, Russland, dem Iran und allen 25 Mitgliedsstaaten der EU, wurden extra eingeflogen.

HERRIN DER SURFER

Eine französische Tierärztin überquerte als erster Mensch der Welt auf einem Windsurfbrett den Indischen Ozean, in dem es von Haien wimmelt.

Raphaela Le Gouvello aus dem französischen Brittany kam im Juni 2006 auf der Insel La Réunion an der Ostküste Afrikas an – nachdem sie allein 6.300 km von Exmouth in Westaustralien zurückgelegt hatte. An vielen der 60 Reisetage kämpfte sie sowohl gegen Seekrankheit als auch gegen starken Wind und heftigen Wellengang - und das alles auf einem einfachen, nur acht Meter langen und 1,20 m breiten Surfbrett namens *Mahi Mahi!* Sie kenterte zweimal und verlor ihren gesamten Trinkwasservorrat. Madame Le Gouvello erklärte, dass zwar auch die starken Winde ein Problem gewesen seien, es aber viel komplizierter wurde, wenn totale Flaute herrschte. "Ich bin einfach nicht vorwärts gekommen", erklärte sie. "Ich wartete unter Deck und wurde von den Wellen gründlich durchgeschüttelt. Das war nicht sonderlich gemütlich." Wenn sie nicht gerade eine achtstündige Segelschicht einlegte, unterhielt sie sich mit Radiohören und Lesen. Sie angelte nicht, um keine Haie anzulocken.

In der winzigen Kabine – die Höhe betrug nur 76 cm – waren ein Bett, Ersatzsegel, Nahrungsmittel und Übertragungsgeräte untergebracht.

Vor ihrer Abreise überwand sie ihre Angst vor Haien, indem sie in einem Aquarium in Frankreich mit den Raubfischen auf Tauchgang ging. Die 46-Jährige ist schon häufiger allein auf Surfreisen gegangen. Sie war die erste Frau, die den Atlantik und das Mittelmeer auf einem Surfbrett überquerte, und 2003 überquerte sie als erster Mensch den Pazifik auf einem Surfbrett.

Raphaela testet ihr Surfbrett vor der Küste von Freemantle im Westen Australiens, ehe sie sich auf ihre epochale Reise macht.

MASSENTURNEN

Knapp 1.000 Menschen in Trikots, T-Shirts und Shorts versammelten sich 2006 auf dem Vorplatz des Minnesota-State-Kapitols in St. Paul, um simultan Räder zu schlagen.

SCHNELLER FRISEUR

Selbst im Alter von 71 Jahren kann Trevor Mitchell in weniger als einer Minute eine Frisur schneiden. Um seine Fähigkeiten unter Beweis zu stellen, kürzte er dem ehemaligen englischen Fußballmanager Kevin Keegan in nur 59 Sekunden alle Haare auf seinem Kopf um genau 2,50 cm.

UNSER NAME IST JONES

Im November 2006 versammelten sich in der nordwalisischen Stadt Blaenau Ffestiniog 1.224 Personen mit dem Nachnamen Jones. Damit schlugen sie Schweden, wo sich zuvor 583 Norbergs versammelt hatten. Blaenau Ffestiniog wurde ausgewählt, weil es die höchste Konzentration an Jones in ganz England aufweist.

NAGELLACK-KUNST

Mary Scott aus Horn Lake, Mississippi, ist eine Künstlerin der etwas anderen Art, denn sie malt mit Nagellack! Mary hat über 1.000 Farbtöne zusammengetragen und verbraucht bis zu 30 Fläschchen pro Bild. Sie malt mit den kleinen Pinseln, die sich in den Fläschchen befinden, und muss sehr schnell arbeiten, da der Lack umgehend trocknet.

FALLSCHIRMHUND

Ausgerüstet mit einem Spezialgeschirr samt Windel ging Mindy, ein dreijähriger Jack-Russell-Terrier, im Jahr 2006 mit dem Jonoke Fallschirmteam im kanadischen Alberta in die Luft. Gemeinsam mit einem professionellen Fallschirmspringer wagte sie einen 40-sekündigen Tandemsprung aus 2.743 m Höhe. Ihr Besitzer Al Christou erklärte: "Als sie zum ersten Mal landete, sprang sie wie verrückt im Kreis herum!"

RÜCKWÄRTSKÜNSTLER

Der achtjährige Raghav Srivathsav aus dem indischen Hyderabad wurde berühmt, weil er Worte rückwärts buchstabieren kann. Er übt, seit er drei ist, und kann mittlerweile in weniger als drei Minuten 50 Worte rückwärts buchstabieren!

FEUCHTE KONFERENZ

In voller Tauchermontur veranstalteten 21 österreichische Journalisten im Juni 2006 fünf Meter unter der Wasseroberfläche eine Konferenz! Auf dem Grund des Traunsees wurde ein Flipchart aufgebaut, und die Journalisten verwendeten wasserfestes Papier und Stifte.

NUMMERNWUNDER

Nishant Kasibhatia kann sich Zahlen über zehn Jahre hinweg merken! Der 29-jährige Inder hat ein phänomenales Zahlengedächtnis und begann im Alter von 17, sich 100-stellige Nummern zu merken. Mittlerweile sind nicht einmal 1.000 Stellen ein Problem für ihn. Er kann sie auch rückwärts wiedergeben, und 2005 prägte er sich in gut drei Minuten 200 zweistellige Zahlen ein, die er ohne einen einzigen Fehler wiedergeben konnte.

PIZZABESTELLUNG

Am 8.6.2006 lieferte Papa John's unglaubliche 13.500 Pizzen zur NASSCO-Werft in San Diego. Um auch pünktlich um elf einzutreffen, brauchte der Lieferservice die Unterstützung von 15 Restaurants, die ab sechs Uhr morgens bis zu 56 Pizzen pro Minute buken und dabei 1.236 kg Käse verbrauchten!

MILCHSPRITZER

Ein indischer Teenager gelangte in seiner Heimat zu Berühmtheit, weil er Milch durch die Nase aufsaugen und sie dann durch die Tränendrüsen bis zu 3,70 m weit verspritzen kann! Praveen Kumar Sehrawat, ein 16-jähriger Ringer aus Delhi, kann auch 170 Chilis in gut fünf Minuten essen und sich unbeschadet einen Nagel in die Nase hämmern.

DER ALLESKÖNNER

David Gonzales führte im November 2006 in Fort Myers, Florida, an einem einzigen Nachmittag 21 verschiedene erstaunliche Kraftakte vor. Zehn der Kunststücke dauerten weniger als eine Minute, beispielsweise riss er ein 1.000-seitiges Telefonbuch in zwei Hälften, verbog mit seinem Kopf eine zehn Zentimeter dicke Stahlstange und machte einen Kopfstand, wobei seine Hände auf Glasscherben lagen.

MÜNZENWAGEN

Im Februar 2006 legte Scott Hampton aus Davenport, Iowa, letzte Hand an seinen Ford an, der innen und außen mit 30.500 Penny-Münzen verziert ist. Er klebte die Münzen mit der Kopfseite nach oben Stück für Stück auf und überzog sie mit zwei Schichten Lack. Der Wagen fährt noch und glitzert in der Sonne wie kein Zweiter.

VERFÄRBT!

Innerhalb von weniger als 24 Stunden färbte der Friseur Amjad Habib aus dem indischen Neu-Delhi im August 2006 das Haar von 113 Frauen! Wie es sich gehört, wusch und föhnte er das Haar seiner Kundinnen auch!

TEXAS-KUCHEN

Gladys Farek, eine Bäckerin aus dem texanischen Cistern, fertigte einen 1,50 x 1,80 m großen und 68 kg schweren Obstkuchen in der Form ihres Heimatstaates an.

DIGITALES MOSAIK

Acht Monate lang machten 29.000 Menschen mit der Digitalkamera lustige Schnappschüsse von sich selbst und ihren Freunden und schickten sie an eine Website. Das Ergebnis wurde im Juni 2006 im italienischen Mailand präsentiert: eine 141 m² große Collage aus 20.400 Fotos.

EIERJAGD

Mehr als 10.000 Kinder und Erwachsene suchten im April 2006 im Stone Mountain Park in Georgia nach über 300.000 Ostereiern mit einem Gesamtgewicht von über 5.440 kg.

HÜHNERTANZ

Der Texaner Konrad Bouffard organisierte am 4.7.2006 einen Gruppen-Hühnertanz in 57 Drittligisten-Baseballstadien in den gesamten USA, an dem 200.000 Personen teilnahmen!

GEBURTSTAGSKUCHEN

Um den 230. Geburtstag der USA zu feiern, buken Gastronomen aus Fayetteville in Arkansas zum 4.7.2006 einen Kuchen mit 230 Schichten. Er war 60 cm hoch und wog über 45 kg. Die Bäcker arbeiteten 21 Stunden an ihrem Meisterwerk.

DRIBBEL-EXPERTE

Riley McLincha aus Clio, Michigan, kann mit drei Basketbällen gleichzeitig dribbeln und jonglieren!

PENNY-PYRAMIDE

Diese Pyramide besteht aus 298.318 amerikanischen Pennies und wiegt 893 kg. Ihr Erbauer Marcelo Bezos aus Miramar, Florida, baut seit 1971 an der Pyramide und will weiterbasteln, bis er eine Million Münzen verarbeitet hat. Marcelo verwendet keinerlei Hilfsmittel!

TOTAL VERDREHT

Schlangenmenschen beginnen häufig im zarten Alter von zwei Jahren mit dem Training. Sie können ihre Körper in die verrücktesten Positionen bringen. Oft dauert es viele Jahre, bis sie ihre Kunst vollständig beherrschen. Medizinische Untersuchungen an den Wirbelsäulen von Schlangenmenschen haben ergeben, dass nicht nur hartes Training, sondern auch genetische Veranlagung zu ihren Fähigkeiten beitragen.

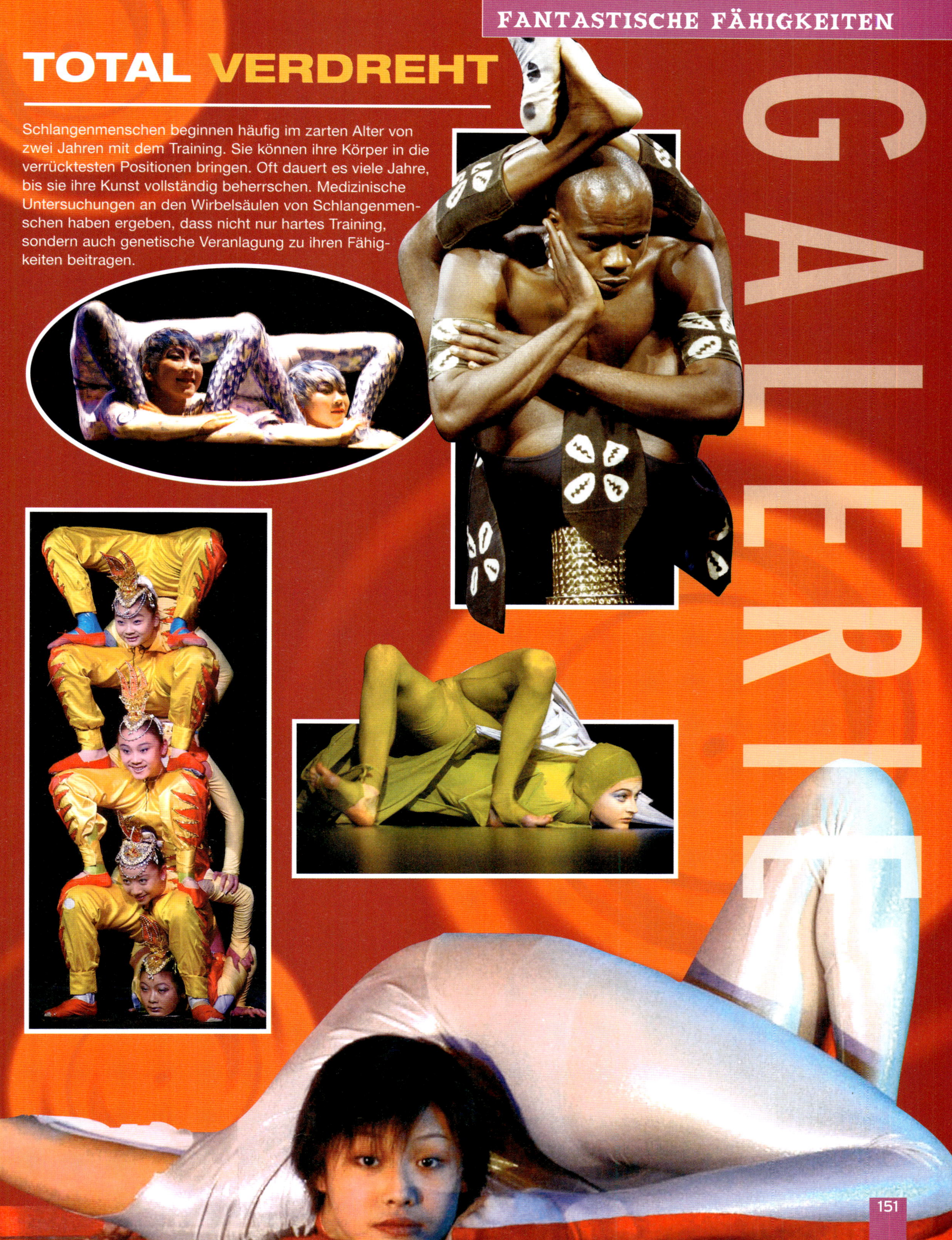

AUF DIE BRETTER!

Die brasilianische Surferlegende Rico de Souza fuhr im November 2006 am Macumba-Strand in Rio de Janeiro auf einem Surfbrett, das erstaunliche 8,05 m lang war. Zwei Monate lang war an dem Board gebaut worden, damit es den Wellen standhalten konnte, und es brauchte fünf Männer, um es anzuheben. De Souza paddelte das Brett ins Meer und ritt elf Sekunden lang auf einer Welle.

DUELL DER JONGLEURE

Beim Boston Marathon 2006 wurde ein ganz besonderes Spektakel geboten: Zwei jonglierende Marathonisten lieferten sich ein Kopf-an-Kopf-Rennen! Zach Warren aus West Virginia ist ein Profi-Jongleur, der blind und auf einem Einrad fahrend jonglieren kann. Sein Rivale Michael Kapral lief einst den Marathon in seiner kanadischen Heimatstadt Toronto in zwei Stunden 49 Minuten und schob dabei den Kinderwagen mit seiner kleinen Tochter Annika vor sich her! In Boston jonglierte Kapral mit drei Bällen und lief nie mehr als zwei Schritte, ohne die Bälle zu werfen. Warren belegte den 911. Gesamtplatz mit einer Zeit von unter drei Stunden, Kapral folgte acht Minuten später auf Platz 1.761.

MOTZENDER OPA

Im Jahr 2006 tauchte ein unerwarteter Held im Internet auf: ein 79-jähriger britischer Großvater namens Peter Oakley. Ein Video von Peter, das ihn beim Motzen und Nörgeln über die modernen Zeiten zeigte, wurde zum beliebtesten Clip auf einer bekannten Videoplattform. Ausgerüstet mit Mikrophon und Kopfhörern sendete er eine Reihe von Podcasts, die bis zu 30.000 Zuschauer erreichten. Außerdem erhielt er über 4.500 E-Mails von Fans aus Japan, den USA, Australien, Deutschland und Irland.

HOLZSCHUH-TANZ

Fast 500 Teenager aus 26 Ländern führten im Juli 2006 in Den Haag in übergroßen Holzschuhen eine moderne Ballettfassung des traditionellen holländischen Tanzes auf. Die Tänzer lernten die Schritte in ihren Heimatländern, zu denen Kanada, Jamaika, Israel und Finnland zählten, ehe sie für die Vorstellung in die Niederlande reisten.

BUCHSTABENGETREU

Mahaveer Jain aus dem indischen Lakhnau hat den gesamten Oxford Advanced Learner's Dictionary auswendig gelernt, der über 80.000 Einträge enthält!

KROKETTENALARM!

Köche aus dem japanischen Assabu haben eine Krokette mit einem Durchmesser von fast 2,10 m gebacken! Sie enthielt 180 kg Kartoffeln, Fleisch und Zwiebeln und war mit 320 kg so schwer, dass sie von einem Kran angehoben werden musste. Die Fritteuse enthielt 252 l Salatöl. Die Riesenkrokette wurde am Schluss in 1.300 Stücke geschnitten und an die Zuschauer verteilt.

SHOPPING MIT SPEED

Edd China aus dem englischen Maidenhead baute einen Einkaufswagen, der bis zu 97 km/h schnell fahren kann. China hat auch schon motorisierte Sofas, Hütten und Himmelbetten gebaut und tüftelte sechs Monate lang an dem Wagen, der über 3,30 m hoch, fast drei Meter lang und zwei Meter breit ist. Er wird von einer 600-Kubik-Motorradmaschine angetrieben, die in einer riesigen Einkaufstüte verborgen ist. Der Fahrer sitzt in einem überdimensionalen Kindersitz.

SUPERPFIRSICH

Paul Friday aus Coloma, Michigan, hat einen 864 g schweren Pfirsich gezüchtet!

SCHÖNE BELEUCHTUNG

Im Oktober 2005 waren in Boston Common, Massachusetts, 24.581 Kürbislaternen zu sehen. Zu der Parade hatten sich über 45.000 Menschen versammelt.

EXTREM-KROCKET

Bob Warseck aus West Hartford, Connecticut, spielt gern Krocket - aber nicht etwa einfach auf einer Wiese! Er hat das Extrem-Krocket erfunden, das durch Wälder, über Felsen, Hügel und Flüsse gespielt wird. Natürlich sind dazu besonders widerstandskräftige Schläger nötig!

FALTENREICH

Im Jahr 2006 falteten 545 geschickte Angestellte und Studenten der Nationaluniversität von Singapur 9.300 Origami-Papierkraniche in nur einer Stunde.

SCHWANGERER ROBOTER

Im Kaiser-Permanente-Krankenhaus im kalifornischen Vallejo bringen Ärzte Schülerinnen anhand eines lebensgroßen "schwangeren" Roboters namens Noelle bei, wie Geburten funktionieren!

MAIS-ANTRAG

Brian Rueckl wollte seiner Freundin Stacy Martin nicht einfach irgendeinen Heiratsantrag machen. Deswegen pflügte er im Sommer 2006 einen 372 m² großen Antrag in das Maisfeld seines Chefs bei Luxemburg, Wisconsin. Neben seine Frage - „Stacy, willst du mich heiraten?“ - hatte er zwei miteinander verbundene Herzen gepflügt. Er benötigte ein Jahr Planung für seinen ungewöhnlichen Antrag und 40 Stunden Arbeit mit dem Pflug - da konnte Stacy natürlich nicht ablehnen.

FISCHMAHL

In einem Irish Pub in Boston, Massachusetts, wurde eine Portion Fish&Chips serviert, die aus 15 kg Kabeljaufilet und 20 kg Pommes bestand.

LANGER LUNCH

Einmal im Jahr bereitet das Ehepaar Doug und Helen Turpin einen ganz besonders großen Sonntags-Lunch zu: Sie sind verantwortlich für "The Long Lunch", ein jährliches Grillfest im kanadischen Warkworth, bei dem in der Hauptstraße des Städtchens ein 152 m langer Tisch aufgebaut wird, an dem 1.000 Gäste bewirtet werden, die zum Teil sogar aus Europa anreisen.

BALLON-HÜTE

Im Jahr 2006 füllten 20 Freiwillige in Hillsboro, Oregon, 7.000 Ballons mit Hilfe von Luftpumpen und formten sie zu Hüten! Über 1.800 Teilnehmer posierten mit ihren merkwürdigen Kopfbedeckungen auf der Civic Center Plaza für ein Gruppenfoto.

NEUN-STUNDEN-RAP

Der Rapper Supernatural gab 2006 im kalifornischen San Bernardino einen neun Stunden und zehn Minuten währenden Freestylerap zum Besten! Er erklärte, dass es am schwierigsten war, nicht außer Atem zu geraten und seine Kräfte einzuteilen.

MULTITALENT

Der kleine Kyle Nolte aus Fort Smith, Arkansas, ist ein echter Springstock-Fan! Während er auf dem Gerät herumhüpft, kann er Seilspringen, Baseball spielen und einen Hula-Hoop-Reifen um seine Hüften kreisen lassen.

PFANNKUCHEN-WERFEN

Niemand kann so gut Pfannkuchen wenden wie Dean Gould aus dem englischen Felixstowe. Dean, der auch als Meister in der Kunst des Bierdeckel-Schnipsens bekannt ist, kann einen Pfannkuchen 424-mal in zwei Minuten werfen. Er übte sein Kunststück übrigens mit einem Teller und einem Furzkissen!

HULA, HULA

Betty Shurin aus Aspen, Colorado, lief 2005 in Boulder zehn Kilometer weit - mit einem Hula-Hoop-Reifen auf den Hüften! Dennoch brauchte sie nur eine Stunde, 43 Minuten und elf Sekunden. Shurin, die seit 1998 mit dem Hula-Hoop-Reifen übt, lief in Begleitung ihrer Freunde, die dafür sorgten, dass ihr keine Fehler unterliefen.

GEMEINSAME ZAHNPFLEGE

Im Rahmen eines Wettbewerbs putzten sich am 7.8.2006 um 13:45 Uhr 32.000 Menschen in ganz Neuseeland gleichzeitig die Zähne.

31 BEINE

Im Oktober 2005 liefen 30 Schüler der japanischen Ishii-Higashi-Grundschule in 8,80 Sekunden ein Rennen über 50 m - und zwar 31-beinig!

BEGRENZTE SITZPLÄTZE

Im Juni 2006 gelang es 21 über 18-jährigen malaysischen Studenten, sich in einen Mini Cooper zu quetschen - und das gleich zweimal hintereinander, da das Fernsehteam, das sie aufzeichnen sollte, viel zu spät kam!

RAKETENMANN

Tausende von Zuschauern staunten bei den U.K.-Feuerwerkmeisterschaften 2006 in Plymouth nicht schlecht, als 55.000 Raketen gleichzeitig gezündet wurden! Die Idee stammte von Roy Lowry, der mit Hilfe von 15 sonderangefertigten Rahmen, die mit Zündschnüren versehen und elektrisch entzündet wurden, alle Raketen in einem Zeitraum von nur fünf Sekunden zünden konnte!

SCHOKOLADEN-SKULPTUR

In dem portugiesischen Städtchen Obidos nördlich der Hauptstadt Lissabon erfüllte sich im November 2006 der Traum eines jeden Schokoladenfreundes: Auf dem Schokoladenfestival wurden Schokoladenskulpturen ausgestellt, darunter ein Auto und eine Marilyn-Monroe-Figur!

BALLON-CHICAGO

In Rosemont, Illinois, wurde ein 18 x 26 m großes Bild der Skyline von Chicago ausgestellt, das aus 70.000 Ballons bestand.

MEISTER IM STEINEFLIPPEN

Dougie Isaacs aus Schottland ist der Weltmeister im Steineflippen! 2005 gewann er die Weltmeisterschaft in einem stillgelegten Steinbruch in Argyll. Jeder der 220 Teilnehmer hatte fünf Versuche mit speziellen Schieferplättchen. Der Stein musste mindestens dreimal auf der Wasseroberfläche abprallen, und der Wurf wurde nach der zurückgelegten Strecke beurteilt. Isaacs traf die Rückwand des unter Wasser gesetzten Steinbruchs mit einer Rekordstrecke von 63 m!

Diese atemberaubende Bildmontage zeigt Jeff Clay aus Rossville, Georgia, beim Sprung über ein Auto - und zwar der Länge nach! Clay springt mit derselben Technik wie ein Hindernisläufer und sprang auch schon innerhalb von 38 Minuten über 101 verschiedene Autos, die in einem Stadion aufgebaut waren.

KAMPF IM FLUSS

Schneemobile dienen ja eigentlich der Fortbewegung auf dem Land, aber im Sommer 2006 fuhr Greg Nielsen 95 km weit über Wasser! Bei seinem Wettkampf auf dem Wapitifluss in Kanada hatte er vor allem Schwierigkeiten, das Wasser aus dem Motor zu halten.

NACKTER TEUFEL

Ein nepalesischer Bergführer posierte 2006 auf der Spitze des Mount Everest - und zwar splitterfasernackt! Nachdem Lakpa Tharke den höchsten Berg der Welt erklommen hatte, zog er seine Kleidung trotz der -40°C aus. Drei Minuten lang harrte er aus, damit ihn seine Begleiter, ein 14-köpfiges Expeditionsteam unter der Leitung des Amerikaners Luis Benitez, fotografieren konnten.

SPRITSPARER

Ein Team von Studenten der Ingenieurswissenschaften an der Universität von British Columbia hat ein Fahrzeug entwickelt, das so effizient ist, dass man mit nur 4,50 l Benzin von Vancouver nach Halifax, also einmal quer durch Kanada, fahren kann. In Tests brachte es der Wagen auf 5.060 km pro 4,50 l. Der einzige Nachteil des futuristischen Ein-Mann-Autos ist, dass der Fahrer liegen muss, während er steuert!

SCHNELLER ERFOLG

Jack Kerouac tippte seinen legendären Roman *Unterwegs* in nur 20 Tagen auf eine einzige, 36 m lange Rolle Schreibmaschinenpapier.

STELZENTÄNZER

Im Januar 2006 tanzten 34 Mitglieder der Lieder-Jugendtheatergruppe im australischen Goulburn sechs Minuten und 15 Sekunden lang in einer Reihe - und zwar auf Stelzen!

GEN-MUSIK

Im Jahr 2003 verwandelten der Komponist Richard Krull und die Wissenschaftler Aurora Sanchez Sousa und Fernando Baquero vom Ramon-y-Cajal-Krankenhaus im spanischen Madrid DNA-Sequenzen in Musik, die sie auf CD aufnahmen.

BURGER-MARATHON

Der pensionierte Lehrer Bill Bunyan aus Dodge City, Kansas, machte sich im Juni 2000 auf die Reise, um in allen 105 Counties des Bundesstaates jeweils einen Hamburger zu essen. Er beendete seine Reise erfolgreich im August 2003 in Sterling, wo er gemeinsam mit seinen Freunden seinen 65. Geburtstag feierte. Seine Frau Susan hatte die Gäste eingeladen - mit burgerförmigen Karten!

Flaschen Karten

Der Meistermagier Jamie Grant aus dem kanadischen Vancouver hat niemals jemandem verraten, wie es ihm gelang, ein Päckchen Spielkarten in diese Flasche zu zaubern!

HELLER WAHNSINN

Mark McGowan, der schon ein Jahr lang einen Wasserhahn laufen ließ, um auf das Problem der Wasserverschwendung aufmerksam zu machen, und eine Erdnuss mit der Nase durch ganz London schob, um die hohen Studiengebühren anzuprangern, ließ sich 2006 etwas Neues einfallen: Er ließ ein Jahr lang 100 Glühbirnen leuchten. Die über London und Südengland verteilten Lichter sollten die Menschen auf den immensen Stromverbrauch aufmerksam machen.

KLEBEBALL

Im Juni 2006 stellte der zwölfjährige Schüler Ryan Funk aus dem kanadischen Langley eine Kugel aus Eishockey-Klebeband aus, die 845 kg wog! Das Klebeband war ihm von 19 Eishallen aus ganz Kanada gespendet worden.

ROLLERKETTE

280 Singapurer schnallten sich im August 2006 ihre Rollschuhe an und formten eine lange Inliner-Kette, die sich durch die Straßen von Singapur schlängelte.

Einfach unglaublich!

SCHNELLE RASUR

Im April 2006 rasierten fünf Friseure aus dem kanadischen Sudbury in nur vier Stunden 662 Köpfe!

RISOTTO-BERG

Im Jahr 2004 kochten australische Köche eine 7,50-t-Portion Risotto. Man brauchte Ruderpaddel, um es umzurühren!

DREIBEINIGES RENNEN

Ben Scott und Jo Gittens von der Isle of Man nahmen dreibeinig und als Elfen verkleidet am Londoner Marathon teil! Sie banden sich mit einem Schal zwei ihrer Beine zusammen und schafften die Strecke in beeindruckenden fünf Stunden und 45 Minuten.

LÄRMBELÄSTIGUNG

Der Schlagzeuger der australischen Band Dirty Skanks, Col Hatchman, trommelt so laut, dass er Lärm erzeugt wie ein 30 m entferntes Flugzeug beim Abflug! Im Jahr 2006 erreichte der Mann aus Sydney 137 Dezibel. Großstadtverkehr bringt es übrigens nur auf schlappe 85 Dezibel.

TUNNELBLICK

Der Deutsche Christian Adams spielt Geige, während er Fahrrad fährt - und zwar rückwärts. Er fiedelt seit 1970 und ist schon 60 km weit rückwärts durch einen Tunnel in der Schweiz gefahren, während er Bach spielte.

FEST FÜR PIZZAFREUNDE

Mama Lena's Pizza House in McKee Rocks, Pennsylvania, bietet für umgerechnet € 80 eine Pizza mit einem Durchmesser von 136 cm an, die in 150 Stücke geschnitten wird. Sie besteht aus neun Kilo Teig, 6,80 kg Käse und vier Litern Sauce.

SAHNEKLEID

Der ukrainische Bäcker Valentyn Shtefano kreierte ein essbares Brautkleid für seine Frau. Es besteht aus 1.500 Windbeuteln, wiegt neun Kilo und wurde innerhalb von zwei Monaten angefertigt.

NACHGEFRAGT

ENTFESSELT

Der weltbekannte Entfesselungskünstler David Straightjacket, 29, aus dem englischen Manchester kann sich innerhalb von Minuten aus Zwangsjacken, Handschellen und Seilen befreien. Er gilt als der "Houdini von heute" und behauptet, dass sein Vorbild es ganz schön leicht hatte!

Wann haben Sie Ihr Talent erkannt?

„Als ich sieben war, spielte ich mit meinen Cousins. Wir fesselten uns gegenseitig an Stühle, und ich kam immer als Erster frei."

Wann beschlossen Sie, aus Ihrer Begabung einen Beruf zu machen?

„Mit 13 war ich Marinekadett und verbrachte eine Woche mit den älteren Jungs, die zur Navy gehen wollten. Zwei 18-Jährige ärgerten uns und wollten, dass wir für sie abwaschen. Als ich mich weigerte, fesselten sie mich ans Spülbecken. Zwei Minuten später hatte ich mich befreit und gab ihnen das Seil zurück. Danach haben sie mich in Ruhe gelassen. Damals dachte ich vermutlich zum ersten Mal: ' Das mache ich mal zu meinem Beruf.'"

Welches war Ihr gefährlichstes Kunststück?

„Ich hatte eine Vorführung in China auf einem dunklen, tiefen See. Die Polizei hat mich in einem Boot aufs Wasser gefahren. Ich trug drei Paar Handschellen und zehn Kilo schwere Ketten mit zwei Schlössern. Ich sprang vom Boot, sank auf den vier Meter tiefen Grund und konnte nur 15 cm weit sehen. Es gab keine Sicherheitstaucher - ich musste es einfach alleine schaffen."

Müssen Sie üben?

„Ja, klar! Ich lerne immer Neues über Handschellen und Schlösser und trainiere, während ich fernsehe. Außerdem muss man aber auch ein Naturtalent sein - und dann gibt es natürlich auch noch das eine oder andere Berufsgeheimnis!"

Wie sieht es mit mentalem Training aus? Stimmt es, dass Sie Angst vor geschlossenen Räumen haben?

„Ja, ich bin in der Tat ein echter Klaustrophobiker! Ich übe hart, um entspannen zu können. Wenn man in Panik ausbricht, ist alles vorbei. Unter Wasser habe ich drei Minuten, um mich zu befreien, aber wenn ich Angst bekomme, verbrauche ich den Sauerstoff in nur einer Minute!"

Wie gehen Sie mit Verletzungen um?

„Ich mache einfach weiter. Fünf Tage nach einer Schulteroperation hatte ich eine Vorführung, Barbed Wire, die im Fernsehen übertragen wurde. Meine Brust und mein Arm waren verletzt. In der Maske hatten sie viel damit zu tun, das zu überschminken. Für den Trick wurde ich von Kopf bis Fuß mit Ketten und Stacheldraht eingewickelt und dann an den Füßen aufgehängt."

Sind Sie der "Houdini von heute"?

„Ich fasse das als Kompliment auf, aber es stimmt trotzdem nicht. Houdini brauchte 80 bis 90 Minuten, um sich aus einer Zwangsjacke zu befreien. Er verschwand währenddessen hinter einem Vorhang, und ein Orchester unterhielt das Publikum. Ich brauche allerhöchstens 90 Sekunden, und die Leute langweilen sich trotzdem! Heute sind die Aufmerksamkeitsspannen kürzer - und die Schlösser besser!"

Was haben Sie als Nächstes vor?

„Ich will einige hochriskante Stunts aufführen. Nur ein Tipp: Bei einem spielt das Burj-al-Arab-Gebäude in Dubai eine Rolle, und ich trainiere gerade Fallschirmspringen!"

HONIGFALLE

Denzil St. Clair aus Spencer, Ohio, ließ im Juni 2006 über eine halbe Million Honigbienen auf seinem Körper herumkrabbeln. Er trug eine Maske, die Nase und Mund bedeckte, und eine Schutzbrille. Seine Ohren verschloss er mit Stofftüchern. Dennoch wurde er 30-mal gestochen.

KLEINER EINRADFAHRER

Anders als seine skateboardbegeisterten Freunde hat es dem 15-jährigen Jonny Peacock aus Shalimar, Florida, das Einrad angetan. Er kann auf seinem Rad laufen und es um 360° drehen, auf Campingtische springen und im Zickzack zwischen Pfosten hindurchfahren. Er besitzt fünf verschiedene Einräder, zum Beispiel die "Giraffe", die einen sehr hohen Sattel hat, und das "unmögliche Rad", das über gar keinen Sattel verfügt.

AUS DEM AUGE

Im Jahr 2005 blies Yu Hongqua aus China Kerzen mit seinen Augen aus. Er benutzte dafür eine spezielle Brille mit integrierten Luftschläuchen.

RIESENSCHIRM

Im Oktober 2005 stellte die Firma Sun City Umbrella Industries aus dem chinesischen Jinjiang einen 9,60 m hohen Regenschirm mit einem Durchmesser von 16 m her.

BODYPAINTING

Die Körperkünstler Scott Fray und Madelyn Greco aus Reidsville in North Carolina trugen im Juli 2006 in Sherman, New York, mit Schwämmen ungiftige, abwaschbare Farbe auf 337 Personen - von Kopf bis Fuß. Die Freiwilligen legten sich dann zu einem farbenfrohen Muster hin, das von einem Hubschrauber aus fotografiert wurde.

APFELPFLÜCKER

George Adrian aus Indianapolis, Indiana, pflückte innerhalb von acht Stunden 30.000 Äpfel - das sind 450 kg pro Stunde!

NUDELBAUM

Die Angestellten eines Hotels im thailändischen Bangkok bauten innerhalb von 16 Stunden einen 5,30 m hohen Weihnachtsbaum aus Nudeln, der mit farbigem Zucker dekoriert war.

ECHSENJUNGE

Mukesh Thakore, ein 25-jähriger Inder, hat in den letzten 20 Jahren über 25.000 Eidechsen gegessen! Mit fünf Jahren steckte er sich aus Neugierde das erste Reptil in den Mund. Heute isst Thakore, der als der "Echsenjunge" bekannt ist, täglich bis zu 25 lebende Eidechsen.

HARFENHAUFEN

Insgesamt 45 Harfenisten zwischen fünf und 55 Jahren versammelten sich 2006 in Harlech in Nordwales in einer Burg aus dem 13. Jahrhundert, um ein Konzert zu geben. Noch nie zuvor hatten so viele Harfenisten auf einmal in einer walisischen Burg gespielt.

ZUNGE VERBRANNT!

Ein indischer Schausteller aus Neu-Delhi hält 2006 seine Zunge ins Feuer, ohne sich zu verletzen.

HARTE KERLE

Auf glühenden Kohlen nimmt dieser Mann am Tough-Guy-Wettbewerb 2006 in England teil. Bei dem Wettbewerb werden körperliches und geistiges Durchhaltevermögen auf einem Hindernislauf und einem 13 km langen Überlandrennen getestet. Im Jahr 2006 nahmen 4.515 Personen teil, aber nur 3.235 hielten bis zum Ende durch. Die Zeiten lagen zwischen einer Stunde und 17 Minuten und vier Stunden.

Dieses zweiköpfige Kätzchen hatte zwei Mäuler, zwei Nasen und vier Augen—S. 175

Diese indische Shiva-Statue trank Berichten zufolge zehn Liter Milch—S. 172

Die Kaltblutstute Peggy geht gemeinsam mit ihrem Besitzer regelmäßig ein Gläschen an der Bar des Alexander Hotels trinken—S. 168

GESCHICHTEN, DIE DAS LEBEN SCHREIBT

Cabanas Meerjungfrauen

Der in Florida ansässige Künstler Juan Cabana erschafft fantastische Meerjungfrauen und Seemonster aus den Überresten von Fischen und anderen Tieren.

Er wickelt Fisch- und andere Tierhäute um Rahmen aus Stahl, Plastik und Fiberglas. Für die Hände verwendet er häufig Krokodilskrallen, und die Köpfe bestehen meist aus Affenschädeln. Eine seiner größten Skulpturen, eine 2,10 m lange Meerjungfrau, bestand größtenteils aus dem Körper eines 45-kg-Zackenbarsches. Cabana entwickelte sein Interesse schon vor Jahren, als er auf eBay die Statue einer alten Feejee-Meerjungfrau aus Japan kaufte. "Als ich sie in Händen hielt, spürte ich eine ungekannte Kraft und Energie. Ich beschloss, die Tradition weiterzuführen." Anfangs kopierte er noch die Originale, dann entwickelte er seinen eigenen Stil. Größe und Form seiner Skulpturen variieren je nach Material, das zur Verfügung steht.

"Ich töte keine Tiere. Die Fischhäute bekomme ich hier auf dem Markt, wo sie ansonsten weggeworfen werden. Anfangs habe ich mich vor den Fischhäuten geekelt, aber mittlerweile habe ich mich daran gewöhnt. Ich musste auch die Kunst der Taxidermie erlernen." Er arbeitet bis zu zwei Wochen lang an einer Skulptur. "Meine Statuen sollen nicht frisch und lebendig, sondern alt und mumifiziert wirken, so als ob sie an den Strand gespült worden wären. Für jede Meerjungfrau erfinde ich eine eigene Geschichte, dazu gehört auch, an welchem Strand ich sie angeblich gefunden habe."

Cabana drapiert eine seiner Meerjungfrauen an den Strand, als wäre sie gerade erst angeschwemmt worden.

RIPLEY'S ERKLÄRT

Viele Legenden über Meerjungfrauen sind schon uralt. Die berühmteste Meerjungfrau von allen war Feejee, die der mysteriöse Engländer Dr. J. Griffin 1842 nach New York brachte. Er behauptete, sie wäre von japanischen Fischern gefangen worden. In Wahrheit war Griffin allerdings ein Mitarbeiter des bekannten Schaustellers P. T. Barnum, und die Meerjungfrau bestand aus einem Affenkopf, der an einen Fischschwanz genäht worden war. Dennoch zahlten die Besucher bis zu 25 Cent, um Barnums mysteriöse Seejungfrau zu sehen.

FEUERZEUG

Das Regierungsgebäude im kasachischen Astana, das wegen seiner Form als "Feuerzeug" bekannt ist, stand am 30.5.2006 in Flammen.

HEBRÄISCHE MÜNZE

Nach einem Einkauf in einem Supermarkt in Sumter, South Carolina, fand Lynn Moore eine seltsame Münze in ihrem Wechselgeld. Von einem Experten erfuhr sie, dass es sich um ein Geldstück aus einer alten hebräischen Gesellschaft handelte, das auf 135 n. Chr. geschätzt wurde.

HAMSTERHEIM

Im Mai 2006 verwandelten die Freunde von Luke Trerice als Rache für einen Streich, den er ihnen gespielt hatte, seine Wohnung in Olympia, Washington, in einen riesigen Hamsterkäfig! Sie bauten ein 1,80 m hohes Laufrad auf, bedeckten den Boden mit Zeitungspapierschnipseln und stellten eine riesige Wasserflasche in die Ecke. 2004 hatte Trerice den gesamten Inhalt der Wohnung eines Freundes in Alufolie eingewickelt!

MONOLITH GESUCHT!

Ein 44-jähriger Australier wurde im März 2006 wegen Trunkenheit am Steuer festgenommen, nachdem er die Polizei nach dem Weg zum Uluru gefragt hatte - dabei stand er nur 100 m vom größten Monolithen der Welt entfernt, die Scheinwerfer seines Wagens sogar auf die Sehenswürdigkeit gerichtet! Der Uluru, auch bekannt als Ayers Rock, ragt 340 m hoch über die australische Wüste und hat einen Umfang von 9,60 km.

RIKSCHA-ROBOTER

In den letzten 26 Jahren baute der chinesische Bauer Wu Yulu aus der Nähe von Peking 25 Roboter aus Altmetall, Schrauben, Nägeln und Draht, die er auf Müllhalden gefunden hatte. Einige seiner eisernen Freunde zünden Zigaretten an, andere servieren Tee, und sein neuestes Modell, an dem er ein Jahr lang bastelte, zieht eine Rikscha. Die 1,80 m hohe "humanoide Roboter-Rikscha" hat Augen aus Tischtennisbällen und einen Mund aus einem Schwamm. An der Rikscha befindet sich ein Lenkrad mit Kontrollknopf, über das man die Bewegungen des Roboters steuern kann. Der Roboter, der strombetrieben ist, kann 30 bis 40 Schritte in der Minute gehen, vorwärts und rückwärts laufen und schafft an die acht Kilometer in sechs Stunden.

TEXT KÜRZEN

SELTSAMER LEUCHTTURM

Früher stand mitten auf einer Anwohnerstraße in Niagara Falls, New York, ein Leuchtturm. Im Winter 1933/34 wurde er abgerissen.

NOTLANDUNG

Im September 2006 musste ein Leichtflugzeug auf einer stark genutzten Straße im Herzen der kanadischen Stadt Montreal eine Notlandung hinlegen. Die Maschine der Chessna war ausgefallen, sodass der Pilot vor den Augen verblüffter Zuschauer auf der Parc Avenue, einer Durchfahrtsstraße, landen musste. Wie durch ein Wunder gelang es dem geschickten Piloten, keinen Schaden anzurichten - außer einem Verkehrschild, dass er mit einer Tragfläche umknickte.

VERDÄCHTIG NETT!

Bauern aus der Grenzregion zwischen Texas und Mexiko haben Leitern aufgestellt, damit illegale Immigranten leichter über ihre Zäune klettern können. So wollen sie verhindern, dass regelmäßig Löcher in ihre Zäune geschnitten werden, durch die das Vieh der Bauern ausreisst. Die wenigsten Immigranten nutzen das freundliche Angebot - sie halten es für einen Trick!

MÜNCHHAUSEN-JOGGING

Als sich der 62-jährige Eddie Meadows im Jahr 2006 beim Joggen verirrte, landete er in einem Sumpf, in dem er ganze vier Tage lang steckenblieb! Er überlebte nur, weil er das schlammige Wasser trank! Der Forscher von der Universität von Florida trainierte jeden Nachmittag für den Baltimore-Marathon, indem er eine Runde um den Campus joggte - bis er ein einziges Mal falsch abbog!

VERBRECHERISCHE OMI

Eine 79-Jährige wurde 2006 in Chicago festgenommen, nachdem sie einen bewaffneten Banküberfall begangen hatte. Sie fuchtelte mit einer Spielzeugpistole herum, verlangte € 25.000 in bar und verriet dabei dem Kassierer, dass sie nicht laut sprechen könne, weil sie gerade vom Zahnarzt kam.

KRAKENRINGEN

Eric Morris aus Port Orchard, Washington, ringt regelmäßig mit riesigen Kraken aus dem Pazifik, z. B. bei den jährlichen Weltmeisterschaften im Krakenringen in Tacoma, Washington.

BAUMBÜRO

Davison Design and Development, eine Firma für Produktdesign aus Pittsburgh, Pennsylvania, hat seine Büroräume auf ganz besondere Weise verschönert: Die Angestellten arbeiten in einem Baumhaus, in einem Roboter und in einem Piratenschiff. Das aufwendige Design soll ihre Fantasie anregen. Das Baumhaus besteht aus einem kleinen Wald, den man durch einen Tunnel in einem Baum mit sechs Metern Durchmesser betritt. Nach dem Überqueren einer Wasserbrücke können sich die Angestellten zu dem in einer Höhe von 4,50 m gelegenen „Haus" begeben, von dessen Veranda aus man einen See und einen Wasserfall betrachten kann.

GEISTERHAFTE PROMIS

Ein 33-jähriger Kanadier wurde trotz Trunkenheit am Steuer freigesprochen, weil er überzeugt war, dass die Sängerin Shania Twain ihm beim Fahren half. Der Mann wurde festgenommen, nachdem er durch die Stadt Ottawa gerast war, aber der Richter hielt ihn für nicht verantwortlich, weil der Fahrer unter der Wahnvorstellung litt, dass weibliche Prominente telepathisch mit ihm kommunizierten.

GOLDGRÄBER

Als sein Metalldetektor 2006 in der Nähe seiner Veranda im kalifornischen Montclair ausschlug, fing Henry Mora begeistert an zu graben. Als er nach einigen Metern nicht fündig wurde, der Detektor aber weiterpiepte, grub und grub er - bis das Loch 18 m tief war! Die Polizei musste ihn mit Gewalt von seiner Grube entfernen.

KATZENMÖRDER

Eine Frau aus Miami Gardens in Florida suchte 2005 zwei Tage lang nach ihrer einjährigen Siamkatze, als ihr Sohn im Garten einen vollgefressenen Python fand. Eine Röntgenaufnahme zeigte, dass die Schlange die Katze tatsächlich verspeist hatte.

SCHMELZFLÖTE

Ein schwedisches Orchester, das auf Instrumenten aus Eis spielte, musste 2005 ein Konzert abbrechen, weil der warme Atem eines Flötisten sein Instrument zum Schmelzen gebracht hatte. Tim Linharts schnitzte für die Aufführung in einem großen Iglu in Pitea Flöten, Violinen und einen Kontrabass aus Eis.

ELRITZEN-EI

Dieses Entenei wurde von Biologen der Universität von Manchester in einem kleinen Teich in den französischen Alpen gefunden. Als sie bemerkten, dass sich darin etwas bewegte, öffneten sie die Schale und fanden im Inneren drei lebende kleine Fische. Bis heute ist ihnen nicht klar, wie es die Elritzen in das Ei geschafft haben, da die Schale keine Risse aufwies.

GUTE AUSREDE

Eine 103-jährige Kanadierin wurde von ihren Pflichten als Jurymitglied entbunden, weil die Gerichtsverhandlung gleichzeitig mit ihrem Mittagsschläfchen stattgefunden hätte. Phyllis Perkins aus Saskatoon hatte darum gebeten, weil sie ihren Schlaf brauchte.

LANGE PARKDAUER

William Fogarty aus Norfolk, Virginia, zahlte ein Knöllchen - mit 60 Jahren Verspätung! Der 87-Jährige hatte das Ticket über einen Dollar im Mai 1946 erhalten, fand es aber erst 2006 beim Aufräumen in einer alten Schachtel wieder.

◁ VORGETÄUSCHTER UNFALL

Ein Kalifornier simulierte in seinem eigenen Garten einen Flugzeugabsturz als Halloween-Streich! Unter dem Flugzeugwrack ragten falsche Menschenbeine hervor, und die ganze Szene wirkte so echt, dass sogar die Polizei darauf hereinfiel! Inspiriert von der Fernsehserie *Lost* hatte Steve Chambers die Teile einer G3 Gulfstream aus einer Fabrik in Van Nuys mitgenommen, wo er als Flugzeugmechaniker arbeitet. Er sperrte seinen Garten mit einem gelben Sicherheitsband ab, auf dem stand: "Nicht betreten - laufende Ermittlungen".

WINTER-BLUES

Der Arzt Dr. Alex Bobak verwandelte im Winter 2006 seine Arztpraxis in London in einen Strand, um seinen Patienten etwas Erholung von ihren Winterdepressionen zu bieten.

Das Wartezimmer wurde mit Palmen, Sand und Sonne zu einem karibischen Paradies umgewandelt, in dem die Patienten sich auf Liegestühlen räkeln konnten. Mehrere Lichttherapie-Lampen wurden installiert, um Sonnenlicht zu imitieren.

KRANKE HOCHZEIT

Reverend Don Hoover aus Lincoln, Illinois, traute Janel Hoover und Ed Tibbits in der Notaufnahme des Krankenhauses, in das er nach schweren Beinkrämpfen eingeliefert worden war.

WUTBAR

Im chinesischen Nanjing wurde eine Bar eröffnet, in der gestresste Gäste ihre aufgestaute Wut abbauen können, indem sie die Kellner angreifen, Gläser zerschmeißen und so viel Chaos wie möglich anrichten. In der Rising Sun Anger Release Bar sind 20 starke junge Männer angestellt, die einiges aushalten können!

PFERDEBAR ▷

Die Kaltblutstute Peggy setzt sich mit ihrem Eigentümer Peter Dolan häufig auf ein Glas Bier und eine Portion Kartoffelchips an die Bar des Alexandra Hotels im englischen Jarrow. Lange Zeit band ihr Besitzer sie bei seinen Ausflügen vor dem Eingang fest, aber eines Tages folgte sie ihm einfach hinein.

JEDE MENGE KOHLE

Die Hochzeit von Vanisha Mittal und Amit Bhatia in Paris kostete unglaubliche 48 Millionen Euro! Vanishas Vater Lakshmi Mittal, ein Industriemagnat, mietete die Tuilerien in Versailles und das Schloss von König Ludwig XIV., um seiner Tochter die Hochzeit ihrer Träume zu ermöglichen.

ALLES FÜR PFANNKUCHEN

Ein Bankräuber aus Bensalem, Pennsylvania, entkam 2006 mit einer Beute von € 3.000 aus einer Filiale der Bank of America, wurde dann aber geschnappt, als er anhielt, um sich ein paar Pfannkuchen zu kaufen. Die Polizei erklärte, dass er wohl entkommen wäre, hätte er sich keinen Snack im nahegelegenen Sunrise Diner gegönnt.

DREIKÄSEHOCH

Als der U.S.Navy-Offizier Mike Evans eine Tüte Cheetos öffnete, eine Käsespezialität, die aussieht wie Erdnussflips, fand er zu seiner Überraschung einen Riesencheeto in der Größe einer Zitrone. Er spendete ihn der Stadt Algona in Iowa, wo er nun als Touristenattraktion dient.

HUNDESUPPE

Eine Umfrage aus dem Jahr 2006 ergab, dass einer von drei Hundebesitzern aus Südkorea gerne Boshintangsuppe isst, eine Spezialität aus Hundefleisch, die angeblich das Immunsystem und die Potenz stärkt.

◁ ZWÖLF KRALLEN

Dieser fünf Monate alte Kater namens Bigfoot, der aus Brooklet in Georgia stammt, hat an jeder Vorderpfote sechs Krallen. Seine Eltern hatten ganz normale Pfoten.

WAS FÜR EIN HELD!

Als ein jugendlicher Radfahrer im Juli 2006 in Tucson, Arizona, unter einem Auto eingeklemmt wurde, rettete ihm ein Passant das Leben, indem er das Auto einfach anhob! Der 1,93 m große, 136 kg schwere Tom Boyle stemmte den Chevrolet Cameo mit einer Hand hoch, sodass der Autofahrer den Jungen wegziehen konnte.

KÜCHENFALLE

Ein Tscheche versteckte sich vier Jahre unter den Dielen in der Küche seiner Mutter vor der Polizei. Schließlich erwischte man ihn bei einem Überraschungsbesuch - die Polizei hatte beobachtet, wie er durch eine Falltür im Keller verschwinden wollte.

BESCHWIPSTER SEE

Nach einer Betriebsstörung in einer Destillerie im Juni 2006 hatte der polnische Bracholinskie-See einen Alkoholpegel von bis zu 30 Prozent!

MÖWENSCHAR

Mehrere Hundert Gelbschnabeltaucher, eine möwenähnliche Vogelart, griffen vor der Küste von Alaska über eine halbe Stunde lang ein Fischerboot an. Nach dem Spektakel, das sich am 30.8.2006 ereignete, wurden über 1.600 tote Vögel an der Küste vor der Stadt Unalaska angespült. Gelbschnabeltaucherschwärme können bis zu einer Million Vögel groß sein. Die Tiere fühlen sich häufig von Booten oder Lichtern angezogen.

HOCHZEITSSCHWINDLER

Ein Japaner und seine Frau wurden 2006 zu einer Haftstrafe verurteilt, weil sie fälschlicherweise behauptet hatten, der Mann wäre königlicher Abkunft. Sie hatten 2003 eine protzige Hochzeit veranstaltet, um Geldgeschenke von den ahnungslosen Gästen zu sammeln. Die 61 Gäste hatten ihnen über € 20.000 zukommen lassen!

NAMENLOS

Ein belgisches Paar gab eine Annonce in einer Antwerpener Zeitung auf, weil es sein 15. Kind erwartete und den beiden langsam die Ideen für Namen ausgingen! Brigitte Dillen und Ivo Driessens hatten all ihren Kindern Namen gegeben, die auf "Y" endeten. Nachdem Wendy, Cindy, Jimmy, Brendy, Sonny, Sandy, Purdy, Chardy, Yorry, Yony, Britney, Yenty, Ruby und Xanty vergeben waren, brauchten sie neue Vorschläge.

SCHATZ IM MÜLL

Als Michael Hoskins aus Danville, Virginia, seinen Müll auf einer Deponie ablud, fand er einen Haufen alter Bücher, die jemand weggeworfen hatte. Unter ihnen befand sich eine 188 Jahre alte King-James-Bibel, von der es vermutlich nur noch ein halbes Dutzend Exemplare gibt!

ANLASS GENUTZT

Eine verschmähte Braut aus Lake Champlain, Vermont, stornierte im September 2006 ihre Hochzeitsfeier und funktionierte sie kurzerhand zu einer Wohltätigkeitsveranstaltung um. Nachdem sie herausgefunden hatte, dass ihr Verlobter sie betrog, beschloss Kyle Paxman, etwas Gutes aus ihrer Misere zu machen und lud 125 Frauen zu dem Empfang am Champlainsee ein.

SCHANDE AUF DEM GREEN

Ein Caddie eines Golfplatzes auf Long Island, New York, gewann 2006 einen Gerichtsprozess, bei dem ihm wegen sexueller Belästigung über € 27.000 zugesprochen wurden, nachdem sein Chef ihn verspottet hatte, weil er zwei Golfspiele gegen Frauen verloren hatte.

STILLER HAHN

Im Jahr 2006 verhängte ein schottischer Rat einen Erlass wegen unsozialen Verhaltens gegen einen Hahn, weil er zu laut und zu früh krähte. Da Charlies Weckrufe die von der Weltgesundheitsorganisation festgelegten 30 Dezibel überschritten, erließ die Ratsversammlung, dass sein Besitzer Kenneth Williamson den Vogel zwischen elf Uhr abends und sieben Uhr morgens ruhig halten musste.

DICK-SCHÄDEL

Der Inder Sambhu Roy überlebte einen Unfall mit Starkstrom, bei dem er sich mehrere Verbrennungen am Schädel zuzog. Seine Kopfhaut war vollständig verbrannt, und es wurde berichtet, dass ihm einige Monate später ein Teil seiner Schädelplatte abfiel. Die darunterliegende Schicht des Schädels war aber unverletzt. Neuer Knochen war nachgewachsen und hatte den beschädigten Teil einfach abgestoßen. Sambhu hat den abgefallenen Teil als Trophäe aufbewahrt.

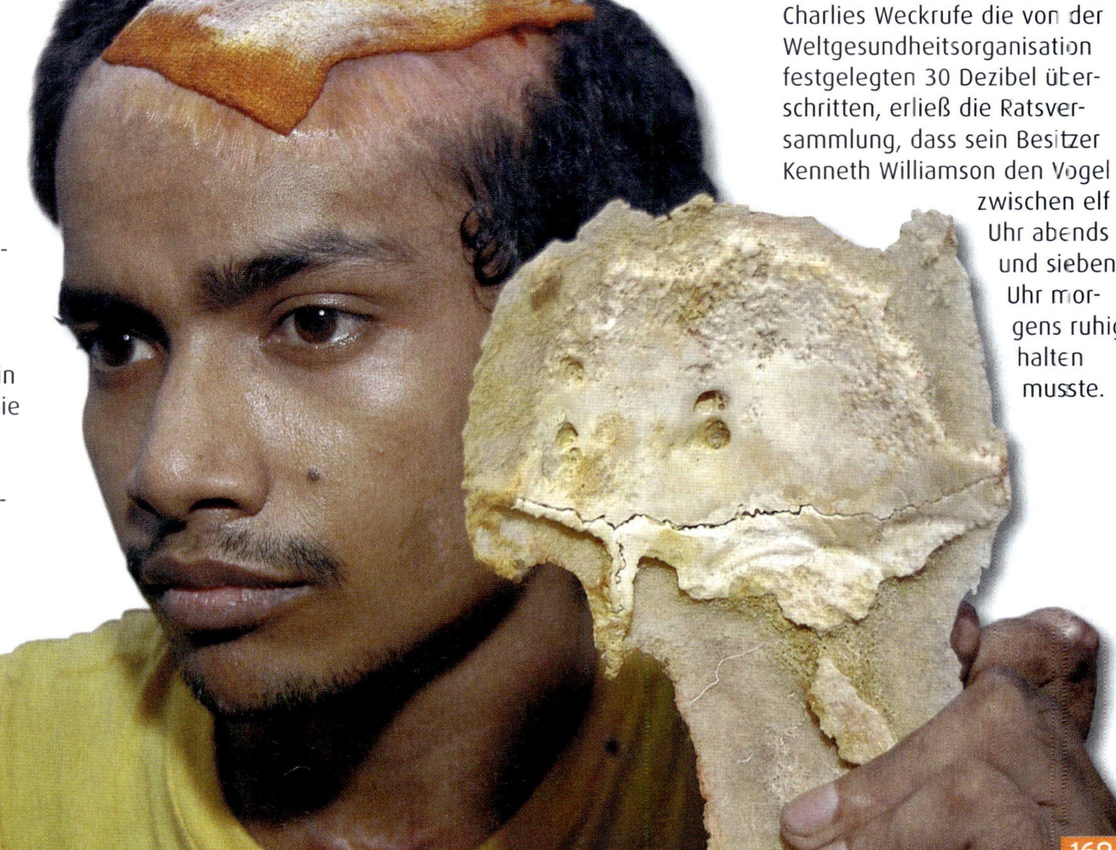

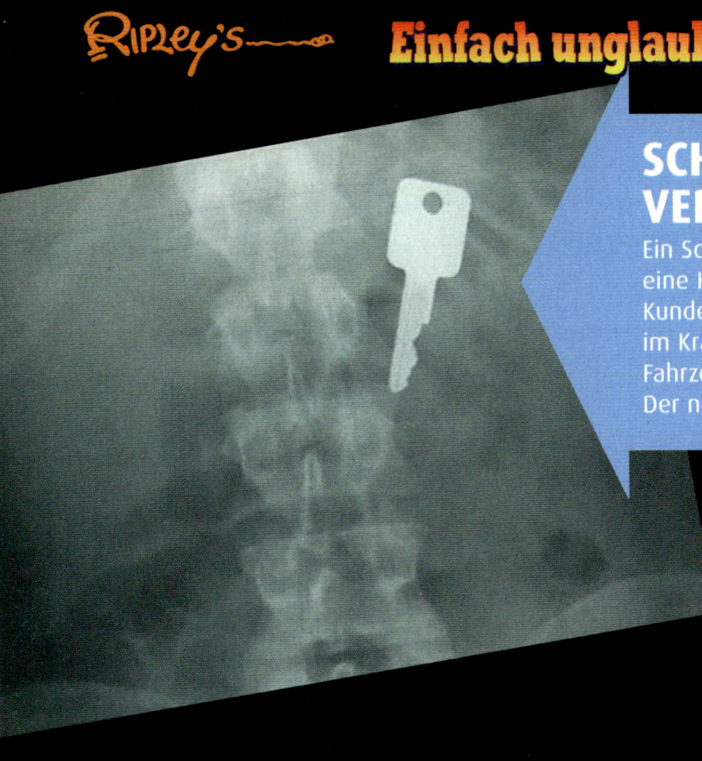

SCHLÜSSEL VERSCHWUNDEN

Ein Schlosser aus North Platte, Nebraska, stellte eine Kopie eines Schlüssels für den Truck eines Kunden anhand der Röntgenaufnahmen her, die im Krankenhaus gemacht wurden, nachdem der Fahrzeughalter den Schlüssel verschluckt hatte. Der neue Schlüssel funktionierte auf Anhieb!

SELTSAME ERNÄHRUNG

R. F. Durga verschluckte all diese Metallgegenstände, darunter auch ein Angelhaken, drei Taschenmesser, fünf Patronenhülsen, 17 Hufnägel, mehrere Münzen und Schlüssel sowie Glasscherben. 1908 wurde er operiert, um die Gegenstände aus seinem Magen zu entfernen.

KUGELMAGEN

Eine 73-jährige Inuitfrau wurde in ein Krankenhaus in Nome, Alaska, eingeliefert, nachdem eine Röntgenaufnahme gezeigt hatte, dass ihr Magen voller Schrotkugeln war. Inuit ernähren sich viel von geschossenem Wild, und oft bleiben im Fleisch Schrotkugeln zurück, die mitgegessen werden.

SPAR(SCH)WEIN

Gigi Florin aus Rumänien wurde in ein Krankenhaus eingeliefert, nachdem er 120 Münzen geschluckt und mit Wein heruntergespült hatte, weil er mit einem Freund gewettet hatte. Er hatte gedacht, dass der Wein bei der Verdauung helfen würde, und war daraufhin kollabiert.

NICHTS MITGEKRIEGT

Ein 62-jähriger Mann aus Mesa, Arizona, wurde im Schlaf angeschossen. Er erfuhr aber erst von dem Vorfall, als drei Tage später eine Röntgenaufnahme die Kugel zeigte.

ALIEN-ENTE

Als im International Bird Rescue Center im kalifornischen Cordelia im Mai 2006 eine verletzte Ente behandelt wurde, zeigte ein Röntgenbild einen Gegenstand im Magen des Vogels, der wie der Kopf von ET aussah. Das Rettungscenter wollte das Bild zu guten Zwecken versteigern.

MESSERSCHLUCKER

Mao Kyan aus dem chinesischen Chengdu steckte acht Monate lang ein 7,60 cm langes Messer in der Kehle. Er hatte es während einer Polizeirazzia in seiner Wohnung verschluckt, weil er Angst hatte, wegen Waffenbesitzes verhaftet zu werden.

REINGEFALLEN

Als der pensionierte polnische Lehrer Leonard Woronowitsch ins Krankenhaus ging, hoffte er eigentlich nur auf eine Packung Schmerztabletten gegen sein Kopfweh, doch stattdessen zog ihm ein Arzt ein 13 cm langes Messer aus dem Schädel! Leonard war in seiner Küche von einem Stuhl gefallen und hatte sich dabei die Klinge in den Kopf gerammt, ohne es zu merken. Er fand nur eine kleine Wunde, auf die er ein Pflaster klebte, und wunderte sich nicht einmal, als er am nächsten Tag sein Küchenmesser nicht finden konnte.

LEBENSRETTER

Ein serbischer Polizist rettete einer alten Dame das Leben, die aus Versehen ihr Gebiss verschluckt hatte, während sie ein Sandwich aß. Der Polizist, der zufällig vorbeikam, dachte erst, sie hätte sich an einem Bissen verschluckt, doch als er ihr Zwerchfell hochdrückte, kam das Gebiss zum Vorschein.

AUSGESCHERT

Die Australierin Pat Skinner bekam einen ordentlichen Schrecken, als sie 2004 dieses Röntgenbild sah. Es zeigt eine Chirurgenschere, die bei einer Operation 18 Monate zuvor in ihrem Körper zurückgelassen worden war.

GOLFSCHLANGE ▷

Diese im Juli 2006 in einem Hühnerstall in Homosassa, Florida, gefundene Gelbe Erdnatter litt an schweren Verdauungsproblemen, nachdem sie einen Golfball verschluckt hatte. Das Reptil wurde in eine Tierklinik in der Stadt gefahren und einer lebensrettenden Operation unterzogen, bei der der unverdauliche Golfball entfernt wurde.

▽ VERGESSEN!

Donald Church aus Lynnwood, Washington, überlebte ein chirurgisches Missgeschick der ganz besonderen Art: In seinem Körper wurde ein 33 cm langer, fünf Zentimeter breiter Retraktor vergessen, eine Klammer, mit der Wunden offengehalten werden.

△ SCHWERE KOPFSCHMERZEN

Isidro Mejia aus Kalifornien mussten sechs Nägel entfernt werden, die ihm 2004 mit einer Nagelpistole in den Kopf und Nacken geschossen wurden. Fünf von ihnen konnten auf der Stelle entfernt werden, der sechste erst, nachdem Isidros Gesicht abgeschwollen war.

ZEITKAPSEL

Im Jahr 2006 wurde eine Flaschenpost geöffnet, die 65 Jahre lang in der Wand in der Quonset Naval Air Station auf Rhode Island verborgen gewesen war. Sie war 1941 verfasst worden, als zwei Schreiner, die einer Zivilwehr angehörten, Militärstützpunkte in der Gegend bauen sollten. Die Botschaft lautete: "Wird diese Flasche jemals die Sonne wiedersehen?"

IN FLAMMEN

Um seiner Freundin seine Liebe zu beweisen, stellte Hannes Pisek auf dem Boden seiner Wohnung im österreichischen Hönigsberg 220 brennende Kerzen zu einem Herz auf. Aber während er seine Freundin von der Arbeit abholte, setzten die Kerzen die Wohnung in Flammen. Hannes verlor nicht nur sein Zuhause, sondern auch die Freundin, die wieder zu ihren Eltern zog.

ZUNGENBLICK

Obwohl er seit seiner Geburt blind ist, kann Mike Ciarciello mit seiner Zunge "sehen". 2006 befestigten Forscher der kanadischen University of Montreal eine kleine Kamera an seiner Stirn, die elektrische Impulse über das, was sie aufzeichnete, zu einer kleinen Elektrode auf seiner Zunge sendete. Mit dem Gerät konnte Mike ohne Blindenstock schwierige Hindernisläufe bewältigen. "Wir haben einfach einen fehlenden Sinn durch einen vorhandenen ersetzt", erklärte der verantwortliche Neuropsychologe Maurice Ptito. "Er kann die Welt jetzt durch seine Zunge wahrnehmen, und er fühlt sich fast, als könne er sehen. Man sieht nicht mit den Augen, man sieht mit dem Gehirn."

△ UND WIEDER FISCH!

Dieses Foto aus dem Jahr 1941 zeigt Adolph Flashner, auch bekannt als "König der Meere", bei einer Portion Fisch. Er verspeiste zum Frühstück, Mittag- und Abendessen Meerestiere und behauptete, niemals in seinem Leben Fleisch gegessen zu haben.

PARKPLATZ-STREITEREIEN

Ein Parkplatzaufseher aus dem brasilianischen Rio de Janeiro wurde 2006 verurteilt, weil er eine Frau nach einem Streit um einen Parkplatz in zwei Teile gesägt hatte. Laut Polizei hatte er die 51-jährige Geschäftsfrau umgebracht, nachdem sie ihren Wagen an einer unerlaubten Stelle geparkt hatte.

SCHLECHT GEPLANT

Zwei Diebe aus Cincinnati, Ohio, stahlen einen 1,40 m breiten Flachbildfernseher aus einem Laden in Middletown und wären vermutlich damit davongekommen - wenn sie ein größeres Fluchtauto gehabt hätten! Stattdessen brausten sie in einem winzigen Mercury Sable davon, dessen Kofferraum offen bleiben musste und die Beute preisgab. Sie wurden schnell von der Polizei gefasst.

◁ MILCH FÜR DIE GÖTTER

Im August 2006 kamen Gläubige aus ganz Nordindien in Hindutempeln zusammen, um den Statuen der Götter Shiva, Ganesh und Durga löffelweise Milch zu verabreichen. Im Shiva-Tempel in Lakhnau hatte die Statue laut Priester Sudhir Mishra ganze zehn Liter Milch getrunken. Wissenschaftler der indischen Regierung erklärten, dass die Milch verschwindet, weil sie von den Statuen absorbiert wird, aber das hinderte die Gläubigen nicht daran, in Scharen zu den Tempeln zu pilgern.

NACHGEFRAGT

KÄMPFERMAGEN

Sonya Thomas ist unter dem Künstlernamen "Schwarze Witwe" als die Königin des amerikanischen Wettessens bekannt geworden. Sie wiegt nur 45 kg, verschlingt aber in zehn Minuten 46 Hacktörtchen, und für 52 hartgekochte Eier braucht sie nur fünf Minuten!

Wann haben Sie das Wettessen für sich entdeckt?

„Ich aß immer schon mehr als andere Leute, und so dachte ich, dass ich Talent haben müsste. Vor drei Jahren qualifizierte ich mich für das alljährliche Wettessen am 4. Juli in Nathans Famous Hot Dogs auf Coney Island in New York. Im Finale verspeiste ich 25 Hotdogs in nur zwölf Minuten - das war der neue Rekord für Frauen."

Haben Sie auch als Kind viel gegessen?

„Ich bin in Südkorea geboren, wo ich auch aufwuchs. Ich kam erst mit 26 nach Amerika. Als Kind habe ich wenig gegessen, weil wir sehr arm waren."

Ist Ihnen nach den Wettessen übel?

„Nein, bei einem durchschnittlichen Wettbewerb esse ich etwa viereinhalb Kilo in zehn bis zwölf Minuten. Davon werde ich nicht satt."

Haben Sie eine besondere Technik?

„Ich mache täglich Aerobik und esse eine sehr große, aber gesunde Mahlzeit. Außerdem trinke ich dazu viel Wasser oder Diät-Cola, meistens um die 20 Gläser, um meinen Magen zu dehnen. Vor den Wettbewerben übe ich, die jeweiligen Nahrungsmittel möglichst schnell zu verschlingen."

Warum nennen Sie sich "Schwarze Witwe"?

„Beim Wettessen sind fast alle Teilnehmer Männer. Die Schwarze Witwe ist eine weibliche Spinne, die ihre Männchen tötet und auffrisst. Je besser ich bei den Wettbewerben wurde, desto häufiger sagten die Männer: 'Wie kann eine so kleine Frau das nur schaffen?' Es hat eine Weile und viele Siege gedauert, bis sie mich respektierten."

Sie sind nur 1,65 m groß und sehr zierlich. Haben Sie eine andere Verdauung als andere?

„Die meisten Vielfraße sind nicht sonderlich schwer. Bei dünnen Leuten wird der Magen nicht von Fettgewebe eingedrückt. Man braucht eine große Speiseröhre, damit das Essen besser rutscht, und einen starken Kiefer zum Kauen. Außerdem muss der Magen natürlich groß sein - in meinen passen neun bis zehn Kilo Essen."

Ist Wettessen gefährlich? Und wie verhindern Sie, dass Sie zunehmen?

„Ich nehme nicht zu, weil ich selten so viel esse. Während der Wettbewerbe kann man sich verschlucken, aber Sportverletzungen gehören doch zu jedem Wettstreit! Außerdem sind immer Sanitäter anwesend."

Was essen Sie bei Wettbewerben am liebsten?

„Austern. Mein Rekord liegt bei 46 Dutzend in zehn Minuten. Meeresfrüchte sind am leichtesten zu essen. Stolz bin ich auch auf fünfeinhalb Kilo Käsekuchen in neun Minuten und 46 Krebstörtchen in zehn Minuten sowie 162 Hähnchenflügel in zwölf Minuten."

Gibt es etwas, das Sie nie essen würden?

„Bis ich 21 war, habe ich kein Fleisch gegessen, und ich mag es noch immer nicht sonderlich - vor allem Schwein. Auch sehr ungewöhnliche Nahrungsmittel wie z. B. Froschschenkel haben es mir nicht angetan. Aber bei Wettkämpfen denke ich nicht an den Geschmack, sondern nur an den Sieg."

Wie lange wollen Sie noch weitermachen, und was wollen Sie als Nächstes essen?

„Ich halte 27 Rekorde und will so lange weitermachen, wie mein Körper es erlaubt. Ich bin Managerin eines Fast-Food-Restaurants, das eignet sich natürlich perfekt für mich! Ich will noch schneller werden und als nächstes Sushi und dann Nudeln ausprobieren - die gehen bestimmt schnell runter!"

▽RING GEFUNDEN

Mrs. Caroline Scufaca aus Canon City, Colorado, verlor 1923 ihren Ehering. 15 Jahre später tauchte er wieder auf - an einer Karotte, die sie in ihrem Garten erntete!

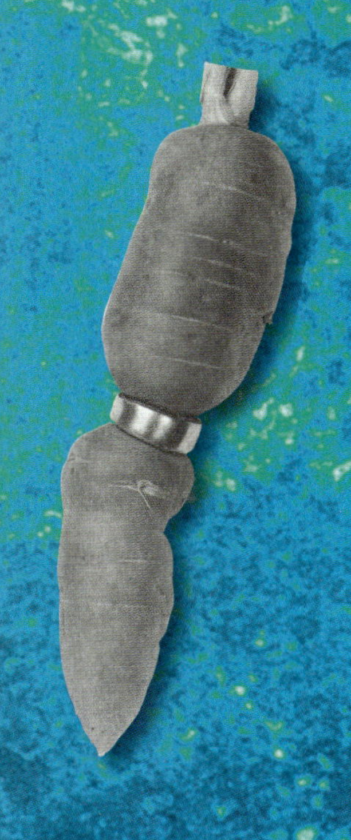

△ BAUMVERPFLANZUNG

Diese 120 Jahre alte Eiche war nur eine von mehreren, die im Frühjahr 2006 ausgegraben und 450 m weiter wieder eingepflanzt wurden. Eine Ladenkette wollte auf dem Land in Auburndale, Florida, eine Filiale eröffnen und musste über € 80.000 investieren, um die Bäume zu verpflanzen, da sie gesetzlich geschützt waren. Dieser Baum war der größte, er wog kolossale 353 Tonnen! Man brauchte sechs Wochen, um ihn auszugraben und umzupflanzen.

STIMMENSÜCHTIG

Ein Japaner wurde 2006 festgenommen, nachdem er 37.760-mal bei der Auskunft angerufen hatte, ohne etwas zu sagen. Er erklärte, dass er die Frauenstimmen so gerne hörte, dass er bis zu 905-mal am Tag anrief.

VERSICHERUNGSANTRAG

Das englische Versicherungsunternehmen Norwich Union wickelte 2006 einen Fall mit einer ihrer Angestellten ab, die sich während der Arbeit verletzt hatte: Linda Riley war über einen Stapel Antragsformulare gestolpert.

SELTSAMER DIEB

Im Mai 2006 stahlen deutsche Diebe eine ganze Achterbahn! Der 20 t schwere Big Dipper, der über € 20.000 wert ist, verschwand von einem LKW, der auf der Fahrt nach Bischofsheim auf einem Parkplatz angehalten hatte!

BAUMBEWOHNER

Ein Inder lebt seit 50 Jahren auf einem Baum, auf den er kletterte, als er sich mit seiner Frau stritt. Gayadhar Parida, 84, gewöhnte sich an das Leben in den Zweigen des Mangobaums. Nachdem sein erstes Baumhaus bei einem Sturm zerstört wurde, musste er umziehen, doch er weigerte sich beharrlich, in sein Haus in Kuligaon zurückzukehren. Er nimmt zwar Essen von seinen Verwandten an, verlässt den Baum aber nur, um Wasser aus einem Pool zu trinken.

ANDENKEN AUS PANDAKOT ▷

Ein Zoo im thailändischen Chiang Mai hat einen neuen Weg gefunden, an etwas Geld zu kommen. Aus den Exkrementen von Riesenpandas wird Papier angefertigt, das dann als Souvenir verkauft wird. Die Pandas fressen vornehmlich Bambus und scheiden bis zu 23 kg Kot pro Tag aus, der vor allem aus Bambuszellstoff besteht, den die Tiere nicht verdauen können. Das Papier wird mit traditionellen Methoden hergestellt.

MÜLLTEPPICH

Eine Hauptstraße in Kalifornien wurde 2006 kurzzeitig gesperrt, nachdem ein LKW, der zehn Tonnen Katzenstreu geladen hatte, seine Ladung verlor. Es dauerte vier Stunden, das Chaos zu entfernen, das sich über zwei Spuren des Golden State Freeway in Sun Valley verteilt hatte.

GUTES TRINKGELD

Für die Kellnerin Cindy Kienow aus Hutchinson, Kansas, zahlte sich die langjährige Freundlichkeit gegenüber einem Stammkunden auf spektakuläre Weise aus: Er hinterließ ihr 2006 ein Trinkgeld von umgerechnet € 8.000 für ein Essen im Wert von € 20! Das sind über 38.000 anstelle der üblichen 10 Prozent!

MISSLUNGENE FÄLSCHUNG

Ein Mann aus dem kanadischen Thunder Bay wurde für die Fälschung eines Rezepts verurteilt. Die Angestellten der Apotheke hielten die Schrift für viel zu leserlich und informierten deswegen die Polizei!

PRIVATES GESCHNATTER

Die Zuschauer einer Talkshow auf CNN konnten 2006 dem Privatgespräch der Nachrichtensprecherin Kyra Phillips lauschen, die auf die Toilette ging und vergaß, ihr Mikrophon auszuschalten. Sie sprach über ihren "leidenschaftlichen" Mann und ihre "kontrollsüchtige" Schwägerin. Sie war laut und klar verständlich und übertönte sogar eine Rede des damaligen US-Präsidenten George W. Bush!

STINKENDE MASSNAHME

Um Eindringlinge aus gesperrten Gebäuden fernzuhalten, nutzt die Verwaltung von Richland County in South Carolina künstlichen Stinktierduft.

BLAMIERTER PILOT

Eine halbe Stunde vor der Landung auf einem Flug von Ottawa nach Winnipeg im Jahr 2006 machte der Pilot eine Toilettenpause - und stellte bei seiner Rückkehr fest, dass er sich aus dem Cockpit ausgesperrt hatte! Nachdem er zehn Minuten lang versucht hatte, die Tür aus den Angeln zu treten, musste die Crew sie schließlich aufschrauben, damit er wieder hineinkam.

SCHRECKLICHES FLATTERN

Die Flucht eines Huhns von einem Hof in Nuberg, South Carolina, richtete 2006 großen Schaden auf einem benachbarten Grundstück an: Sechs Kühe wurden durch das Flügelschlagen des Vogels fast zu Tode erschreckt, trampelten aus ihrem Stall, demolierten das Gebäude und traten mehrere Zaunabschnitte nieder.

GEBURTSTAGSFLUCHT

In Kolašin, Montenegro, brach 2006 ein Gefangener aus dem Gefängnis aus, indem er die Wachen überwältigte und eine drei Meter hohe Wand erklomm - nur weil er seiner Freundin alles Gute zum Geburtstag wünschen wollte! Er ging schnurstracks zu ihrem Haus, teilte seine Grüße mit und stellte sich dann freiwillig der Polizei. Er behauptete, dass er keine andere Wahl gehabt hätte, weil man ihn das Gefängnistelefon nicht benutzen ließ.

JANUSKATZE

Dieses Kätzchen mit zwei Gesichtern wurde im Juli 2006 in Inverness, Florida, geboren. Die kleine Katze wurde von Tierarzt Dr. Wade Phillips untersucht, der erklärte, sie habe zwei Mäuler, die beide funktionsfähig seien, zwei Nasen und vier Augen. Ihre Besitzerin Brandy Conley gab ihr zwei Namen: "Wow", weil das jeder sagte, der die Katze zum ersten Mal sah, und "Alice" nach dem Rockstar Alice Cooper. Leider lebte Wow Alice nicht lange.

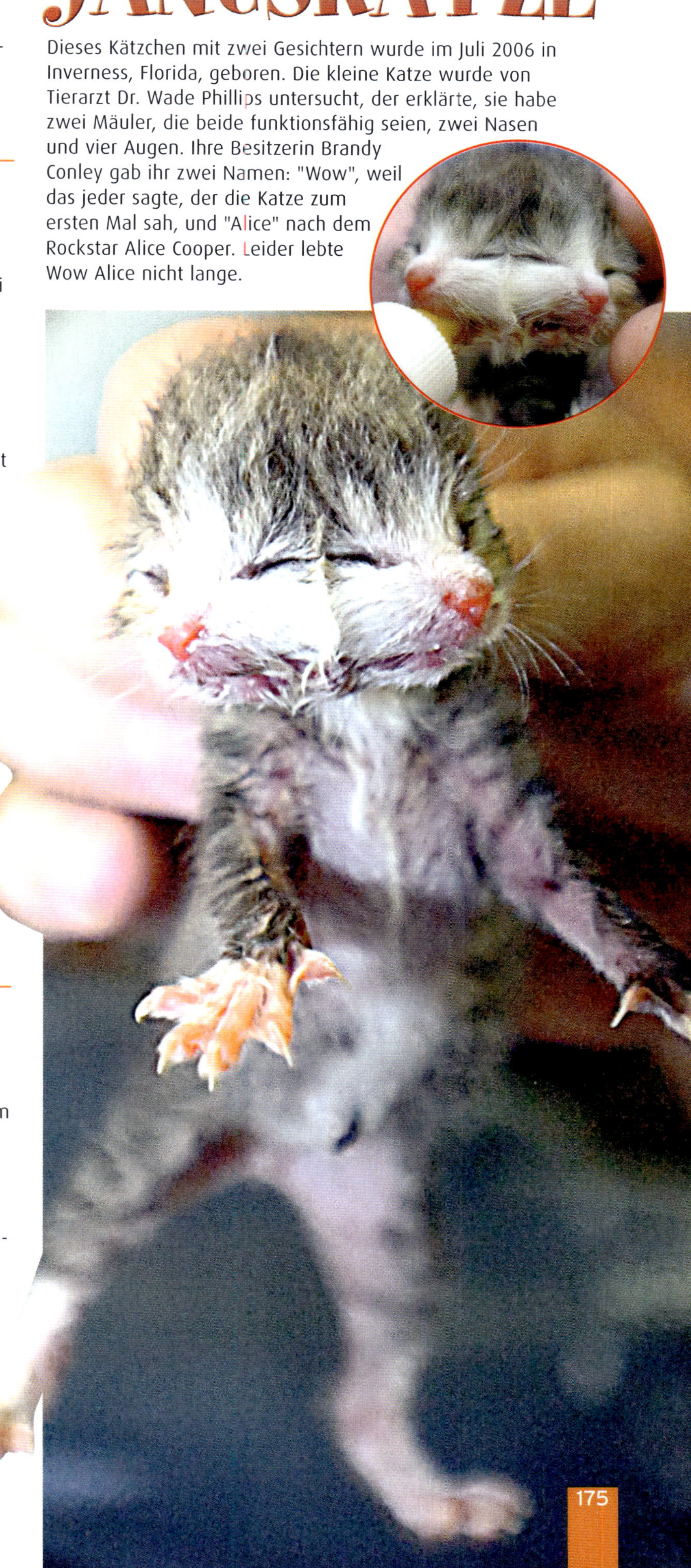

BRIEF-MANIE

Auf der Höhe seines Ruhms erhielt Robert Ripley jede Woche Tausende von Briefen aus der ganzen Welt, in denen ihm eifrige Leser von neuen unglaublichen Geschichten erzählten. Zwischen 1929 und 1931 gaben sich viele der Absender ganz besondere Mühe mit ihren Briefen.

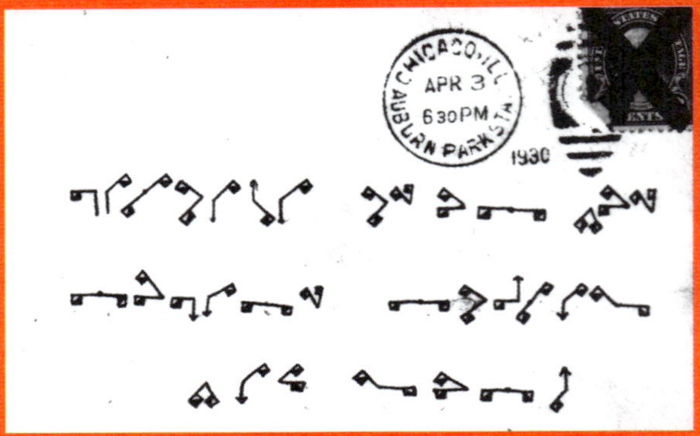

Im April 1930 erklärte das Hauptpostamt, dass die Post keine weiteren codierten Briefe an Ripley weiterleiten würde, da die Briefträger zu lange brauchten, um sie zu dechiffrieren.

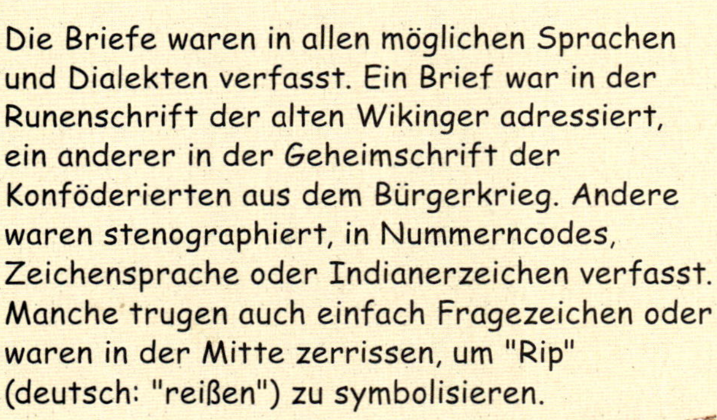

Die Briefe waren in allen möglichen Sprachen und Dialekten verfasst. Ein Brief war in der Runenschrift der alten Wikinger adressiert, ein anderer in der Geheimschrift der Konföderierten aus dem Bürgerkrieg. Andere waren stenographiert, in Nummerncodes, Zeichensprache oder Indianerzeichen verfasst. Manche trugen auch einfach Fragezeichen oder waren in der Mitte zerrissen, um "Rip" (deutsch: "reißen") zu symbolisieren.

ZEITUNGSSÜCHTIG

Feng Yi aus der südchinesischen Stadt Hefei hat über 800.000 Ausgaben 6.000 verschiedener Zeitungen aus der ganzen Welt gesammelt. Er will in seiner Heimatstadt ein Museum eröffnen, in dem er die Zeitungen ausstellt.

VERKAUFTE FRAU

Da er seine Schulden in Höhe von € 2.800 nicht bezahlen konnte, gab ein Rumäne kurzerhand seine Frau ab! Emil Iancu unterzeichnete ein Dokument, in dem er erklärte, dass seine Frau Daniela bei dem älteren Kreditgeber Jozef Justien Lostrie leben würde. Frau Iancu war alles andere als sauer, sie freute sich eher, dass sie nicht mehr hinter ihrem unordentlichen Ehemann herputzen musste.

BETTLER IM GLÜCK

Nachdem sein Heiratsantrag abgelehnt worden war, warf ein wütender Mann den Ring in den Hut eines Bettlers. Der Obdachlose Tim Pockett, der im englischen Shropshire Straßenmusik auf einer Kinderflöte macht, konnte sein Glück kaum fassen, als der diamantbesetzte Weißgoldring zwischen seinen Münzen landete.

VERRÜCKTER PROFESSOR

Im Januar 2006 bot ein gestresster Geschichtsprofessor an einer kanadischen Universität den Studenten seines überfüllten Kurses ein B-minus, etwa eine Drei, wenn sie einfach wieder gingen. Zwanzig der 95 Studenten nahmen an.

GLÜCKSTREFFER

Einem 54-Jährigen wurde bei einem Banküberfall im Februar 2006 im kalifornischen Bakersfield in den Unterleib geschossen. Bei der Operation fanden die Chirurgen auch einen Tumor, der sonst erst später diagnostiziert worden wäre!

TOTE TELEFONIEREN NICHT

Im Jahr 2006 erhielt Yahaya Wahab eine Rechnung von der malaysischen Telekom über 175 Billionen Euro - auf die Nummer ihres verstorbenen Vaters! Nachdem das Unternehmen ihr anfangs mit Konsequenzen gedroht hatte, falls sie nicht innerhalb von zehn Tagen zahlte, gab es schließlich nach und untersuchte die Angelegenheit.

◁ BERÜHMTE TOTE

1960 begann Charles Hasley aus Bowling Green, Kentucky, im Alter von 14 Jahren Todesanzeigen und Artikel über den Tod berühmter Persönlichkeiten zu sammeln. Die meisten seiner Artikel stammen aus Lokalzeitungen, und jeder einzelne ist ein Original.

STREIKENDE MUTTER

Roxanne Toussaint, eine alleinerziehende Mutter aus dem kanadischen London, hatte endgültig die Nase voll von ihren unordentlichen, widerspenstigen Kindern. Im September 2006 erklärte sie, dass sie streiken wolle. Vor ihrem Haus baute sie ein Zelt auf, an dem ein Schild mit der Aufschrift "Mutter im Streik" hing, und verweigerte die Hausarbeit, bis ihre Kinder schriftlich zusicherten, dass sie mehr im Haushalt helfen würden.

ROSAROT ▷

Brumas, ein gesunder neunjähriger Kater aus dem englischen Devon, bekam ganz plötzlich rosafarbenes Fell! Nach einem Spaziergang im Jahr 2005 kam er in seinem neuen "Outfit" nach Hause. Der Tierarzt teilte seinen Besitzern mit, dass der Kater weder vergiftet sei noch gefärbt wurde - der seltsame Fellwandel ist und bleibt sein Geheimnis!

TEURE KÖDER

Nachdem er in einer Bank in Jersey City, New Jersey, über € 3.000 geraubt hatte, lenkte der Dieb im Mai 2006 seine Verfolger ab, indem er 20-Dollar-Scheine fallen ließ. Der Sicherheitsmann hob die über € 1.200 auf, und der Täter konnte entkommen.

SPRACHMÄCHTIG

Obwohl Papua Neuguinea nur 5,50 Millionen Einwohner hat, werden dort etwa 790 verschiedene Sprachen gesprochen, von denen sich viele nicht im Geringsten ähneln.

DRACOREX HOGWARTSIA

Dem Kindermuseum in Indianapolis, Indiana, kam die Ehre zuteil, eine neuentdeckte Dinosauriergattung zu benennen. Sie ließen sich bei der Namensfindung von der berühmten Hogwarts-Schule aus den *Harry-Potter*-Romanen inspirieren.

HOLLÄNDISCHES DILEMMA

Die Polizisten aus dem englischen Bristol mussten im Jahr 2006 Holländisch lernen, weil drei aus Holland importierte Polizeihunde nicht auf englische Befehle hören wollten.

△ FETTER FISCH

Im September 2006 fing Mr. Zhang mehr als erwartet, als er mit seinen Freunden in Shijiazhuang in der chinesischen Provinz Hebei angeln ging. Am Ende seiner Angelschnur baumelte ein 20 cm langer Goldfisch, der einen Taillenumfang von 30 cm hatte! Er wog um die 800 g. Niemand konnte erklären, warum der Fisch so dick war.

HARTE TRITTE

Während der Fußball-WM 2006 wurden zwei Österreicher festgenommen, die in der Umgebung von Berlin zementgefüllte Fußbälle ausgelegt hatten, vor denen Schilder Passanten dazu ermutigten, zuzutreten.

TITANISCHE HOCHZEIT

David Leibovitz und Kimberley Miller aus New York City heirateten in einem Mini-U-Boot auf dem Vorderdeck der gesunkenen *Titanic*.

ZIGARETTENPAUSE

Ein Krankenhauspatient aus Berlin blieb 2006 über drei Tage lang in einem kaputten Fahrstuhl hängen, nachdem er sich für eine Zigarettenpause aus dem Bett gestohlen hatte. Der 68-jährige Karlheinz Schmidt war stark dehydriert, als ihn mit der Reparatur beauftragte Techniker fanden - 80 Stunden, nachdem der Fahrstuhl steckengeblieben war.

Schon entdeckt?

SONDERLIEFERUNG

Ein Huhn namens Elvis legte 2005 ein Ei, in dessen Schale ein "K" wie "King" geprägt war. Der Bauer John Warwick aus dem englischen Wiltshire fragt sich nun, ob der "King of Rock'n'Roll" möglicherweise als Huhn wiedergeboren wurde.

KING AUF TOAST

Maria Morrow staunte nicht schlecht, als sie "Hunk of Burning Love" von Elvis Presley hörte und plötzlich ein Toast mit einem Porträt des Kings aus ihrem Toaster gesprungen kam. Das gesegnete Brot wurde auf einer Kunstmesse für rund € 160 verkauft.

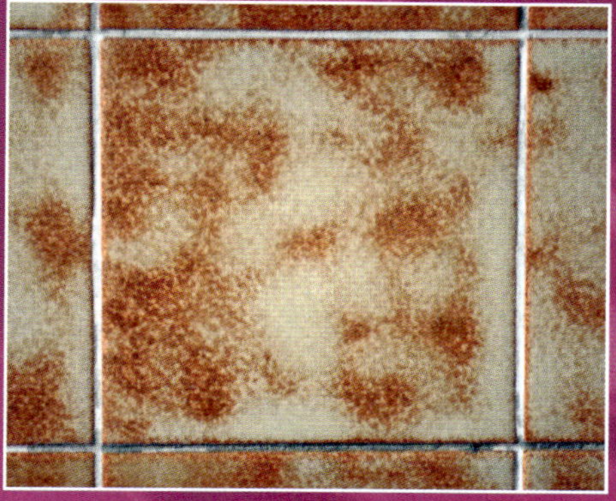

CHRISTLICHE FLIESE

Dieses Bild von Jesus fand die pensionierte Philomena Risat 2005 in ihrem Badezimmer im englischen Essex. Es erschien auf einer der zahlreichen Fliesen.

SPINNEFEIND

Diese Spinne trägt auf ihrem Hinterkopf das Abbild eines menschlichen Gesichtes. Sie wurde im April 2006 in Wujiaqu in Nordwestchina gefunden.

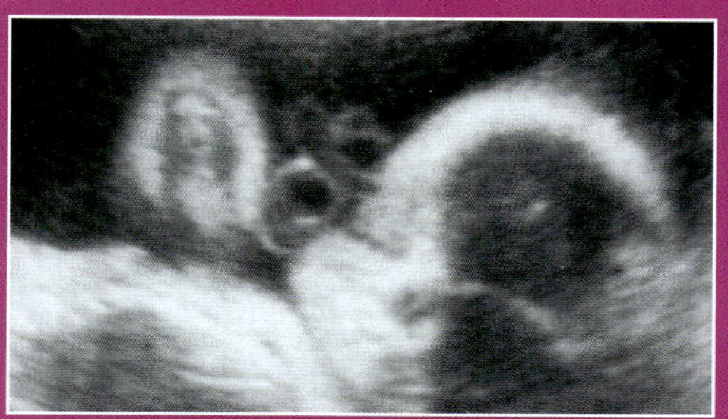

HEILIGER ULTRASCHALL

Als sie das neueste Ultraschallbild ihres ungeborenen Sohnes betrachtete, bemerkte die 20-jährige Laura Turner aus dem englischen Warwickshire dieses Porträt von Jesus Christus.

ROTER HAHN

Dieses natürlich entstandene Bild eines Hahns wurde 2005 in einem Holzblock gefunden, den ein Stuhlmacher aus der chinesischen Provinz Shandong gerade verarbeiten wollte. 2005 war zufällig das Jahr des chinesischen Tierzeichens Hahn!

GALERIE

Ripley's

Einfach unglaublich!

AUF DEN HUND GEKOMMEN

Ruth Regina aus Miami, Florida, führt eine Boutique, in der sie Perücken für Hunde vertreibt! Zu ihren beliebtesten Stücken zählt die "Yappy Hour", ein wuscheliger Lockenkopf, und "Peek a Bow Wow", eine schicke Ponyfrisur, mit der die Hunde dem Filmstar Veronica Lake aus den 1940er Jahren ähneln.

EINFACHE ERKLÄRUNG

Als 2006 plötzlich Wasser aus dem Fundament einer Statue von Papst Johannes Paul II. sprudelte, die in seiner Heimatstadt Wadowitz in Polen stand, kamen Menschen aus dem ganzen Land zusammen, um aus der "Heilquelle" zu trinken. Aber das Wunder wurde schnell erklärt: In die Statue war eine Röhre installiert worden!

TIEFSCHLÄFER

Zwei serbische Tankstellenangestellte schliefen, als in ihrer Nachtschicht im Jahr 2006 Diebe einbrachen und mit einem 317 kg schweren Tresor wieder verschwanden. Die Verbrecher mussten den Safe durch die Wand brechen und aus dem Haus schleifen, aber der Diebstahl wurde erst entdeckt, als die Frühschicht eintraf.

ESSBARE WAFFE

Im Dezember 2004 wurde in Oklahoma ein Mann festgenommen, nachdem er versucht hatte, einen anderen mit einem Schweinekotelett zu erdolchen!

GEISTERFAHRER

Ein Mann aus Tennessee erhielt Knöllchen wegen fünf Verkehrsverstößen - zehn Tage nach seinem Tod!

BLINDER PASSAGIER

Nach einer Reise auf die Philippinen im Jahr 2006 steckte Helga Gurnsteigl aus Nürnberg ihre schmutzige Wäsche in die Maschine und legte den Waschgang ein. Als sie sie wieder herausholte, fand sie eine Grüne Ringelnatter! Das Reptil hatte nicht nur den Flug nach Deutschland, sondern auch den Schleudergang überlebt!

KLEINER RASER

Ein elfjähriger Junge aus Independence, Missouri, schnappte sich den 1995er Chevrolet seiner Eltern und fuhr 322 km weit mit bis zu 137 km/h, ehe ihm das Benzin ausging und er sich versehentlich aus dem Wagen aussperrte.

VERBOHRT

Ein Mann aus dem kanadischen Edmonton skalpierte seine Freundin teilweise, als er versuchte, ihr mit einer Bohrmaschine eine neue Frisur zu verpassen. Er behauptete, seine seltsame Idee aus dem Fernsehen zu haben.

HAUS IM MÜLL

Am Rand des US Highway 301 in Tampa, Florida, wurde der gesamte erste Stock eines Hauses mit drei Schlafzimmern und zwei Bädern auf den Müll geschmissen!

SCHARFE ÜBERRASCHUNG ▽

Sarita Bista aus Westnepal widerlegt die Naturgesetze: Seit drei Jahren wachsen aus einer kleinen Wunde in ihrer Stirn täglich kleine, dreieckige Glasscherben. Die seltsame Zwölfjährige verlor am Anfang häufig das Bewusstsein, ist aber nie zu Schaden gekommen. Ihre verblüfften Ärzte haben nun Wissenschaftler um Rat gefragt.

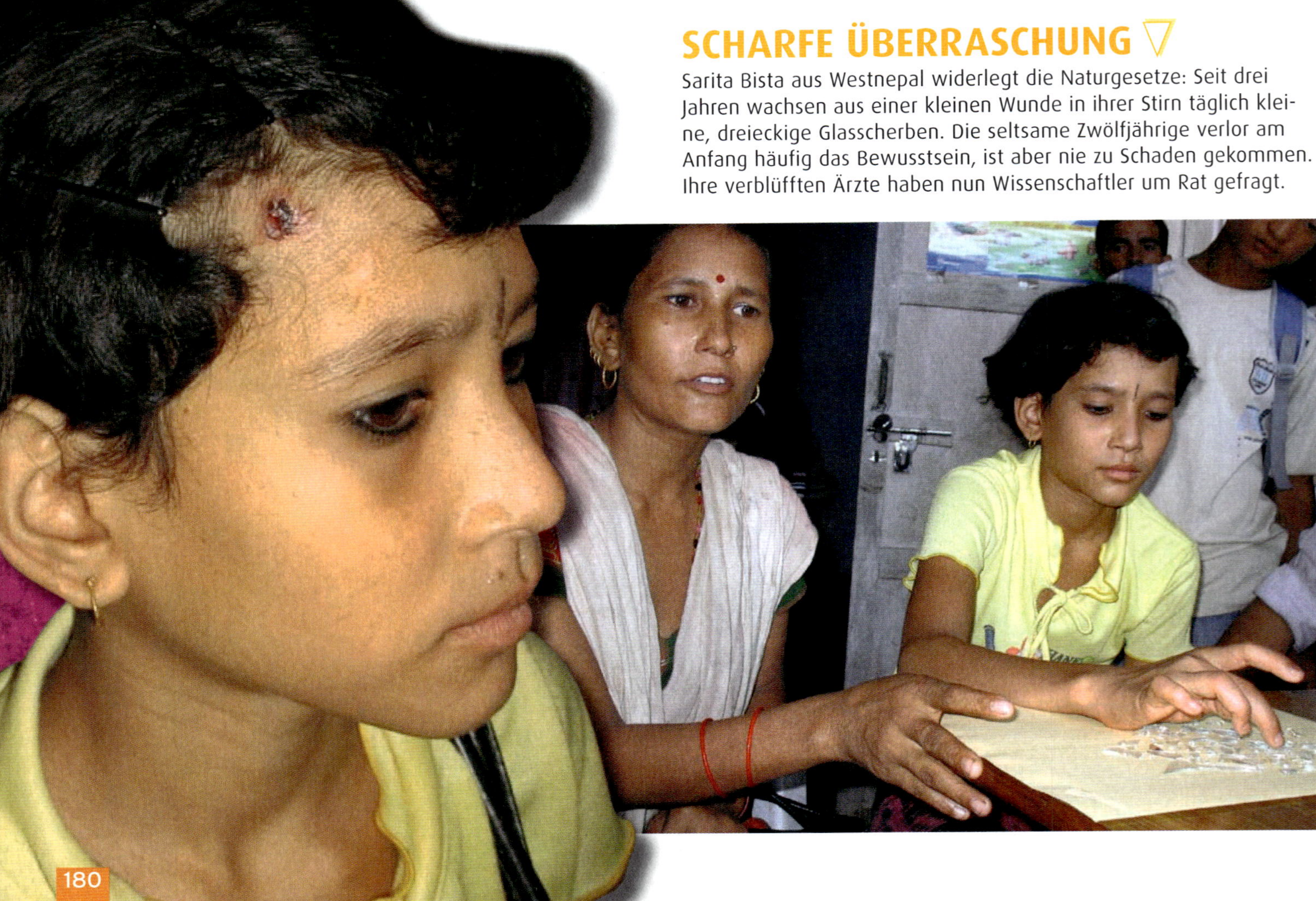

ALTE NUDELN

Im chinesischen Lajia wurden 2005 bei einer archäologischen Ausgrabung Nudeln entdeckt, die etwa 4.000 Jahre alt sind. Anders als moderne Nudeln, die aus Hartweizen bestehen, bestanden diese aus Hirse. Vermutlich wurden sie bei einer Flutkatastrophe "beerdigt".

VERRÄTERISCHER FINGER

Nach seinem Einbruch in ein Freizeitzentrum in Hamburg floh Michael Baumgartner bei Eintreffen der Polizei - aber der Ring an seinem Zeigefinger verhakte sich in einem Metallzaun, und Baumgartner riss sich den Finger ab. Die Polizei fand seinen Fingerabdruck in ihrem Datenbestand und fasste den Schuldigen schnell.

GESUNDHEIT!

Im englischen Greater Manchester brach der Boden eines Büros unter dem Gewicht eines Konferenztisches zusammen, an dem sich gerade 21 Amtsärzte und Sicherheitsoffiziere zusammengesetzt hatten!

DURCHGEPANZERT

Im Jahr 2006 fuhr ein Mann mit einem zwölf Tonnen schweren Panzer durch die historische Altstadt von Königgrätz in der Tschechei - weil er seinen Kindern ein Eis holen wollte! Miroslav Tucek hatte seinen Privatpanzer der Armee abgekauft und musste ihn benutzen, weil sein PKW gerade kaputt war. Zum Laufen war der Weg aber zu weit.

△UNTER DIE HAUT GEGANGEN

Dieses Porträt von Sara Fernandez ist etwas ganz Besonderes, denn es wurde auf chirurgisch entfernte Haut ihrer Mutter gemalt. Angie Hernandez aus Tucson, Arizona, unterzog sich im März 2006 einer Bauchstraffung, und sie beschloss, die Haut zu nutzen. Das 18 x 23 cm große Stück wurde professionell gehärtet, ehe ihr Bruder Reuben das Porträt malte, das vermutlich ewig haltbar ist.

SCHWARZ UND WEISS

Die Chancen für eine Geburt wie diese stehen bei 1.000.000:1 - Alicia und Jasmin Singerl aus dem australischen Queensland sind Zwillinge! Während ihr Vater deutscher Abstammung ist, ist ihre Mutter jamaikanisch–englischer Herkunft. Alicia und Jasmin wurden im Mai 2006 geboren und sind zweieiige Zwillinge. In den meisten Fällen verfügen die Eier von Frauen gemischter Abstammung auch über eine Mischung der Gene für helle und dunkle Hautfarbe. Viel seltener dagegen ist, wenn bei diesen Genen eine Hautfarbe dominiert – und genau dies ist bei Alicia und Jasmin gleich zweimal passiert!

Einfach unglaublich!

Verstaubter Künstler

Der Maler Scott Wade interessiert sich nicht für normale Leinwände. Stattdessen fertigt er Reproduktionen berühmter Gemälde auf dem staubigen Heckfenster seines Mini Cooper an!

Mit Fingern, Pinseln und Eisstielen hat er schon Kopien der "Mona Lisa", van Goghs "Sternennacht" und C.M. Coolidges "A Friend in Need", auf dem Hunde Poker spielen, angefertigt. Scott lebt in einem Haus an einer 2,40 km langen unbefestigten Straße nahe dem texanischen San Marcos, die mit Kalksteinstaub, Kies und Lehm bedeckt ist und einen feinen Schmutzfilm auf dem Auto hinterlässt, wenn

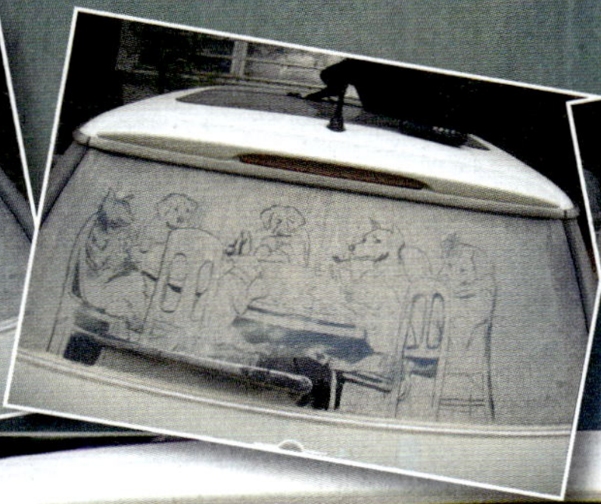

man sie befährt.
Wenn sich genug Staub auf dem Heckfenster gesammelt hat, zeichnet Scott das Bild mit einem Gummistift vor und arbeitet dann mit Pinseln weiter. Schattierungen entstehen durch verschieden dicke Staubschichten. Pro Bild arbeitet er etwa eine Stunde, und häufig nimmt er sich drei Sitzungen Zeit für ein Kunstwerk. Braucht er mehr Staub, fährt er zwischendurch einfach eine kurze Runde über die Straße. Frischer Staub und Morgentau sorgen dafür, dass er regelmäßig neue Bilder malen muss. Scott bedauert es aber kein bisschen, dass seine Staubkunst nicht ewig währt.

Scott fertigt Reproduktionen berühmter Porträts und anderer Kunstwerke auf der Heckscheibe seines Autos an.

GEWICHTIGE PREISE

Im März 2006 begann das deutsche Ostfriesland Hotel, die Preise nach dem Gewicht der Gäste zu berechnen.

LEBENDIG BEGRABEN

Nachdem sich ein 62-jähriger Totengräber aus dem niederländischen Nieuwleusen 2006 aus Versehen selbst begraben hatte, entkam er nur durch Zufall. Ein Autoanhänger, in den er die aufgeworfene Erde geladen hatte, kippte um und entleerte sich in die Grube, in der sich der Mann befand. Zum Glück war ein Kollege zur Stelle, der das Gesicht des Mannes von Erde befreite, sodass er atmen konnte, bis Rettung eintraf.

FALSCHER JUMBO

Ein zwölf Meter langer, 42 t schwerer wasserspeiender mechanischer Elefant brachte im März 2006 den Verkehr von London zum Stillstand. Der Robotergefährte wiegt siebenmal so viel wie ein Afrikanischer Elefant und wurde anlässlich einer viertägigen Straßentheateraufführung von einer französischen Künstlergruppe nach London gebracht. Der Elefant besteht hauptsächlich aus Holz, weist Hunderte beweglicher Teile auf und wurde über Motoren und Hydraulik von über zehn Puppenspielern gelenkt.

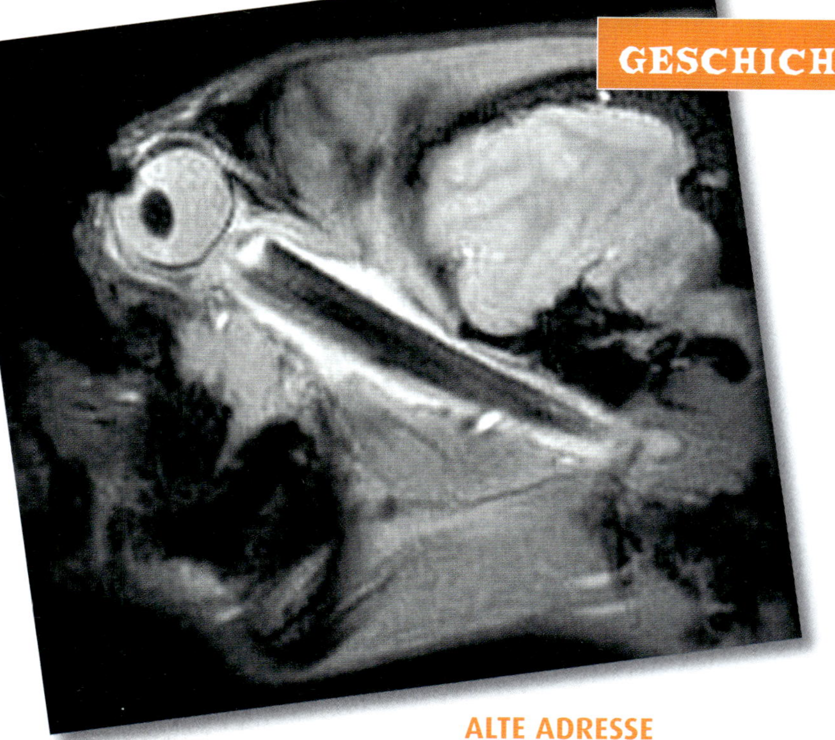

ÜBERLEBT!

Der Weimeraner-Rüde Flint fiel 2006 auf einen acht Zentimeter langen Stock, der sich in sein Gehirn bohrte. Seine Besitzerin Nicky Killeen aus dem englischen Essex bekam den Unfall nicht mit, bemerkte aber, dass sein Auge geschwollen war. Anfangs verschrieb der Tierarzt dem Hund nur Antibiotika und ein Mittel gegen Entzündungen, aber als nichts wirken wollte, wurde Flint geröntgt, und der große Splitter kam endlich zum Vorschein. Er war um Haaresbreite an Flints Arterien, Augapfel, Nerven und Gehirn vorbeigerutscht. Er wurde entfernt, und Flint ist bei bester Gesundheit.

GANZ ECHT!?

Nach dem Anruf eines Parkaufsehers, der eine Geiselnahme meldete, nahm die Polizei von Colorado einige Verdächtige fest, um dann festzustellen, dass es sich um Schauspieler handelte, die einen Krimi drehten! Die Sheriffs von Larimer County führten mehrere Mitglieder der Crew in Handschellen ab und zielten mit dem Gewehr auf den Schauspieler Chris Borden.

KLEINES PUB

Das nur 2,40 x 2,40 m große Pub Signal Box Inn im englischen Cleethorpes eignet sich kaum für große Feiern. In das ehemalige Signalhäuschen passen nur vier Hocker und zwei stehende Gäste.

ALTE ADRESSE

Nachdem Larry Taylor aus Georgia bei einem Raubüberfall in den Kopf geschossen wurde, lief er noch 3,20 km weit, um im Haus seiner Mutter sterben zu können - nur um herauszufinden, dass sie umgezogen war! Larry überlebte wie durch ein Wunder.

VERFOLGUNGSJAGD

Der Fahrer eines gestohlenen BMWs lieferte sich mit der Polizei ein 595 km langes und bis zu 177 km/h schnelles Rennen quer durch Südwestaustralien. Der Dieb hielt erst an, als ihm das Benzin ausging.

FOOTBALLFIEBER

Als die Chicago Bears im September 2006 beim Eröffnungsspiel der Footballsaison die Green Bay Packers 26:0 schlugen, musste Randy Gonigam Möbel im Wert von fast € 250.000 verschenken! Bears-Fan Gonigam, der ein Möbelgeschäft in Illinois besitzt, hatte seinen Kunden für den Fall, dass die Bears gewannen, Möbel bis zu € 8.000 versprochen. Insgesamt 206 Kunden nahmen das Angebot an, und Gonigam war froh, dass er eine entsprechende Versicherung abgeschlossen hatte.

WODKALEITUNG

Im Jahr 2004 schafften Schmuggler Wodka aus dem benachbarten Weißrussland nach Litauen - und zwar durch eine 3,20 km lange Pipeline!

DOSENBERG

Im Jahr 2005 räumte ein Mann aus Ogden, Utah, sein Haus aus, wobei 70.000 leere Bierdosen zum Vorschein kamen, die in acht Jahren Singledasein zusammengekommen waren.

WUNDERSAME GENESUNG

Dosha, eine zehn Monate alte Mischlingshündin aus dem kalifornischen Clearwater, wurde überfahren, angeschossen und eingefroren - und überlebte! Nachdem sie überfahren worden war, wollte ein Polizist sie von ihrem Leid erlösen und schoss ihr in den Kopf. Da man sie für tot hielt, wurde sie in den Kühlschrank eines Tierheims gelegt. Als ein Tierarzt zwei Stunden später die Tür öffnete, sah er die Hündin in ihrem Leichensack stehen - quicklebendig!

2.000 JAHRE △ SPÄTER

Der deutsche Kunststudent Pablo Wendel schmiss sich in Schale, um sich mit 2.000 Jahren Verspätung der Chinesischen Terrakotta-Armee von Xi'an anzuschließen. Seine Uniform passte zu der Kleidung der Soldaten, die im Grab des Kaisers Qin Shihuangdi gefunden wurden, der zwischen 221 und 210 v. Chr. herrschte. Er stahl sich an den Sicherheitsbeamten des Museums vorbei und gesellte sich zu den 2.000 ausgestellten Kriegern. Das Personal brauchte mehrere Minuten, bis sie ihn zwischen seinen steinernen Kameraden ausgemacht hatten!

HEISSE HÖSCHEN

Auf der Flucht nach einem Überfall auf eine Zweigstelle der Bank of America in Tampa, Florida, im Jahr 2006 stopfte sich ein Mann die Beute in seine Hosen. Doch die in den Geldsäcken versteckten Farbsicherungen explodierten mit einer Temperatur von 218°C!

GÖTTLICHES REPTIL

Dieser Alligator, der Michael Wilks aus Salem, Wisconsin, gehört, trägt in seiner Zeichnung die Buchstaben GOD (deutsch: "Gott"). Der Schriftzug wurde sichtbar, als das Tier drei Jahre alt war.

FALSCHER PORSCHE

Greg Good, Fan der Footballmannschaft Carolina Panthers, zieht sich bei den Heimspielen seiner Vorbilder gerne als Katzenmann an. Als er bei einer Verlosung eines Fernsehsenders einen Porsche gewann, musste er aber enttäuscht feststellen, dass es sich nur um ein Spielzeugauto handelte! Als die Produzenten herausfanden, dass ihr Scherz nach hinten losgegangen war, trösteten sie Good mit einem Pick-up.

KLEINE RÄUBER

Im Mai 2006 nahm die Polizei der kanadischen Stadt Vancouver einen 14-jährigen und zwei 13-jährige Jungen wegen sieben Banküberfällen fest!

JACKPOT FÜR OMA

Mit einer ihrer letzten Münzen gewann die Großmutter Josephine Crawford 2006 über acht Millionen Dollar an einem Einarmigen Banditen im Harrah's-Casino in Atlantic City. Noch während die Witwe ihr Glück feierte, erhielt sie vier Heiratsanträge!

AB IN DEN ZWINGER!

Ein älterer Pole wurden von seiner Frau 2006 drei Wochen lang in einen Hundezwinger gesperrt, weil er häufig betrunken nach Hause gekommen war. Der 75-Jährige musste, in eine alte Decke gehüllt, bei eisigen Temperaturen von Hundefutter und Wasser leben. Er wurde erst befreit, als ihn seine Saufkumpane am Stammtisch vermissten und die Polizei verständigten.

IM SCHLAF GESCHIEDEN

Ein Inder wurde im Jahr 2006 angewiesen, seine Frau zu verlassen, nachdem er im Schlaf dreimal "talaq", das arabische Wort für "Ich lasse mich scheiden", gemurmelt hatte.

HUNDEHOCHZEIT

Eine weibliche Dogge und ein Mops-Rüde wurden von der Pastorin Charlotte Richards in der mit Blütenblättern bestreuten Little White Wedding Chapel im Kaufhaus Selfridges in der englischen Hauptstadt London getraut. Bei der Hochzeit im April 2005 trug die Braut einen weißen Spitzenschleier und weiße Manschetten.

ÜBERRASCHENDER FANG

Im August 2005 fing Alan Chaplaski, ein Fischer aus Stonington, Connecticut, beim Krabbenfischen ein 110 m langes Nuklear-U-Boot der US Navy!

EI IM EI ▽

Als der pensionierte Rettungsschwimmer Michael Morris aus dem englischen Cornwall im April 2006 ein ungewöhnlich großes Ei in seine Pfanne schlug, um sich ein Omelett zu machen, war er mehr als nur verblüfft - denn aus dem Ei fiel ein kleineres Ei! Experten erklärten, dass ein Ei im Ei nur ausgesprochen selten vorkommt.

LUFTIGES MENÜ △

Eine Gruppe von 22 belgischen Köchen versuchte sich im April 2006 im Extrem-Essen. In Brüssel ließen sie sich an Rennwagensitze schnallen und genossen ein dreigängiges Menü, während sie in 50 m Höhe von einem Kran hingen.

FREIGEHUNGERT

Ein australischer Gefängnisinsasse nahm 13,60 kg ab, um sich durch eine schmale Lücke in seiner Zelle quetschen zu können! Als er 2003 festgenommen wurde, wog er noch 70 kg, hungerte sich in den folgenden zwei Jahren aber auf 56 kg herunter und entkam durch eine Ritze, die er zwischen Wand und Gitterstäbe seines Zellenfensters gemeißelt hatte.

ALLES IN ROSA

Die Polizisten von Maricopa County, Arizona, begannen 2005 bei Verhaftungen fluoreszierende rosafarbene Handschellen zu benutzen.

FALSCHER TOD

Eine Frau aus Des Moines, Iowa, täuschte ihren eigenen Tod vor, um ihre Parkknöllchen nicht bezahlen zu müssen! Sie schrieb sich selbst eine Todesanzeige, die sie aussehen ließ wie eine Seite von der Website des *Des Moines Register,* und teilte einem Richter in einem gefälschten Brief mit, dass sie bei einem Autounfall ums Leben gekommen sei. Sie wurde geschnappt, als sie einen Monat nach ihrem "Tod" ein weiteres Knöllchen erhielt.

PIZZAHELD

Verkleidet in Umhang und Strumpfhosen seines "Luke-Pie-Rocker"-Superheldenkostüms, das er zum Ausliefern von Pizza trug, verhinderte Cameron Evans aus Minneapolis, Minnesota, im Juni 2006 einen Handtaschenraub.

AUF DEN HUND GEKOMMEN

Im Jahr 2006 ging die Polizei der englischen Stadt Stockton-on-Tees einem bizarren Fall von Diebstahl nach, bei dem einer der beiden Diebe vorgegeben hatte, ein Hund zu sein. Nachdem die Verbrecher in das Haus zweier alter Leute eingebrochen waren, kroch der eine Dieb auf allen vieren herum und bellte wie verrückt, während sich der andere die Handtasche der alten Dame schnappte.

PYTHON-PAKET

Die Postbeamten aus dem deutschen Mechernich staunten nicht schlecht, als sich plötzlich ein 1,50 m langer Python aus einem Paket befreite! Das Paket, auf dem "Vorsicht - zerbrechlich" stand, war in der Postfiliale angenommen und hinten gelagert worden. Doch dann begann es plötzlich, sich zu bewegen.

FALSCHER PELZ

Im Jahr 2004 enthüllte ein Röntgenapparat, dass die mumifizierte Katze, die im Chicagoer Field Museum ausgestellt war, eine 2.500 Jahre alte Fälschung aus Baumwolle und Stöcken war.

SCHWEINE-LEKTIONEN

Karim Tiro von der Xavier University aus Cincinnati, Ohio, gibt einer College-Klasse Lektionen über die Geschichte der Schweine in Amerika.

VIELE FEHLTRITTE

Im Jahr 2003 hatte Alison Graham aus dem kanadischen Halifax innerhalb von wenigen Jahren 229 Parkknöllchen in Höhe von insgesamt € 8.000 angesammelt.

DOOFER PAPA

Troy Stewarts Versuch, die Höhenangst seiner zehnjährigen Tochter zu besiegen, ging nach hinten los! Im September 2006 sprangen beide von einer 4,50 m hohen Brücke in Lantana, Florida, und er brach sich dabei ein Bein. Seine unverletzte Tochter Meagan fuhr mit dem Rad nach Hause, um Hilfe zu holen.

LECKERE BEUTE

Ein flüchtiger Gefangener aus dem Roane County Jail in Tennessee wurde 2005 geschnappt, als er mit vier McDonalds-Burgern versuchte, wieder in das Gefängnis zurückzukehren! Der Mann war nur für kurze Zeit geflüchtet und trug mehrere Flaschen Alkohol, verschreibungspflichtige Medikamente, Kleidung und die Burger bei sich.

SCHWEINESTERBEN

Bei einem Stadtfest im texanischen Texarkana brachen 2006 über 25 kranke oder tote Schweine auf den Bürgersteigen zusammen. Sie hatten offenbar vergifteten Mais gefressen.

DIE SARGKUSCHLERIN

Im Gästezimmer von Kay Grooms Haus im englischen Swaffham steht ein Sarg, in dem sie gerne eine Runde kuscheln geht! Die 42-Jährige besitzt außerdem eine Sammlung von über 300 verzierten Totenschädeln und erklärt, dass sie vom Tod fasziniert ist. Den über € 300 teuren, mit rotem Satin ausgeschlagenen Sarg hat sie sich vor Jahren maßanfertigen lassen. "In diesem Sarg will ich eines Tages beerdigt werden", erklärt sie. "Es ist sehr gemütlich darin, solange der Deckel offen bleibt, denn ich leide an leichter Klaustrophobie. Die Leute halten mich für verrückt, manche auch für eine Hexe, aber ich bin alles andere als das."

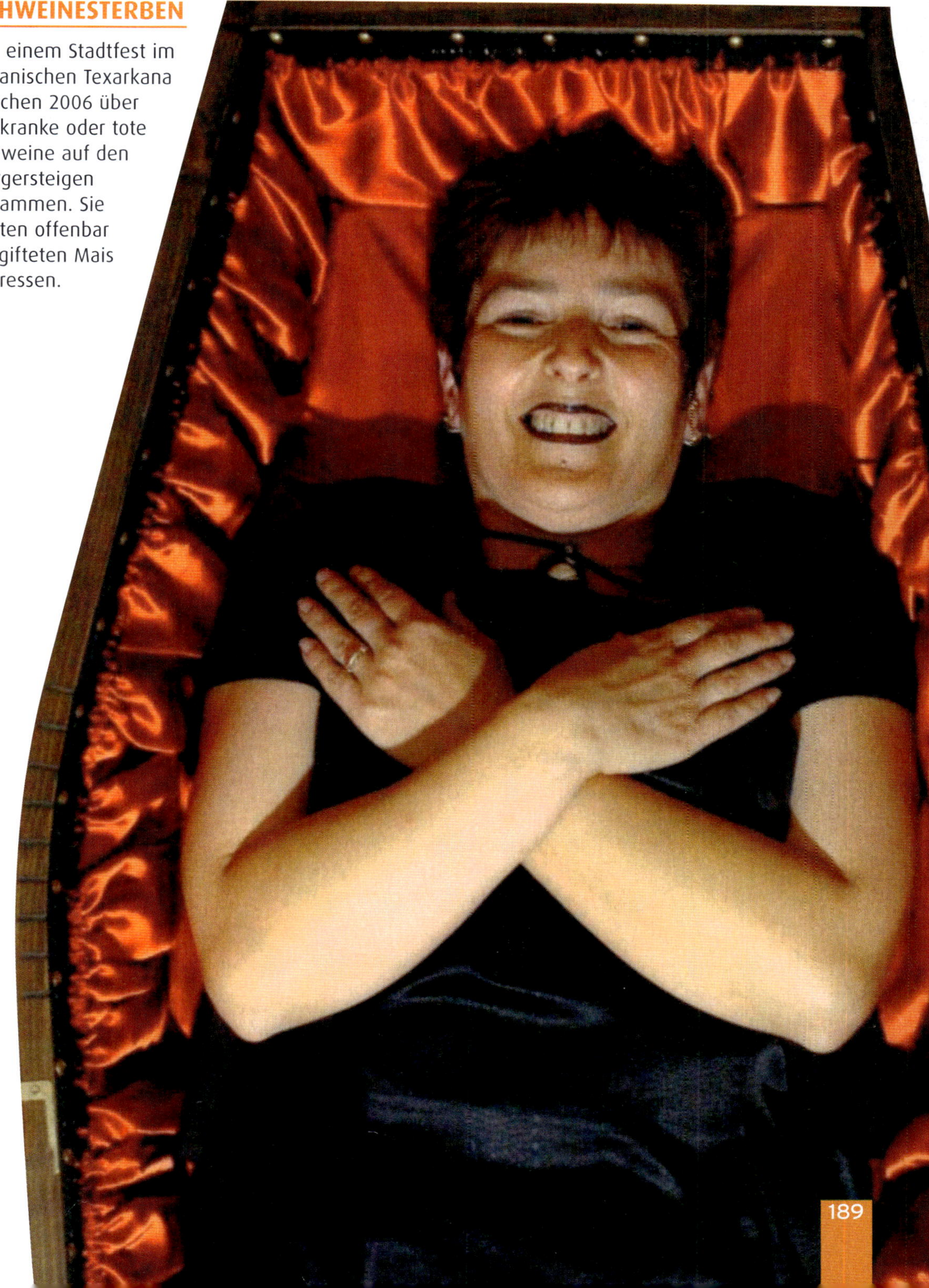

Dieser Mann hat sich ein Seil durch seinen Mund in den Rachen gefädelt und zieht es durch seine Nase wieder heraus—S. 195

David Meca schwamm ohne Unterbrechung in 21,5 Stunden vom spanischen Festland nach Ibiza—S. 202

Beim Wassermelonen-Wettessen gewinnt, wer die größte Menge an Fruchtfleisch verspeisen kann—S. 199

LEGENDÄRE LEISTUNGEN

DER MANN IN DER KUGEL

Der Illusionist David Blaine schreckt vor kaum etwas zurück. Nachdem er 61 Stunden in einem Eisblock verbrachte, 35 Stunden auf einem 27 m hohen Pfosten balancierte und 44 Tage lang in einer Plastikkiste fastete, stellte er im Mai 2006 seinen neuesten Trick vor: Unglaubliche sieben Tage lang hielt er sich in einer mit Wasser gefüllten riesigen Blase auf und hielt dann für atemberaubende neun Minuten die Luft an, während er versuchte, sich aus 68 kg schweren Metallketten zu befreien

"Ich fürchte nur das Unbekannte", erklärte Blaine, ehe er in seine wassergefüllte neue Heimat stieg.

Blaine gab nachher zu, dass seine Zeit in dem riesigen Goldfischglas eine wahre Tortur war, und erzählte, dass seine Muskeln so sehr schmerzten, dass er sich fühlte, als würde er von Tausenden von Nadeln durchbohrt werden.

Blaine trainierte für sein Kunststück bei den U.S. Navy Seals und nahm vorher 23 kg ab, um seinen Sauerstoffverbrauch zu optimieren. In der Woche vor der Herausforderung übte er, die Luft anzuhalten, und gewöhnte sich das Essen fester Nahrungsmittel ab, damit er die 2,40 m große Acrylkugel nicht wegen Toilettengängen verlassen musste.

Hunderte von Neugierigen beobachteten, wie Blaine im Lincoln Center for the Performing Arts in New York City mit Hosen, Gummischuhen und einer speziellen Tauchermaske bekleidet in den Tank stieg. Über Schläuche wurde er mit Sauerstoff und flüssiger Nahrung versorgt. Das Wasser in seinem "menschlichen Aquarium" hatte eine Durchschnittstemperatur von 36°C. Blaine versuchte, während der wochenlangen Darbietung so viel wie möglich zu schlafen. Doch die letzte Aufgabe sprengte selbst Blaines Grenzen: Nachdem er zwei der geplanten neun Minuten lang die Luft angehalten hatte und die Zuschauer dachten, er würde sich erfolgreich aus seinen Ketten befreien, gelang es ihm nicht, seine Fußfesseln zu lösen. Taucher mussten ihn aus dem Becken ziehen. Blaine, der sehr geschwächt aussah und dessen Haut sich abschälte, dankte seinen Helfern und ließ sich direkt in ein Krankenhaus fahren, um seinen Gesundheitszustand untersuchen zu lassen. Lange Aufenthalte im Wasser bergen einige Gefahren, darunter Nervenschäden und Erinnerungslücken. Aber Blaines Hauptbeschwerden waren starke, stechende Hautschmerzen.

Diese Herausforderung war sogar zu groß für Blaine, der nachher zugab: "Noch nie in meinem Leben habe ich bei einem Kunststück solche Schmerzen empfunden!"

DREIFACHER MAGIER

Der amerikanische Magier Matthew J. Cassiere, auch bekannt als Matt the Knife, ist ein wahrer Meister des Feuerschluckens. Außerdem kann er sich in fünf Sekunden aus Handschellen befreien und in unter 19 Sekunden aus einer Zwangsjacke.

STUNT-KID

Im Juli 2006 sprang der zwölfjährige australische Motorradfahrer Tyrone Gilks bei einem Fest in Butte, Montana, zu Ehren der amerikanischen Stuntman-Legende Evel Knievel auf seinem 85-Kubik-Motorrad 51,50 m weit.

MARATHON IM KAJAK

Im Mai 2006 fuhr der 34-jährige Brandon Nelson innerhalb von 24 Stunden 235 km weit mit dem Kajak auf einer Drei-Kilometer-Regattastrecke bei Lakewood, Washington State. Er musste mit starkem Wind kämpfen, sein maßgefertigtes Boot brach, und er musste über 5½ Stunden lang mit einem langsameren Boot fahren, bis es wieder repariert war.

KILOMETERFRESSER

Irvin Gordon von Long Island, New York, ist in seinem 1996er Volvo über 4.023.000 km weit gefahren.

△ ZÄHNE ZEIGEN

Der russische Zahnarzt Igor Tsarik besitzt eine Sammlung von Mini-Statuen, die er selbst aus den gezogenen Zähnen seiner Patienten angefertigt hat.

AUFGEHÄNGT ▽

Johnnie Reick konnte sogar essen und trinken, während er 1930 im kalifornischen Ocean Park eine Stunde, 57 Minuten und 30 Sekunden lang kopfüber hing.

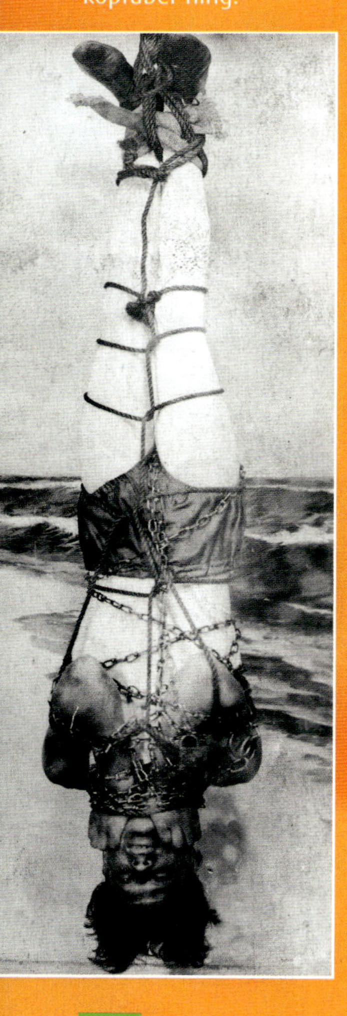

△ AUSBALANCIERT

1934 bat Robert Ripley einen Kontaktmann in Indien, Ausschau nach Schaustellern zu halten, die in seinem Odditorium in Chicago auftreten würden. Dies ist eines der Bilder, die sein Mittelsmann ihm zukommen ließ.

BASE-JUMPER

Stets auf der Suche nach einer neuen Herausforderung, sprang Roger Holmes auf seinem Mountainbike 2006 im englischen Sussex eine 110 m hohe Klippe hinunter - und überlebte! Der 37-jährige Base-Jumper befand sich zwei Sekunden lang im freien Fall, dann öffnete er seinen Fallschirm und landete zwölf Sekunden später am Strand. Base-Jumper springen mit dem Fallschirm aus niedrigen Höhen, z. B. von Hochhäusern, Fernsehtürmen oder Brücken. Holmes hat schon über 250 Sprünge in zehn Ländern absolviert.

GREISEN-BUCK

John Jordan "Buck" O'Neil, der im Oktober 2006 verstarb, spielte im Juli 2006 bei einem Baseballspiel der dritten Liga mit - im Alter von 94 Jahren! Er hatte einen Ein-Tages-Vertrag mit den Kansas City T-Bones unterzeichnet und spielte zum ersten Mal seit 1955. Der ehemalige Spieler und Coach erklärte: "70 Jahre lang habe ich für den Sport gelebt, und jetzt, mit 94, halte ich wieder einen Schläger in der Hand."

SELTSAME REISE

Im Jahr 2006 reiste Roz Gordon mit 73 verschiedenen Verkehrsmitteln durch ganz Großbritannien – von Nord nach Süd! Die 35-jährige Landschaftsfotografin aus Suffolk brauchte sechs Wochen für den 1.870 km weiten Trip vom schottischen John O'Groats bis ins englische Land's End und 183 Etappen. Sie verwendete dabei unter anderem einen Hundeschlitten, einen Springstock, einen Springball, ein Kamel, ein Einrad, ein Gokart, einen Krankenwagen, einen Katamaran, einen Rasenmäher, einen Golfwagen, ein Kanu, einen Gepäckwagen, ein Tretboot, ein Quad, ein Skateboard, ein Dreirad, eine Rikscha, einen Schubkarren und Stelzen. Jedes Fortbewegungsmittel wurde mindestens 100 m und höchstens 80 km weit benutzt. Sie beendete die Reise, indem sie sich Huckepack von ihrem Bruder Phil tragen ließ.

ABGESEILT ▽

Ein chinesischer Stuntman zieht sich über den Rachenraum ein Seil durch Mund und Nase.

SCHMAL GESCHNITTEN

Wu Xizi, ein chinesischer Schlangenmensch, quetscht seinen 1,71 m großen Körper in eine 60 cm lange, 30 cm breite und 40 cm hohe Kiste. Sein Kunststück führte er am 22.5.2006 in Nanjing, Ostchina, vor.

HINTER DEN SIEBEN BERGEN

Als Danielle Fisher 2005 den Mount Everest erklomm, hatte sie den jeweils höchsten Berg auf jedem der sieben Kontinente bestiegen - und dabei war sie erst 20! Die Studentin der Washington State University ist 1,70 m groß und wiegt 59 kg. Sie begann mit 15 zu klettern, als ihr Vater sie auf den Mount Baker im Nordwesten Washingtons mitnahm. Ihr Sieben-Berge-Abenteuer startete im Januar 2003 mit dem Mount Aconcagua in Argentinien, gefolgt vom Kilimandscharo in Tansania, dem Elbrus an der russisch-georgischen Grenze, dem australischen Mount Kosciuszko, dem McKinley in Alaska und dem Vinson-Massiv in der Antarktis.

KLEINE WISSENSCHAFTLERIN

Maya Kaczorowski aus dem kanadischen Hamilton schrieb mit 13 Jahren eine Abhandlung über Kopfschmerzen, die durch Eiscreme verursacht werden. Ihre Arbeit wurde im British Medical Journal veröffentlicht!

IMMER ZURÜCK

Der schweizerische Läufer Rinaldo Inäbnit, 28, gewann im Jahr 2006 einen elf Kilometer langen Lauf über die Schweizer Alpen - den er rückwärts absolvierte! Die neue Sportart "RetroRunning" wird in Europa immer beliebter. Die Athleten müssen vor allem ihr Gehirn darauf vorbereiten, mit der ungewohnten Koordinationsleistung zurechtzukommen. Inäbnit gewann das Rennen mit Hilfe eines Spiegels.

QUER ÜBER LAND

Eine Gruppe von 30 Fahrradfahrern machte sich im August 2006 auf eine achtwöchige Geländefahrt von Providence, Rhode Island, bis nach Seattle, Washington. Sie wollten mit ihrer Aktion Spenden sammeln. Durchschnittlich bewältigten sie auf ihrer 6.115 km langen Reise 121 km am Tag.

TIEFTAUCHER

Im Jahr 2005 unternahm Nuno Gomes, ein 53-jähriger Bauingenieur aus dem südafrikanischen Johannisburg, im Roten Meer einen 318 m tiefen Tauchgang, was der Höhe des Eiffelturms entspricht, Antenne inklusive. "Ich war nahe an den Grenzen des Möglichen", erklärte er, "und ich wusste, dass ich keinen Meter tiefer gehen kann, ohne meinen Leben zu riskieren."

AUF DEN ZAHN GEFÜHLT

Gamini Wasantha Kumara, 39, aus Sri Lanka hebt einen 50 kg schweren Zuckersack mit seinen Zähnen an. Sein Können stellte er bei einem Wettbewerb im Jahr 1999 in Colombo unter Beweis, wo er auch einen 220 t schweren Zug mit den Zähnen zog.

ÖKO-WELTREISE

John und Helen Taylor aus Melbourne, Australien, legten 2006 in ihrem VW Golf 29.129 km in nur 78 Tagen zurück - und verbrauchten dabei lediglich 24 Tankfüllungen! Sie schrieben dies ihrer entspannten und gemäßigten Fahrweise zu.

AUF DER FLUCHT

Der Entfesselungskünstler Thomas Solomon aus Chicago ist den Hochsicherheitstrakten mehrerer Gefängnisse in den USA und Großbritannien entkommen. Außerdem knackte er einen verschlossenen Banksafe aus Titan, der sich neun Meter unter Wasser befand, und befreite sich am Grund des Hudson aus einer neun Kilo schweren Fußfessel. Handschellen und Zwangsjacken sind für ihn gar kein Thema.

PANDA-PORTRÄT

Mit einem Hasenhaar als Pinsel malte Jin Yin Hua zehn Tage lang an diesem Bild eines Pandabären, das sich auf einer menschlichen Haarsträhne befindet. Seine Kunst ist so winzig, dass die Besucher der Kunstgalerie in China durch ein Mikroskop schauen mussten. Der New Yorker Mikro-Künstler malt auch Porträts von Menschen auf Haare, zum Beispiel den König von Brunei oder Charlie Chaplin.

KLEINES MONSTER

Dem britischen Rallye-Champion Stefan Attart war sein Smart einfach zu langweilig - also baute er ihn in ein beeindruckendes Allradantrieb-Geländefahrzeug um. Das Untergestell ist nun 368 cm hoch und wird von 66-cm-Felgen gestützt, die einen Durchmesser von 140 cm haben. Der kleine Smart ist insgesamt 3,70 m hoch. Ein Sechszylinder-Dieselmotor mit 5.675 Kubik sorgt für den nötigen Schwung.

NAMENSSUCHE

Im Jahr 2005 reiste die britische Künstlerin Shelley Jacobs quer durch Großbritannien, um alle 288 Straßen zu besuchen, die den Namen "Shelley" tragen. Sie fuhr Tausende von Kilometern weit, um alle Straßenschilder zu fotografieren, und will ihre Suche nun auf andere Länder ausdehnen.

MAN IST NIE ZU ALT

Der 67-jährige Edward Nelson aus Jacksonville, Florida, macht Klimmzüge mit einer 20 kg schweren Scheibe an seinem Bauch.

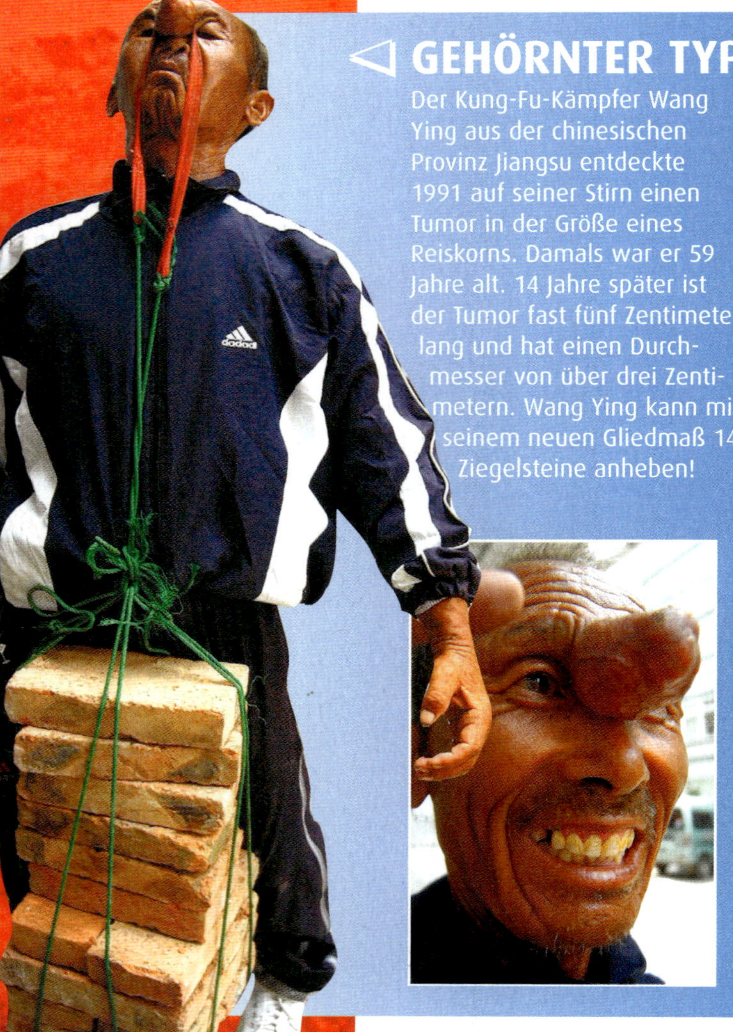

GEHÖRNTER TYP

Der Kung-Fu-Kämpfer Wang Ying aus der chinesischen Provinz Jiangsu entdeckte 1991 auf seiner Stirn einen Tumor in der Größe eines Reiskorns. Damals war er 59 Jahre alt. 14 Jahre später ist der Tumor fast fünf Zentimeter lang und hat einen Durchmesser von über drei Zentimetern. Wang Ying kann mit seinem neuen Gliedmaß 14 Ziegelsteine anheben!

WAS FÜR EIN SCHLAG!

Der erst 17 Jahre alte Wade Goldberg aus Texas kann einen Golfball beachtliche 376 m weit schlagen! Zum ersten Mal gelang ihm eine solche Distanz, die länger ist als vier Fußballfelder, bei einem Junioren-Wettbewerb im Weitschlagen im Jahr 2006.

FREUDENSPRUNG

Zur Feier ihres 90. Geburtstags sprang die Engländerin Mary Armstrong aus 3.660 m Höhe aus einem Flugzeug. Die neunfache Urgroßmutter wagte ihren ersten Fallschirmsprung mit 87 Jahren und hofft, auch ihren 100. Geburtstag auf diese Weise feiern zu können.

BLINDES VERTRAUEN

Der Südafrikaner Hein Wagner nahm 2006 an einem 40 km langen Fahrradrennen teil - obwohl er blind ist! Er fuhr hinter einem Freund her, an dessen Rad ein Lautsprecher befestigt war, der Wagner den Weg wies. Und so konnte er das anstrengende Construction-du-Cap-Ninety-Niner-Rennen rund um Durbanville in unter zwei Stunden bewältigen.

IN HÖCHSTEN TÖNEN

Landschaftspfleger, die im Mai 2006 den höchsten Berg Großbritanniens von Müll befreien sollten, entdeckten erstaunt ein 103 kg schweres Klavier auf der Bergspitze! Das Instrument lag seit 35 Jahren auf dem 1.344 m hohen schottischen Ben Nevis, auf den es Strongman Kenny Campbell 1971 getragen hatte.

HELD OHNE BEINE

Ein Neuseeländer, der aufgrund von Erfrierungen beide Beine verloren hatte, erklomm 2006 den Mount Everest! Der 47-jährige Mark Inglis erreichte die Spitze des höchsten Berges der Welt nach 40 Tagen, obwohl auf dem Weg eine seiner Karbon-Prothesen zerbrach und er sie reparieren musste. Zum Glück hatte er für den Notfall Ersatzprothesen dabei. Inglis hatte seine Beine bei der Besteigung des höchsten Berges Neuseelands, des Mount Cook, im Jahr 1982 verloren, als er von einem Sturm überrascht wurde.

Total verfressen!

GALERIE

SCHWEINEFETT

Bei einem Wettessen in der Ukraine verspeiste der Teilnehmer Volodimir Stregalin ein Kilo Schweinefett!

SHRIMPS GEFÄLLIG?

Der Gewinner des Meersfrüchte-Wettessens in China im August 2005 verschlang 18 fleischige Fangschreckenkrebse!

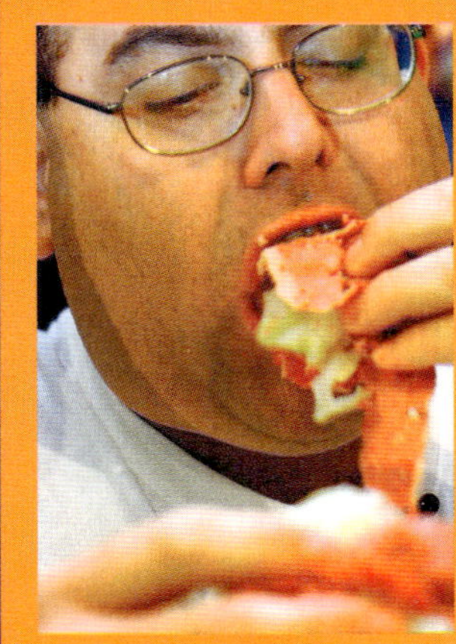

CORNED BEEF MIT KOHL

Ed "Cookie" Jarvis aus New York gewann ein Wettessen, indem er 2,70 kg Corned Beef mit Kohl aß!

MANGO MHHH!

Die einzige Regel beim Mango-Wettessen ist die Fähigkeit, drei Kilo Mangos in nur drei Minuten zu verschlingen.

BEFLÜGELT

Die Teilnehmer des Hühnchenflügel-Wettessens in Philadelphia, Pennsylvania, aßen 2005 bis zu 4,50 kg am Stück!

MELONEN-DINNER

Wer innerhalb einer vorgegebenen Zeitspanne am meisten von den Wassermelonen essen kann, gewinnt das Wettessen in der chinesischen Stadt Zhengzhou.

ABENTEUER IM ROLLSTUHL

Tyler Deith aus dem kanadischen Muskoka sucht stets nach neuen Extremen - und zwar im Rollstuhl! Seit einem Motorradunfall im Jahr 2002 ist er von der Hüfte abwärts gelähmt. Er ließ sich in seinem Rollstuhl schon mit 80 km/h von einem Auto hinterherziehen oder hängte sich an fahrende Busse. Außerdem legt er mit seinem Rollstuhl auf Skateboardrampen atemberaubende Stunts hin.

DER HAT 'NEN KNALL

Bei der Abschiedsshow der internationalen Pyrotechnikerversammlung im Jahr 2006 bei Kaukana in Wisconsin drückte Dave Carlson einen Knopf, der 9,80 Millionen Feuerwerkskörper zündete!

KAJAK-KAREN

Karen Richardson aus Florida reiste 2.816 km weit im Kajak nach Nashuam, New Hampshire.

EIERTANZ ▷

Im Jahr 2005 spazierte Zhang Xingquan aus der nordostchinesischen Provinz Jilin über rohe Eier und zog dabei an seinem Ohr einen PKW hinter sich her. Keines der Eier zerbrach!

FLUGZUG

Der britische Strongman Dave Gauder zog einst eine 101 t schwere Concorde zwölf Meter weit über das Rollfeld des Londoner Flughafens Heathrow. Außerdem hielt er mit bloßen Händen zwei Piper Cherokee 180 vom Start ab und hob einen 1.896 kg schweren Volvo-Combi an!

AUGENAUFSCHLAG

Ashok Verma aus dem indischen Agra kann mit seinen Wimpern schwere Gegenstände hochheben! Mit einem an seinen Wimpern befestigten Faden hob er zwei 1,50 l Colaflaschen an und behauptet, dass er auf diese Weise sogar einen 36 kg schweren Stein tragen kann. Sein Ziel ist es, mit seinen Wimpern ein Auto hinter sich herzuziehen.

RENN-BAGGER

Ein JCB-Motor dient normalerweise dazu, einen Bagger anzutreiben, aber im August 2006 hat ein turboverstärkter JBC einen Rennwagen auf 563 km/h beschleunigt! Der British JBC Dieselmax, der in Bonneville Salt Flats, Utah, von Oberstleutnant Andy Green ausprobiert wurde, hat sechs Gänge und beschleunigt im ersten auf 177 km/h. Bei 435 km/h schaltet man in den dritten Gang. Mit einem Fallschirm wird das Fahrzeug abgebremst.

KLEINER JONGLEUR

Der elfjährige Ungar Bence Kollar jonglierte 2006 in einer Bar in Budapest unfassbare 2.214-mal mit einem Fußball, ohne einmal den Boden zu berühren.

△ VERRÜCKTER UNFALL

Passanten einer Straße in Berlin staunten nicht schlecht, als sie im Juli 2005 diesen ungewöhnlichen Autostapel erblickten, der fast wie ein Kunstwerk aussah! Dabei war er einfach auf unachtsames Fahren zurückzuführen. Der gelbe VW Käfer war dem Audi ins Heck gefahren und hatte es irgendwie geschafft, sich unter den schweren Wagen zu schieben!

LEBENDER ROBOTER

Eine amerikanische Firma hat Roboter entwickelt, die sich wie Menschen benehmen! Ihre Mimik kann menschliche Gefühle ausdrücken, sie können Blickkontakt herstellen, Gesichter erkennen und sich unterhalten! Einer dieser Roboter, der von David Hanson von der University of Texas entwickelt wurde, beherrscht 28 verschiedene Gesichtsausdrücke, darunter Lächeln, Spötteln, Stirnrunzeln und das Heben der Brauen.

IN DEN SATTEL!

Gary Eagan reiste in 101 Stunden 9.064 km weit von Alaska nach Florida - mit dem Motorrad! Er setzte damit einen neuen Rekord, der ihm von der Iron Butt Association (deutsch: "Vereinigung der stählernen Hintern") bestätigt wurde.

BRÜCKENSPRUNG

Im Juli 2006 sprang Dan Schilling, der Captain der Nationalgarde von Oregon, innerhalb von 24 Stunden 201-mal mit einem Fallschirm von einer 148 m hohen Brücke über den Snake River Canyon bei Twin Falls, Idaho. Der 43-jährige Basejumper sprang sogar weiter, nachdem er sich das Handgelenk gebrochen hatte! Bei seiner Herausforderung standen ihm 40 Assistenten zur Seite, von denen allein 15 dafür verantwortlich waren, seine Fallschirme zusammenzulegen. Schilling gab nachher zu: "Bei jedem Sprung liegen nur zwei Sekunden zwischen Leben und Tod."

WEITE REISE

Mit einem Schlittenhundegespann und einem maßgefertigten Dreirad für Erwachsene durchquerte Linda Fair innerhalb von vier Jahren Kanada einmal von Küste zu Küste.

FREIER FALL

Insgesamt 400 Fallschirmspringer aus 31 Ländern gaben im Februar 2006 Hand in Hand eine Formation im freien Fall über Thailand zum Besten.

GEFANGEN!

Eine 25-jährige Chinesin lebte im Frühling 2006 eine Woche lang mit 300 Vögeln in einem Käfig. Der 3,70 m hoch in der Luft hängende Käfig war mit einem Bett und einem PC ausgestattet. Indem sie das Leid der Käfigvögel durchmachte, wollte sie das Interesse am Naturschutz steigern.

VORBEIGEZOGEN

Obwohl er auf dem Highway auf 2,40 km starkem Berufsverkehr ausweichen musste, holte der Marathonläufer Steve Moneghetti im Juni 2006 einen Pendlerzug im australischen Sydney ein!

BALEAREN-SCHWIMMER △

Der spanische Weitstreckenschwimmer David Meca erreichte am 5.1.2006 San Antonio auf Ibiza, nachdem er 21,50 Stunden lang ununterbrochen von Javea auf dem spanischen Festland aus 110 km weit geschwommen war. Auf seinem Weg musste er sich mehrmals übergeben und geriet in einen Quallenschwarm.

MUTIGER KLETTERER

Obwohl er seit einem Unfall beim Bergsteigen gelähmt ist, hat Mark Wellman aus dem kalifornischen Truckee den Aufstieg über die Granitwände von El Captain und Half Dome im Yosemite-Nationalpark bewältigt! Der talentierte Rollstuhlathlet war auch der erste Gelähmte, der in einem Sitzski ohne Hilfe die Gebirgskette in der Sierra Nevada hinabfuhr!

KEGELWAHN

Im Juni 2006 kegelte der 40-jährige Dave Wilson aus Mason, Ohio, 102 Stunden lang ohne Unterbrechung durch - das sind vier Tage und Nächte!

◁ WASSERSCHLACHT

Im April 2006 lieferten sich 2.921 Menschen im australischen Sydney mit Wasserballons im Wert von € 4.000 eine Massenschlacht, die es in sich hatte!

EPISCHE WANDERUNG

Der Kanadier Jean Béliveau hat gerade einmal drei Viertel seiner zwölfjährigen, 76.000 km langen Wanderung um die ganze Welt hinter sich. Der ehemalige Neonleuchten-Verkäufer machte sich am 18.8.2000 in Montreal auf den Weg. Er reist allein mit einem dreirädrigen Kinderwagen, in dem er Nahrung, Kleidung, einen Erste-Hilfe-Kasten, ein kleines Zelt und einen Schlafsack aufbewahrt. Er hat schon Nord- und Südamerika durchwandert und dann den Atlantik überquert, um von Südafrika aus nach Europa zu laufen. Im August 2006 befand er sich in England. Seine weitere Strecke führt ihn durch den Nahen Osten, Asien, Australien, Neuseeland und 2012 zurück nach Kanada. Er schläft in seinem Zelt, bei Bekannten und freundlichen Helfern oder in Polizeistationen und Kirchen. Seine Frau Luce besucht ihn jedes Jahr an Weihnachten.

KLEINER SCHÜTZE

Laudon Wilson aus Herrin, Illinois, konnte schon im Alter von drei Jahren einen Football über ein ganzes Feld und den Torpfosten schießen!

FLIP-FLOP-SPEKTAKEL

Vor Coogee Beach in Sydney war am 26.1.2006, dem australischen Nationalfeiertag, eine gigantische Linie aus 863 pinkfarbenen Luftmatratzen zu sehen, die alle die Form von riesigen Flip-Flops hatten! Für die Form hatte man sich entschieden, weil Flip-Flops ein wichtiges australisches Modeerzeugnis sind. Die Teilnehmer bildeten gemeinsam einen großen Kreis, der den Umriss von Australien nachzeichnete.

Ripley's Einfach unglaublich!

Ripley's
STAHLSTANGE
Diese Stahlstange wurde von John Brookfield aus Pinehurst, North Carolina, mit bloßen Händen verbogen.

KARATE KAPUTT

15 Mitglieder des Aurora Karate Clubs im kanadischen Ontario demolierten innerhalb von drei Stunden, sechs Minuten und 50 Sekunden ein ganzes Haus!

AUF DIE BRETTER

Zwei Monate, nachdem er auf dem Skateboard Großbritannien der Länge nach auf 1.448 km durchfahren hatte, suchte sich der Waliser Dave Cornwaithe im August 2006 eine noch größere Herausforderung: Er fuhr 4.828 km weit durch Australien! Die Reise des 27-jährigen Grafik-Designers vom westaustralischen Perth aus bis nach Brisbane führte ihn innerhalb von 90 Tagen durch Hunderte von Kilometern Wüstenödnis. Als er im Januar in Brisbane ankam, erklärte er, dass er vor allem frühmorgens gefahren sei, da es tagsüber zu heiß war.

WINZ-WUNDER ▽

Lu Di erregte bei seiner Vorführung in einer Kung-Fu-Schule im chinesischen Song Shan einiges Aufsehen: In drei Stunden und 20 Minuten legte er 10.000 Liegestützen hin, und das, obwohl er erst sechs Jahre war! Der Leiter der Schule, Shi Yongdi, war so beeindruckt, dass er zehn Jahre lang auf Lu Dis Schulbeiträge verzichten will.

HAARSTRÄUBEND!

Der chinesische Artist Tseng Hai Sun und seine Partnerin Brigit lassen sich über dem Hamburger Hafen eine Tasse Tee schmecken, während sie an ihren Haaren von einem Haken hängen, der an einem Kran befestigt ist. Sie machten Werbung für ihre Zirkusshow, bei der auch die uralte chinesische Kunst des Zopfhängens zum Programm gehörte, das früher als Mutprobe galt.

HALT DICH FIT!

Im Alter von 91 Jahren stieg Ervin Ashley aus Springfield, Oregon, fünf Tage die Woche je 2.000 Treppenstufen, um in Form zu bleiben!

KICKER-MARATHON

Sharon Linter, Lorraine Jones, Steve Hammond und Rhian Jones spielten 2006 in Swansea, Wales, 33 Stunden und 35 Minuten lang ohne Unterbrechung Tischkicker, um Spenden für Obdachlose zu sammeln.

JUNGER PILOT

Jonathan Strickland aus dem kalifornischen Inglewood ist bereits ein geübter Pilot, obwohl er erst 14 Jahre alt ist! Im Juni 2006 reiste Jonathan, der seit 2003 Flugstunden nimmt, nach Kanada, wo man schon mit 14 Jahren einen Flugschein machen kann. Dort erhielt er die einmalige Sondererlaubnis, alleine ein Flugzeug und einen Hubschrauber fliegen zu dürfen.

ANZIEHENDE PERSÖNLICHKEIT

In der Nähe des Malaysiers Liew Thow Lin sollte man kein Besteck herumliegen lassen - denn er besitzt magnetische Kräfte!

Der als "Mr. Magnet" bekannte 76-Jährige tritt regelmäßig mit seinen ungewöhnlichen Fähigkeiten auf. 2002 zog er ein Auto 64 m weit über eine glatte Oberfläche, wobei er eine Eisenkette verwendete, die magnetisch an einer Eisenplatte an seiner Taille hing. Wissenschaftler gehen davon aus, dass Liews Haut Anziehungskraft auf Metall ausübt.

RIPLEY'S ERKLÄRT

Niemand weiß, wie es genau dazu kommt, dass manche Menschen elektromagnetische Kräfte haben. Sicher ist nur, dass das menschliche Nervensystem Elektrizität produziert. Wenn man über einen dicken Teppich läuft, kann man in seinem Körper bis zu 10.000 Volt Spannung aufbauen, aber da der Körper nur kleine elektrische Ladungen entwickeln kann, ist auch die Stromstärke,die abgegeben wird, entsprechend klein. Einige Experten halten menschliche Elektrizität für die Nebenwirkung von Krankheiten und abhängig vom Gesundheitszustand. Andere glauben, dass ungewöhnlich heißes Wetter verantwortlich sein könnte.

Ripley's — Einfach unglaublich!

BACKPACKER

Mit einem 18 kg schweren Rucksack auf dem Rücken wanderte der amerikanische Soldat Jake Truex aus Albany, Oregon, im Februar 2006 in nur 22 Minuten und 20 Sekunden 5.000 m weit durch das deutsche Hanau.

MECHANISCHES WUNDER

Im Jahr 2006 arbeitete ein britischer Mechaniker noch immer Vollzeit - obwohl er schon 100 Jahre alt war! Buster Martin ging zwar schon mit 97 in Pension, drei Monate später bewarb er sich aber für einen Wartungsjob, weil er sich langweilte.

HANDY IM ANFLUG

Der Finne Lassi Etelatalo gewann bei der Weltmeisterschaft im Handyweitwurf 2006 die Goldmedaille, als er ein altes Nokia-Handy 91 m weit warf. Um die 100 Teilnehmer kamen unter anderem aus Kanada, Russland und Belgien zusammen, um an dem Wettkampf in Finnland teilzunehmen.

DOPPELTER SALTO

Bei den deutschen X-Games im Jahr 2006 fuhr der 23-jährige Travis Pastrana aus Annapolis, Maryland, auf einem 90 kg schweren Motorrad über eine Rampe und landete nach einem kompletten zweifachen Rückwärtssalto sicher auf dem Boden! Ein solcher Stunt war bei den X-Games noch nie zuvor erfolgreich durchgeführt worden.

BÄUMCHEN PFLANZEN

Im Rahmen des Versuches, die Luftqualität auf den Philippinen zu verbessern, pflanzten Freiwillige am 25.8.2006 an Straßen auf einer Gesamtlänge von 3.439 km gleichzeitig über 500.000 Bäume.

HANDGESCHNALLT ▽

Wenn Peggy Grays, die in den 1920er und 1930er Jahren in Plainfield, New Jersey, lebte, nicht gerade auf Händen ging, fuhr sie im Handstand Rollschuh.

KLAPPERIGER KERL

Am 9.11.2006 hielt der Amerikaner Jackie Bibby, auch bekannt als "The Texas Snakeman", zehn je 76 cm lange furchterregende Texas-Klapperschlangen ganze 12,50 Sekunden lang im Mund.

REIFENQUAL

Über 260 Motorradfahrer ließen bei einer Massenveranstaltung in Maryville, Tennessee, im August 2006 gemeinsam ihre Hinterreifen durchbrennen! Sie hielten die Bremsen der Vorderreifen fest, traten aufs Gas und ließen die Hinterreifen auf dem Asphalt durchdrehen.

AMPUTIERTER PILOT

Obwohl er bei einem Unfall mit einer Kampfmaschine im Jahr 1989 Verbrennungen dritten Grades auf 40 Prozent seiner Hautfläche davontrug und ein Bein verlor, ließ sich der indische Commander Uday K. Sondhi erneut zum Hubschrauberpiloten ausbilden. Bis heute hat er fast 2.000 Stunden Flugstunden hinter sich gebracht.

TRAKTOREN-MARATHON

Im Jahr 2006 bewältigten 15 alte Traktoren mit einer Höchstgeschwindigkeit von 48 km/h eine 5.472 km weite Durchquerung Australiens von Perth bis nach Cape York.

BLINDES TEAM

Die Seeing Ice Dogs (deutsch: "Die sehenden Eishunde") sind ein Eishockeyteam aus dem kanadischen Calgary. Ihren Namen verdanken sie der Tatsache, dass der Großteil der Spieler blind ist. Sie verwenden einen Puck mit Kugellager, sodass sie sich an den Geräuschen orientieren können.

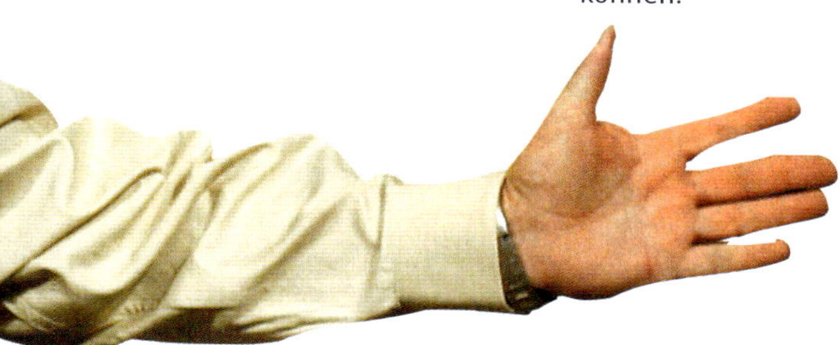

HOHE LANDUNG

Bei Windgeschwindigkeiten von 121 km/h landete der Franzose Didier Delsalle im Jahr 2005 einen Hubschrauber auf der Spitze des Mount Everest. Zu allem Überfluss wusste Delsalle nicht einmal, ob er auf festem Boden oder nur auf einer dünnen Eisschicht landete, die sofort unter dem Helikopter nachgegeben hätte.

GROSSE SPRÜNGE

Mit atemberaubenden 95 m war der Stuntman Ryan Capes aus Seattle, Washington, der Erste, der weiter als 91 m auf einem Motorrad sprang. Auf der Ohio Bike Week im Juni 2006 gelang ihm ein weiterer bahnbrechender Sprung, als er von einer Rampe aus 67 m weit über 120 Harley Davidsons sprang.

IMMER IM GLEICH-GEWICHT ▽

Jewgeni Kuschnow hielt sich 15 Minuten lang aufrecht im Handstand auf einem fahrenden Auto! Sein Kunststück führte er am 5.11.2006 in München vor.

BILDSCHÖN ▽

Eine Frau spaziert am 18.11.2006 mit zwei Kindern an einem Gemälde im rumänischen Bukarest entlang, das von 800 Kindern gemalt wurde und beeindruckende 3,60 km lang ist.

UND EINER MÄHTE DEN RASEN ...

Am 4.7.2006 raste Bobby Cleveland aus Locust Grove, Georgia, mit 130 km/h die Bonneville Salt Flats entlang - auf einem Rasenmäher! Der achtmalige Gewinner der Nationalen Meisterschaften im Rasenmäherrennen hatte sechs Monate lang am Umbau seines Gefährts gearbeitet!

VON KÜSTE ZU KÜSTE

Im Jahr 2006 machte sich Ginny Bowman aus Rochester in Vermont mit ihrem 13-jährigen Sohn und zwei ihrer jugendlichen Nichten auf eine Fahrradreise quer durch die USA. Sie fuhren an der Westküste in Kalifornien los und kamen schließlich an der Nordostküste in Connecticut an. Sie schafften trotz Temperaturen bis zu 48°C und mehreren anstrengenden Steigungen durchschnittlich 105 km am Tag. Mit ihrer Aktion wollten sie Spenden für die Diabeteshilfe sammeln.

STEILER ANSTIEG

Der Medizinstudent Jonathan Hague bestieg die 242 Stufen der australischen Sehenswürdigkeit Jacob's Ladder im Jahr 2006 innerhalb von 24 Stunden ganze 269-mal. 215 Aufstiege reichen, um dieselben Höhenmeter zurückzulegen wie bei der Besteigung des Mount Everest.

DURCH INDIEN

Sabalsinh Vala aus dem kanadischen Toronto lief 9.978 km weit durch ganz Indien!

JÄHRLICHE BADEFREUDEN

Zwischen 1928 und 2003, also 76 Jahre lang, schwamm Ivy Granstrom aus dem kanadischen Vancouver jedes Jahr am Neujahrstag eine Runde im Meer in der Nähe von English Bay.

SKI-GENIE

Seine Abfahrt in Timberline, Oregon, am 27.7.2006 machte Rainer Hertrich zum Rekordhalter: Er war 1.000 Tage hintereinander Ski gefahren. Seit dem 1.11.2003 schnallte Hetrich, der aus Boulder, Colorado, stammt, jeden Tag seine Bretter an und legte dabei über zehn Millionen Höhenmeter zurück! An einem durchschnittlichen Tag fuhr er 10.058 Höhenmeter - so hoch ist nicht einmal der Mount Everest. Er kämpfte gegen Kälte, Erfrierungen, Regen und Krankheiten und bestieg sogar einen Vulkan in Chile, weil dort besonders viel Schnee lag!

GROSSER ABENTEURER

Khoo Swee Chiow aus Singapur ist einer der größten Abenteurer der Welt! Er ist zweimal auf den Mount Everest gestiegen, bestieg einen 8.027 m hohen Berg in Tibet ohne Sauerstoffflaschen, fuhr Ski am Süd- und Nordpol, brach mehrere Rekorde im Gerätetauchen, fuhr mit dem Rad von Singapur nach Peking und erklomm die höchsten Berge aller sieben Kontinente.

ECHTER VETERAN

Jonas Blanton aus Battle Creek, Michigan, ist ein waghalsiger Drachenflieger - und das, obwohl er 84 Jahre alt ist! Seit 60 Jahren perfektioniert er seine Kunststücke in großen Höhen, und im Juni 2006 schwang er sich in Whitewater, Wisconsin, auf einem Drachen in die Lüfte, der von einem kleinen Flugzeug in 3.368 m Höhe gezogen wurde!

MUSIKALISCH TAUB

Tammie Willis aus Richmond, Virginia, erhielt einen Masterabschluss in Musik von der Virgina Commonwealth University - als erste taube Studentin in der Geschichte der Universität!

SPÄTER SIEG

Obwohl er als Kind fast ertrunken wäre und erst mit Ende 20 schwimmen lernte, ist Jim Dreyer aus Grand Rapids, Michigan, heute einer der besten Langstreckenschwimmer der Welt! 2005 schwamm er 60 Stunden lang mit einem Transportdingi im Schlepptau alleine über den Lake Superior und kämpfte dabei gegen Stürme, 4,60 m hohe Wellen und starke Strömungen, die ihn vom Kurs abbrachten und seine Strecke von 89 auf 110 km verlängerten. Sein Ziel ist es, alle fünf großen Seen der USA zu überqueren.

RASENDER ROLLI

Trevair Snowden aus Gardnerville, Nevada, führt unglaubliche Tricks in einem benzinbetriebenen Rollstuhl auf. Trevair ist seit einem Snowboardunfall im Jahr 1997 querschnittsgelähmt, düst aber nun mit seinem vierrädrigen Gefährt über 1,50 m hohe Rampen, springt durch die Luft, landet auf flammenden Schienen und rutscht auf seiner Gleitplatte, einem Metallstück am Boden seines Fahrzeugs, 3,60 m weit in die Tiefe. Er bezeichnet sich selbst als der "Evel Knievel der Rollstühle".

ALPINES GESCHENK

Der Japaner Keizo Miura feierte seinen 99. Geburtstag, indem er gemeinsam mit seinem 70-jährigen Sohn Yuichiro auf Skiern den 3.840 m hohen Mont Blanc hinabfuhr!

SCHWERE BEWEISFÜHRUNG

Der 59-jährige Ungar Laszlo Aranyi zog im Jahr 2006 einen Karren 692 km weit durch das Land, um zu beweisen, dass er genauso stark war wie in seiner Jugend. Er schleppte den 419 kg schweren Wagen von Záhony an der ungarischen Ostgrenze innerhalb von 22 Tagen bis in das im Westen gelegene Steinamanger.

DOPPEL-ASS

Danny Leake, ein 53-jähriger Versicherungsvertreter mit Handicap 14, schlug im Juli 2006 auf einem Golfplatz im texanischen Lubbock das erste Hole-in-One seines Lebens - und wiederholte seine Leistung am darauffolgenden Tag am selben Loch mit demselben Schläger, einem Fünfer-Eisen.

FISCHERS FRITZE

Tom Waite holte beim Fischen im State Fair Park in Milwaukee, Wisconsin, im Jahr 2006 ganze 42 Forellen in nur sieben Minuten ein! Damit fing er etwa alle zehn Sekunden einen Fisch!

VOLLER KANAL

Der schweizerische Unternehmer Frank Rinderknecht raste im Juli 2006 in seinem Amphibien-Sportwagen Splash in drei Stunden und 14 Minuten über den Ärmelkanal. Aufgrund seines innovativen Designs konnte das Fahrzeug über die Wasseroberfläche gleiten, aber wegen der schweren See wurde die Überfahrt auf der meistbefahrenen Schiffsroute der Welt eine recht anstrengende Angelegenheit.

GUTER HANDEL

Der Kanadier Kyle MacDonald, 27, brauchte genau ein Jahr, um eine rote Büroklammer in ein Haus in der Main Street der Örtchens Kipling in Saskatchewan zu verwandeln - durch 14 Tauschaktionen im Internet!

Alles begann am 12.7.2005 mit einem einfachen Online-Angebot. Zwei Frauen aus Vancouver tauschten die Büroklammer gegen einen fischförmigen Stift aus Holz, den eine von ihnen im Campingurlaub gefunden hatte. MacDonald tauschte sich schnell nach oben, bis er schließlich eine KISS-Schneekugel gegen einen Abend mit der Rocklegende Alice Cooper eintauschte. MacDonald wusste, dass der Hollywood-Regisseur Corbin Bernsen leidenschaftlicher Sammler von Schneekugeln war. Er wollte das seltene KISS-Exemplar unbedingt in seine 6.500 Stücke zählende Sammlung aufnehmen und bot MacDonald dafür eine Nebenrolle in seinem nächsten Film *Donna on Demand.* Die Stadt Kipling bot MacDonald schließlich ein Haus aus den 1920er Jahren an, wenn er ihnen die Filmrolle überließ, mit deren Vermarktung sie Werbung für die Gegend machen wollten.

Fisch-Stift

Türknauf

Campingherd

Generator

Neon-Bierwerbung

Schneemobil

NACHGEFRAGT

Wie sind Sie auf Ihre Idee gekommen?

„Durch ein Kinderspiel, bei dem man in der Nachbarschaft herumläuft und versucht, einen möglichst guten Tauschhandel einzugehen. Ich habe eine Website für mein Projekt entworfen und versprach tauschinteressierten Besuchern, dass ich sie besuchen würde, ganz gleich, wo sie wohnen. Ich war z. B. in Vancouver, Seattle und Hollywood."

Wieso haben Sie mit einer Büroklammer angefangen, und war ein Haus von Anfang an Ihr Ziel?

„Die Büroklammer war der erste Gegenstand, den ich sah, nachdem ich auf die Idee gekommen war. Und ich wollte immer schon ein eigenes Haus besitzen - auch wenn ich anfangs nie ernsthaft geglaubt habe, dass daraus etwas wird."

Haben Sie gehofft, dass Sie zu einer Internet-Legende werden?

„Nein! Am Anfang dachten alle, dass ich ein Schmarotzer bin! Aber dann fingen mehr und mehr Leute an, mein Blog zu lesen - ich hatte sogar Fans aus Japan!"

Und wie sind Sie schließlich an das Haus geraten?

„Der Regisseur Corbin Bernsen hatte mir eine Sprechrolle in einem seiner Filme angeboten. Er besitzt eine Sammlung von 6.500 Schneekugeln, und als ich das KISS-Exemplar fand, wusste ich, womit ich ihn ködern könnte. Dann habe ich die Sprechrolle der Stadt Kipling übertragen, die lange Castings veranstaltet hat!"

Wer hat die Rolle bekommen?

„Ein Typ aus Kipling namens Nolan Hubbard. Er hat alle von den Socken gehauen und war total begeistert! Er arbeitet auf einem Wertstoffhof."

Welchen Handel mochten Sie am liebsten? Und welcher war am riskantesten?

„Natürlich der erste, die Büroklammer gegen den Stift, weil alles andere sonst nie ins Rollen gekommen wäre. Alle dachten, dass ich ein echt mieses Geschäft mache, als ich den Nachmittag mit Alice Cooper gegen die Schneekugel eingetauscht habe, aber ich wusste ja schon, dass Corbin sie unbedingt würde haben wollen. Trotzdem sind die Leute vor Aufregung fast ausgeflippt!"

Haben Sie jemals bezweifelt, dass es funktioniert?

„Ich hatte ständig Angst, und ich stand sehr unter Stress. 20-mal am Tag klingelte mein Telefon. Die Anrufe kamen aus aller Welt. Ich habe nicht mal mehr regelmäßig gegessen oder geschlafen!"

Was haben Sie als Nächstes vor?

„Ich schreibe ein Buch über meine Erfahrungen. Vorerst will ich nicht mehr tauschen - nicht einmal, um eine Superhochzeit herauszuschinden!"

Wie haben Sie Ihr neues Haus gefeiert?

„Wir haben die größte Einweihungsparty geschmissen, die Saskatchewan je gesehen hat! Mehrere Tausend Leute kamen nach Kipling - dabei hat es nur 1.140 Einwohner! Sie wollen am Eingang zur Stadt eine riesige rote Büroklammer aufstellen. Und ich habe meiner Freundin Dominique einen Antrag gemacht. Wir heiraten nächsten Sommer!"

GUTER RIECHER

Carl Celella aus North Greenbush, New York, findet auf Anhieb jeden der 70.000 Gegenstände in der Abteilung für Klempnerbedarf, die er in einem Baumarkt leitet - obwohl er blind ist!

NOTTINGHAM GESUCHT

Alex Picker aus dem englischen Nottingham machte sich 2006 auf eine sechswöchige Reise, in der er alle 14 anderen Nottinghams auf der Welt besuchen wollte. Er begann mit dem kanadischen Nottingham und reiste dann weiter in die elf amerikanischen Nottinghams - je zwei in Alabama, Ohio und Pennsylvania und je eines in Virginia, Maryland, New Jersey, New Hampshire und Indiana. Dann flog er nach Südafrika, wo er dem Nottingham Road Village einen Besuch abstattete und fuhr in zwei Nottinghams in Schottland, die sich aber beide als Gutshöfe erwiesen.

LANGER ATEM

Dieser 1932 von der amerikanischen Firma Westinghouse errichtete Roboter konnte einen Ballon aufpusten! Später entwickelte Westinghouse Atemschutzgeräte - der Roboter war vermutlich ein Vorläufer!

SCHNELLE PEDALE

"Fast" Freddy Markham hat ein Fahrrad entwickelt, das dauerhaft über 80 km/h schnell fahren kann. Der ehemalige Olympia-Teilnehmer aus dem kalifornischen Soquel fuhr bei einem Sonderwettbewerb im Juli 2006 in einer Stunde über 85 km auf seinem Liegerad namens Easy Racer und gewann ein Preisgeld in Höhe von über € 14.000!

MASSEN-DRIBBELN

1.111 Studenten dribbelten in einem College im australischen Bendigo im Jahr 2006 simultan Basketbälle! Das größte Problem bestand darin, genug Bälle aufzutreiben!

DURCH DEN HUDSON

Am 28.7.2004 schwamm Christopher Swain aus Portland, Oregon, als Erster den 507 km langen Hudson River entlang! Er brauchte insgesamt acht Wochen.

MUTIGER OPA

Der 85-jährige Engländer Tom Lackey hat ein ungewöhnliches Hobby für sich entdeckt: Er balanciert auf den Tragflächen von Flugzeugen! Der Großvater aus Solihull betreibt den Sport seit dem Jahr 2000, als seine Frau starb, und absolvierte 2006 seinen 14. Wingwalk, bei dem er sich auf einen Doppeldecker schnallen ließ, der 610 m über der Erde einen Looping flog und sich drehte.

RIESENKOHL

Ein Gärtner aus dem englischen County Durham hat einen Kohl gezüchtet, der fast so groß ist wie er selbst! Frank Watsons preisgekrönter Weißkohl war 1,50 m hoch, hatte einen Umfang von 4,90 m und mehr als 100 Blätter.

ABGETAUCHT

Die Gerätetaucher Mark Brimble und Jan Burt aus dem Aloha-Tauchzentrum in Limassol auf Zypern verbrachten 2006 ganze 24 Stunden ununterbrochen unter Wasser.

KUGELRAD

Im Jahr 2006 legte der Ironman-Teilnehmer Greg Kolodziejzyk aus dem kanadischen Calgary innerhalb von 24 Stunden 1.046 km auf seinem kugelförmigen Fahrrad Critical Power zurück, ohne ein einziges Mal abzusteigen. Er fuhr auf der Laufbahn im kalifornischen Eureka und erreichte auf seinem Liegerad Geschwindigkeiten bis zu 43 km/h.

WOHLTÄTIGE FAHRT

Der neunjährige Noah Epp aus dem kanadischen Calgary fuhr im August 2006 innerhalb von zwei Tagen 330 km weit mit dem Fahrrad - für einen wohltätigen Zweck. Noah hatte im Alter von drei Jahren Fahrradfahren gelernt und meistert Strecken von bis zu 16 km, seit er sechs ist.

HOLE-IN-TWO

Marva Ged aus Boynton Beach in Florida schlug bei einer einzigen Golfrunde gleich zwei Hole-in-Ones - die Chancen dafür stehen bei 67 Millionen zu eins.

KASPER IM BALLON

FLIEGENDER DIAMANT

Ein Team aus 85 Fallschirmspringern formte im November 2005 am Himmel über Lake Wales, Florida, einen riesigen Diamanten. Sie sprangen aus einer Höhe von 7.315 m und schlossen sich bei einer Fallgeschwindigkeit von 300 m pro Minute zu einer geometrischen Form zusammen. Sie hielten sich fest, indem sie ihre Füße um die Leinen der unter ihnen fliegenden Fallschirme wickelten.

DRACHENREISE

Auch wenn es ihm nicht gelungen war, die Antarktis in einem Kite-Buggy zu überqueren, da der Wind zu schwach war, gab der Brite Brian Cunningham seinen Traum nicht auf: Im September 2004 durchquerte er gemeinsam mit Peter Ash und Kieron Bradley die Wüste Gobi in der Mongolei mit Geschwindigkeiten von bis zu 64 km/h. Die drei Männer legten innerhalb von 17 Tagen 1.006 km zurück.

LANGE EHE

Bill und Eluned Jones aus dem englischen Slough feierten im Jahr 2006 ihren 83. Hochzeitstag! Mr. Jones war 105, seine Frau 102 Jahre alt.

Der dänische Clown Lars Lottrup führte auf dem Internationalen Clownsfest im dänischen Kopenhagen im August 2006 diese atemberaubenden Kunststücke vor. Der Publikumsliebling verschwand Stück für Stück in einem riesigen orangefarbenen Ballon.

Ripley's

Einfach unglaublich!

PLATTGELEGEN

Angelo del Monaco aus West New York, New Jersey, ließ 2006 ganze 128 bis zu 363 kg schwere Motorräder über seinen Körper fahren. Er legte sich unter einem 68 kg schweren Brett auf den Asphalt, während 13 Motorräder im Kreis sieben Minuten lang immer wieder über ihn hinwegrasten. Er gibt zu, dass das der gefährlichste Stunt seines Lebens gewesen ist. "Wenn man über Autos spingt, hat man alles unter Kontrolle, aber in diesem Fall hing mein Leben von den Motorradfahrern ab."

EINARMIGER GOLFER

Der Golfspieler Lee Norton aus Greeneville, Tennessee, hat nur einen Arm. Trotzdem schlägt er seine Bälle weiter als die meisten anderen Menschen mit zwei Armen! Er verlor seinen rechten Arm bei einem Motorradunfall im Jahr 1987, weigerte sich aber, seinen Lieblingssport aufzugeben. Im August 2006 schlug er einen Ball erstaunliche 271 m weit!

SCHNELL, SCHNELL!

Der Möbelpacker und ehemalige Wrestler James Clark aus Edina, Minnesota, schaffte im August 2006 in nur 30 Minuten unglaubliche 751 Liegestütze!

TREPPEN RAUF

Der Feuerwehrmann Jim Campbell aus Indianapolis stieg auf einem Fitnessgerät im August 2006 über 106.000 Stufen in nur 24 Stunden! Das entspricht einem vertikal zurückgelegten Halbmarathon oder dem 56-maligen Erklimmen des Empire State Building!

DREIRAD-REISE

Dan Prince aus Joseph, Oregon, reiste auf einem Dreirad mit 27 Gängen 6.840 km weit durch die USA. Er wollte damit auf die Vorteile benzinfreier Fortbewegung aufmerksam machen.

STAFFEL UNTER WASSER

Sechs Männer und eine Frau lieferten sich 2006 einen Gerätetaucher-Staffellauf im Ärmelkanal. Das britische Team absolvierte die 34 km lange Strecke vom englischen Dover nach Cap Gris Nez in Frankreich in etwas mehr als zwölf Stunden. Die größten Sorgen bereiteten ihnen dabei die Fährschiffe. Der Organisator Colin Osbourne erklärte: "Unter Wasser weiß man nicht, was um einen herum passiert. Plötzlich tauchen die Fähren auf, und man denkt, dass sie einen gleich rammen."

SCHARFE KUNST

Die Mönche aus dem Shaolinkloster in der chinesischen Provinz Henan sind bekannt für ihre Mischung aus Zenbuddhismus und Kampfkunst. Dieses atemberaubende Kunststück wurde bei einer Kampfkunst-Vorführung im chinesischen Xining im August 2006 vorgeführt.

NACHGEFRAGT

EIN EISKALTER TYP

Der in London lebende Langstreckenschwimmer Lewis Gordon Pugh, 37, ist schon in die kältesten und rauesten Wasser der Welt gesprungen. Der "Eisbär" kann im Kampf gegen die Naturgewalten seine Körpertemperatur selbst regulieren.

Weshalb macht es Ihnen Spaß, unter Extrembedingungen zu schwimmen?

„Mein Vater war Admiral bei der Royal Navy und hat mir oft Geschichten über Captain Cook, Lord Nelson und Captain Scott vorgelesen. Als ich zehn war, zogen wir nach Südafrika, und mit 17 lernte ich Schwimmen. Einen Monat später schwamm ich die sieben Kilometer von Robben Island nach Cape Town - das habe ich nur mit Müh und Not geschafft.“

Sie haben als Erster Langstrecken auf allen fünf Weltmeeren bewältigt. Welche Strecke war die längste?

„Der 35 km lange Ärmelkanal war meine längste Strecke ohne Pause. Aber ich bin auch 21 Tage lang 350 km weit die Themse hinuntergeschwommen, habe aber nachts Schlafpausen gemacht. Hier waren zwar, anders als auf dem Kanal, keine Vergnügungsdampfer unterwegs, aber dafür hatte ich das Vergnügen mit Quallenschwärmen in der Flussmündung!“

Welche Strecke war die gefährlichste?

„Um das Kap der Guten Hoffnung herum, denn dort gibt es viele Haie. Und natürlich in Deception Island, einem überfluteten Vulkan in der Südsee, wo die Wassertemperatur nur 2°C beträgt. Ich habe 30 Minuten lang durchgehalten, das war meine längste Eiswasserstrecke bis heute.“

Welchen Hindernissen sind Sie im Wasser schon begegnet?

„Meine fünf ärgsten Feinde sind Weiße Haie, Nilpferde, Krokodile, Eisbären und Seeleoparden. Um ehrlich zu sein, machen die Weißen Haie mir am wenigsten Angst - sie schwimmen mal kurz vorbei, werfen einen Blick auf dich und verschwinden dann wieder!“

Wie bereiten Sie sich vor?

„Ich mache körperliches Ausdauertraining, aber der wahre Kampf findet nicht in den Muskeln, sondern im Kopf statt. Ich habe einige Techniken entwickelt, mit denen ich meine Zweifel und Ängste in Selbstsicherheit verwandle. Wenn ich ins eisige Wasser springe, bin ich immer überzeugt, dass ich der Sache gewachsen bin!“

Stimmt es, dass Sie Ihre Körpertemperatur kontrollieren können?

„Ja, aber das findet unterbewusst statt. Ich befehle meinem Körper nicht, warm zu werden - ich glaube, ich reagiere einfach wie ein Pawlowscher Hund auf lange Jahre Eisschwimmen. Beim Schwimmen trage ich nur Badehose, Schutzbrille und Badekappe. Ich mag keine Neoprenanzüge. Sobald ich vor dem Absprung in das kalte Wasser starre, steigt meine Körpertemperatur von 37°C auf 38,40°C - das macht den Unterschied zwischen Leben und Tod aus.“

Haben Sie sich beim Schwimmen schon ernsthafte Verletzungen zugezogen?

„Bisher nicht. Bevor ich loslege, versichern wir uns, dass keine Raubtiere in der Nähe sind. Ich schwimme beispielsweise nicht in der Nähe von Pinguinen, weil sie die Lieblingsbeute von Seeleoparden sind. Wir haben auch ein Gerät entwickelt, das Haie vertreibt, indem es um das Boot herum Impulse aussendet.“

Was haben Sie als Nächstes vor?

„Ich schwimme nie dieselbe Strecke zweimal. Die nächste muss immer größer, länger, härter oder kälter sein! Und ich muss der Erste sein, der es versucht - ich bin schließlich ein Pionier! Es wird also noch so einiges kommen!“

GROSSE KLAPPE

Der Schweizer Marco Hort stopfte sich beachtliche 264 leuchtend bunte Strohhalme in den Mund. Damit brach er seinen früheren Rekord von 259 Halmen, den er 2006 im österreichischen Wien aufgestellt hatte. Marco kann seinen Kiefer ausrenken, was zwar schmerzhaft, aber für seine Kunst notwendig ist.

◁ WUNDER AUF ZWEI RÄDERN

Die Motocross-Legende Mike "The Godfather" Metzger sprang auf seinem Geländerad unglaubliche 38 m hoch. Seinen Stunt inklusive Rückwärtssalto führte er 2006 über eine Fontäne vor dem Caesars Palace in Las Vegas, Nevada, durch.

LOYALER ANGESTELLTER

Nachdem er über 75 Jahre lang für den Öffentlichen Verkehr gearbeitet hatte, ging Arthur Winston aus Los Angeles im März 2006 schließlich in Rente - an seinem 100. Geburtstag. In seiner gesamten Laufbahn hatte er nur einen Tag gefehlt, und zwar 1988, als seine Frau verstarb.

RÄTSELMEISTER

Der Kalifornier Leyan Lo drehte im Januar 2006 in San Francisco einen Rubikwürfel in nur 11,13 Sekunden zurecht. Er hatte auch schon blind einen Würfel in unter 1½ Stunden gelöst!

JETSKI-REISE

Im Juni 2006 machten sich die Südafrikaner Adriaan Marais und Marinus Du Plessis in Anchorage, Alaska, auf Jetskiern auf die Reise nach Miami, Florida. Die 20.921 km weite Fahrt führte die Westküste der USA hinab und durch den Panamakanal an die Ostküste. Drei Jahre zuvor waren sie bereits 8.047 km weit die afrikanische Ostküste hinabgereist.

WUNDERBOGEN

Anne Rohner aus New Haven, Indiana, schoss einen Pfeil ab, der die Halterung einer 2,40 m langen Leuchtröhre durchbohrte und in der Lampe liegen blieb - ohne die Glasummantelung zu zerstören!

HAI GEFANGEN!

Die 15-jährige Melissa Ciolek aus Orleans, Massachusetts, zog 2006 auf Martha's Vineyard einen 165 kg schweren, drei Meter langen Hai mit einer Hand an Land - und das in nur 40 Minuten.

KÖNIG DER LIEGESTÜTZE

John Morrow aus Ottumwa, Iowa, las im Wartezimmer einer Arztpraxis einen Artikel über Kraftleistungen und beschloss sofort, sie alle zu übertreffen. Im Mai 2006 machte er 123 Liegestütze, bei denen das Handgelenk um 90° verdreht ist, in nur einer Minute. Morrow behauptet, der Schlüssel zu seinem Erfolg sei die 40-tägige Fastenkur, die er jedes Frühjahr macht.

WER ZULETZT LACHT ...

Nach 77 Jahren Golfspiel gelang es Vivian Barr aus dem kanadischen Vancouver 2006 schließlich, ihr erstes Hole-in-One zu schlagen - und zwar im Alter von 95 Jahren! Barr, die auch eine gute Keglerin ist, schlug ihren Treffer mit einem Siebener-Eisen am zweiten Loch auf 104 m in Point Grey.

SPORTLICHE OMI

Die Zuschauer der World Veteran Tischtennismeisterschaft 2006 im deutschen Bremen hatten sicherlich auch ältere Spieler erwartet, aber die 95-jährige britische Großmutter Dorothy de Low verblüffte sie dennoch. "Dotty" spielt seit 40 Jahren Tischtennis und hat schon viele Medaillen bei Seniorenkämpfen gewonnen.

LANGER ZUG

Der 70-jährige John Atkinson zog im Februar 2006 im australischen Clifton 112 Anhänger mehr als 100 m weit. Er spannte seinen Mack-Möbelwagen vor die Hänger, die eine 1.474 m lange Kette bildeten.

△ LANGE FAHRT

Dieser 1919er Studebaker Tourenwagen fuhr Anfang der 1920er Jahre in nur 5½ Jahren unglaubliche 836.859 km weit. Eine Zeitlang gehörte er einer Transportfirma aus Kalifornien und legte am Tag 645 km zurück.

Ein viktorianisches Toilettenhäuschen wurde in ein Theater mit zwölf Sitzplätzen umgebaut—S. 227

Joshua Mueller begann 1991, Converse-Turnschuhe zu sammeln, und besitzt heute über 400 Paar—S. 222

Gordon du Cane kann sich problemlos einen ganzen Apfel in seinen großen Mund stecken—S. 242

AUF DER
ÜBERHOLSPUR

MR. DÜSENTRIEB

Yves Rossy kann fliegen wie ein Vogel! Der ehemalige Militärpilot aus der Schweiz fegt über den Himmel wie ein Falke und benötigt dafür nichts weiter als ein Paar Schwingen aus Metall und Fiberglas, die er mit Kerosin betreibt.

Er springt in einer Höhe von 2.360 m aus einem Flugzeug. Wenn sich seine drei Meter breiten Flügel elektronisch ausfahren, wird er zum menschlichen Drachen, und sobald sich seine vier Motoren einschalten, entwickelt er sich zum Düsenjet! Er kann nicht nur die Höhe halten, sondern auch um die 100 m pro Minute aufsteigen!

Im Dezember 2006 flog er über vier Minuten lang mit einer Geschwindigkeit von 185 km/h geradeaus. Er steuert, indem er sein Gewicht verlagert, und landet per Fallschirm, wenn ihm der Treibstoff ausgeht. "Es fühlt sich unglaublich toll an", erklärt er. "Wie in einem Traum."

Die Düsenflügel werden durch vier Kerosin-Motoren angetrieben, die je eine Schubkraft von 22 kg aufweisen.

Rossy gleitet als "Fliegender Mann" über die südschweizerische Landschaft.

REIFER KUCHEN

Morgan Ford aus Tecumseh, Michigan, besitzt einen Obstkuchen, den seine Urgroßmutter Fidelia Bates vor über 120 Jahren gebacken hat!

STÜCKE IM SATTEL

Der Deutsche Heinz Stücke ist seit 1962 beeindruckende 539.130 km durch mindestens 211 Länder auf ein und demselben Fahrrad gefahren!

SAMMELFIEBER △

Joshua Meller aus Lakewood, Washington, begann 1991, Converse-Turnschuhe zu sammeln. Damals war er 13. Heute ist er stolzer Besitzer von über 400 Paaren, die alle unterschiedlich sind. Er trägt pro Tag mindestens zwei verschiedene Paare.

JONGLIERENDER PRIESTER

In Fargo, North Dakota, fuhr der Priesterschüler Zach Warren aus Charleston, South Carolina, im August 2006 in weniger als vier Minuten auf einem Einrad 1,60 km weit, während er jonglierte. Seine Höchstgeschwindigkeit betrug 25 km/h!

SCHREIBERLING IM KÄFIG

Der französische Dramatiker Norbert Aboudarham lebte eine Woche lang in einem Käfig im Zoo von Amiens, wo er ein Stück über einen Pandabären schrieb. Während er an seinem Laptop arbeitete, der an sein Handy angeschlossen war, saß er in einem mit Stroh und einem Holzscheit eingerichteten Käfig neben seinen tierischen Nachbarn, darunter Wölfe und Waschbären. Er sprach nicht mit den Besuchern und kommunizierte nur durch Zettel, die er durch die Gitterstäbe reichte.

MAUSEFALLEN

Tim Evans aus Brownsburg, Indiana, besitzt eine Sammlung von über 1.000 Mausefallen.

LANGER EINKAUF

Skyler Bartels, Student an der Drake University in Iowa, lebte 2006 zwei Tage lang in einer Wal-Mart-Filiale. 41 Stunden lang spazierte er durch den Laden und lebte nur von den vorhandenen Produkten. Er hat sogar ein paar Minuten geschlafen, einmal in den Toilettenräumen und dann auf einem Stuhl in der Gartenabteilung.

SCHILDKRÖTENHEIM

Richard Ogust aus New York City lebt in seiner Wohnung in Manhattan mit über 100 Schildkrötenarten zusammen - mehr als der Bronx Zoo aufweisen kann!

DUDELSACK-STUDENT

Nick Hudson, Student an der Carnegie Mellon University in Pittsburgh, Pennsylvania, ist der einzige Mensch in den USA, der Dudelsackspielen als Hauptfach hat!

WAS FÜR EIN LÄRM!

Eine Firma namens Hornblasters aus Tampa, Florida, baut 140-Dezibel-Zughupen in normale Autos ein.

HOCHS UND TIEFS

Fran Capo, die schnellsprechendste Frau der Welt, hat als erster Mensch ein Buch auf dem 3.780 m weit unter der Meeresoberfläche liegenden Wrack der *Titanic* signiert. Das Schiff liegt etwa 612 km weit vor der Küste Neufundlands. Fran hat auch schon ein Buch auf dem Gipfel des Kilimandscharo in Afrika signiert.

EXTRAPOST

Steve Knight aus dem englischen Essex sammelt seit zehn Jahren alte englische Briefkästen. Als wahrer Fan restauriert er die oft angeschlagenen roten Kästen liebevoll und hat schon über 80 Stück zusammengetragen, von denen einige aus der Zeit von Queen Victoria stammen.

ANTRAG PER TAXI

Der bis über beide Ohren verliebte Serbe Vujadin Stojkovic bezahlte eine ganze Taxiflotte, um seiner Freundin Ivana Novakovic 2006 einen Antrag zu machen. Die zwölf Taxen malten sich je einen Buchstaben des Satzes "Udaj se za mene" (deutsch: "Heirate mich") auf die Türen und fuhren dann vor Ivanas Haus vor. Sie war so gerührt, dass sie sofort annahm.

AFFENZIRKUS

Ron Warren aus New York City besitzt eine Sammlung von rund 1.800 Sockenaffen-Plüschtieren.

GRUSELIGER TYP

Earl Kenneth Kaufmann, der viele Piercings hat und dessen Haut zu über 85 % von Tätowierungen bedeckt ist, ließ seinen Namen 1998 offiziell in "The Scary Guy!" (deutsch: "Der Gruseltyp") ändern. Auch wenn er ein äußerst friedlicher Zeitgenosse ist, darf er aufgrund seines Äußeren zwei amerikanische Städte nicht mehr betreten.

FIAT-STAU

Über 750 Fiat-500-Besitzer trafen sich 2006 auf einer italienischen Rennstrecke, um einen riesigen Stau aus ihren Autos zu simulieren.

KAVIAR-KUR

Für schlappe € 220 kann man sich in einem Schönheitssalon in New York City eine Gesichtsbehandlung gönnen, bei der einem eine Schicht Kaviar aufs Gesicht gestrichen wird. Angeblich festigen die Fischeier das Gewebe.

REICH AN SCHEINEN

Larry Beebe aus den USA hat Geldscheine aus über 200 Ländern gesammelt.

JOYSTICK-OMA

Barbara St. Hilaire, eine 70-jährige Großmutter aus Ohio, arbeitet als Berichterstatterin für den Bereich Videospiele bei MTV. Sie erhielt den Spitznamen "Old Grandma Hardcore", weil sie bis zu zehn Stunden am Tag Videospiele spielt.

FISCHFUTTER

Die Besucher des Kowakien Yunessun Spas im japanischen Hakone können sich die Hornhaut an ihren Füßen auf ganz besondere Weise entfernen lassen: Sie stecken ihre Füße in ein Türkisches Bad, das mit Schleienfischen (auch bekannt als Doktor- oder Knabberfische) gefüllt ist, die sich mit Vorliebe von abgestorbener Haut ernähren! Danach fühlen sich die Füße angeblich sauber und erfrischt an!

GEBETSPERLEN

Der Architekt Jamal Sleeq aus Kuwait sammelt seit 1979 wertvolle Gebetsperlen! Heute besitzt er 2.000 der auch *misbah* genannten Stücke, von denen viele aus Bernstein hergestellt wurden. Manchmal flog Jamal sogar nach Polen oder in die Türkei, nur um eine einzige Perle zu erstehen. Insgesamt besitzt er 56.000 Antiquitäten und seltsame Gegenstände aus aller Welt, darunter Tafelsilber aus dem 14. Jahrhundert und 200 Jahre alte Teppiche.

VERRÜCKT NACH FRÖSCHEN

Alles begann mit einem kleinen, leuchtend grünen Frosch aus China, den Sheila Crown 1979 kaufte. 2005 besaß die Engländerin aus Wiltshire bereits 11.471 Gegenstände rund um den Frosch. 1997 musste sie mit ihrem Mann Stephen in ein größeres Haus umziehen, damit ihre Sammlung Platz hatte. Als sie acht Jahre später wieder in eine kleinere Wohnung zogen, musste Sheila viele ihrer grünen Freunde versteigern lassen!

SCHWARZER GÜRTEL

Raymond Wood aus dem englischen Hull wurde 2006 im Alter von 73 Jahren eine große Ehre in Sachen Kampfkunst zuteil. Der ehemalige englische Jiu-Jitsu-Meister ist eine von zehn Personen im Land, die den seltenen schwarzen Gürtel für den zehnten Dan erhalten haben.

WAYNE-WAHN

Jim Duncan aus Brownsburg, Indiana, besitzt eine Sammlung von über 4.000 Gegenständen rund um den Schauspieler John Wayne.

ALLE IN UNIFORM

Auf der Internetseite "Pets in Uniform" (deutsch: "Haustiere in Uniform") kann man seine vierbeinigen Freunde als US-Marine oder britischer General bewundern! Man muss einfach ein Foto von seinem Haustier einsenden, und drei Tage später kann man sich ein Bild mit der gewählten Uniform herunterladen.

DURCHSCHNITT

Peter Vita aus Port Chester, New York, war gerade einmal zwölf Jahre alt, als er mit dem Haareschneiden begann. Bis zu seinem Tod im Jahr 2004 hatte er 82 Jahre als Friseur gearbeitet.

BLASENHÜTER

Eiffel Plasterer aus Hungtingdon, Indiana, fing eine Seifenblase in einem Einmachglas, in dem sie fast ein ganzes Jahr lang heil blieb.

KLEINER DJ

Mit nur fünf Jahren war Avante Price bereits ein gefragter DJ in Chicago, Illinois! Laut seinem Vater Johnny, der ebenfalls DJ ist, fing der Kleine schon im Alter von drei Jahren an, auf den Plattenspielern bei ihnen zu Hause zu scratchen, obwohl er sich dafür auf einen Klavierhocker stellen musste!

ALLES FÜR BARBIES

Eine Sammlung von 4.000 Barbiepuppen - das Lebenswerk der verstorbenen niederländischen Hausfrau Letje Raebel - wurde 2006 verkauft. Letje erstand ihre erste Barbie in den frühen 1960er Jahren für ihre Tochter Marina, die sich aber nicht für die Puppe interessierte. Ihre Mutter hingegen entwickelte ein wahres Sammelfieber!

◁ VERLORENE SCHLÖSSER

Alan Freed sammelte in 39 Jahren über 11.000 kleine Vorhängeschlösser, die auf dem Flughafen von Washington, D. C., wo er arbeitete, von Koffern abgefallen waren. Die große Attrappe, an der sie hängen, ist 110 x 86 x 50 cm groß!

LEISE RIESELT DER SCHNEE

Josef Kardinal aus dem deutschen Nürnberg ist der stolze Besitzer einer Sammlung von über 7.500 Schneekugeln, die er aus der ganzen Welt zusammengetragen hat! Darunter befinden sich auch einige der ersten Schneekugeln überhaupt, die Ende des 19. Jahrhunderts in Österreich hergestellt wurden.

VIKTORIANISCHER KUCHEN

Als Vera Howarth aus dem englischen Devon 2006 ihren 98. Geburtstag feierte, war ihr Kuchen älter als sie selbst! Der siebenlagige Obstkuchen wurde 1895 anlässlich der Hochzeit von Veras Eltern hergestellt, als Queen Victoria noch auf dem Thron saß. Die Familie hatte die oberste Schicht des Kuchens seitdem aufgehoben und holte sie zu besonderen Anlässen hervor. In den letzten 111 Jahren war sie etwas vergilbt, roch aber noch immer appetitlich.

MITTELALTERLICHE MISSION ▷

Seit 1996 baut Michel Guyot in den Wäldern des französischen Burgund an einer authentischen Nachbildung einer mittelalterlichen Burg, komplett mit Türmen, dicken Mauern und Burggraben. Er und seine 50 Helfer nutzen keinerlei moderne Werkzeuge, sondern verwenden nur Instrumente, die es auch im Mittelalter schon gab.

SELTSAME SAMMLUNG

Robert Begley besitzt die wohl aufsehenerregenste Sammlung in ganz Chambersburg, Pennsylvania: Er sammelt seit 1990 Barhandtücher. Begley, den seine Freunde auch "Barhandtuch-Bob" nennen, besitzt schon 2.300 Exemplare aus 27 Ländern.

AUSGESCHAUKELT

Als Tom Doxey 2006 sein Restaurant in Penrose, Colorado, verkaufte, hatte er ein beeindruckendes Zusatzangebot auf Lager: Einen 4.130 kg schweren Schaukelstuhl! Er ist 6,40 m hoch und 4,30 m breit und wurde aus Stämmen von zwölf Douglastannen, 25 Tuben Dichtungsmittel und 27 l Klebstoff hergestellt. Gebaut wurde er 1990 von dem Holzarbeiter Dwayne Simmons.

FLUGZEUGBAUER

John Kalusa hat bis zu seinem Tod im Jahr 2003 von Hand 5.829 hölzerne Modellflugzeuge geschnitzt, die alle in der Größenordnung von 1,30 mm bis 30 cm liegen. Seine Sammlung ist in der Universitätsbibliothek für Luftfahrt in Prescott, Arizona, zu sehen.

ZWILLINGSLEID

Eine Chinesin ließ sich einen Leberfleck von ihrem Bein entfernen und im Gesicht wieder einsetzen, weil sie nicht mehr mit ihrer Zwillingsschwester verwechselt werden wollte. Xiao Ai aus der Stadt Xiamen erklärte, dass ihr verwirrter Schwager versucht habe, sie zu küssen, und dass ihre Schwester und sie sich danach Zeichen ins Gesicht malten, um solche Verwechslungen zu verhindern. Schließlich kamen sie darauf, dass ein transplantierter Leberfleck eine einfachere Lösung sei.

Wandteppich der Liebe

Eine Frau aus dem englischen London hat ganz allein über einen Zeitraum von 20 Jahren hinweg den berühmten Bayeux-Wandteppich nachgestickt. Annette Banks stickt schon seit ihrer Kindheit. Außerdem begeistert sie sich für englische Geschichte, weswegen ihr Vater vorschlug, dass sie doch den Teppich nachsticken solle. Als sie schließlich fertig war, war ihr Meisterwerk 15 m lang und 58 cm breit. Nach einem Besuch im französischen Bayeux, wo sie den echten Teppich ansah, beschloss sie, weitere 1,50 m an ihren Teppich anzuhängen und der Geschichte ihr eigenes Ende zu geben.

TOILETTEN-THEATER ▷

Dennis Neale aus dem englischen Worcestershire besitzt ein Theater der etwas anderen Art. Der gelernte Puppenspieler hat ein öffentliches viktorianisches Toilettenhaus, das er 1999 kaufte, in ein winziges Theater umgebaut. Das einst heruntergekommene Gebäude ist nun mit farbenfrohen Bildern geschmückt, die Urinale wurden durch eine kleine Bühne und die Toiletten durch zwölf Zuschauersessel ersetzt. Das keilförmige Häuschen ist nur 4,80 x 2,70 x 1,80 m groß, dennoch wurden bereits Puppentheater, Dramen, Gedichte, Musik und einmal sogar eine Oper darin aufgeführt. Das Theater ist übrigens fast immer ausverkauft.

BLUTGELD

Im Oktober 2004 unterschrieb der Geschäftsmann Stephen Son aus Los Angeles, Kalifornien, mit seinem eigenen Blut einen Vertrag, in dem er einem Investor versprach, das geliehene Geld zurückzuzahlen!

GEFÄNGNISMALER

Donny Johnson, der eine lebenslange Haftstrafe in einem Gefängnis in Kalifornien absitzt, malt in seiner "Freizeit": Er verwendet Farbe, die er aus Bonbons gewonnen hat, und seine eigenen Haare als Pinsel. Er hat bereits 20 seiner Gemälde für je € 400 verkauft.

GEHEIME SCHAFE

James Hartman aus dem kalifornischen Burlingame hat gemeinsam mit seiner Familie seit 1995 über 2.000 winzige Gipsschafe an Sehenswürdigkeiten auf der ganzen Welt versteckt - vom Eiffelturm über Big Ben bis hin zum Ganges in Indien.

TÜTENMANN

Seit 1975 hat der Deutsche Heinz Schmidt-Bachem 150.000 Plastik- und Papiertüten gesammelt. Er wollte verhindern, dass sie in Vergessenheit geraten.

TEURER SPASS

Die Zuschauer des Kentucky Derby 2006 konnten einen € 800 teuren Cocktail bestellen. Er bestand aus Minze aus Marokko, Eis aus der Arktis und Zucker aus dem Südpazifik. Serviert wurde er in einem goldenen Becher mit einem Strohhalm aus echtem Silber.

VERWÄHLT

Die Familie Pierce aus Salt Lake City in Utah hat in den letzten 14 Jahren über 25.000 Telefonate entgegengenommen, bei denen sich die Anrufer verwählt hatten. Die Pierces plaudern gern mit den Anrufern und notieren sich alle Einzelheiten.

VIELE PENNYS

John Trembo aus Plymouth, Michigan, hat über eine Million Pennys gesammelt, die zusammen über drei Tonnen wiegen.

FARBIGE DIÄT

Der Fußballfan Scott Campbell hat seine Hingabe 2006 in neue Dimensionen katapultiert, indem er schwor, die ganze neunmonatige Saison über nur Nahrungsmittel zu essen, die die Farben seiner Lieblingsmannschaft Glasgow Celtic hatten. Von da an aß er nur noch weiße und grüne Nahrungsmittel wie Hühnchen, Fisch und Gemüse.

SCHWIMM-TRUCK

Don Underwood aus Louisville, Kentucky, besitzt ein Feuerwehrauto von 1954 mit einem eingebauten Schwimmbad. Ursprünglich sollte der Wagen Kindern mobilen Schwimmunterricht ermöglichen.

GOLFVERRÜCKT

Ted Hoz aus Baton Rouge, Louisiana, hat seit 1986 über 70.000 Golfbälle gesammelt. Aneinandergelegt würden sie eine über drei Kilometer lange Linie ergeben.

Einfach unglaublich!

Hinter die Löffel!

Dieses verrückte Fahrzeug ist das Werk von Chuck Weedman aus Beaver Dam, Kentucky. Chuck hat über 1.800 rubinrote Löffel an die Ummantelung seines Motorrads geschweißt, um es wie ein Reptil aussehen zu lassen.

POLNISCHER TREIBER

Andrzej Szopinski-Wisla ließ sich 2006 in der Nähe des polnischen Warschau zwei Stunden, fünf Minuten und 18 Sekunden lang auf dem Wasser treiben. Seine Hände verschränkte er hinter dem Kopf, und seine Zehen blieben stets über Wasser.

LACHANCE IM GLÜCK

Nachdem Marc Lachance aus Kanada im Urlaub auf Kuba eine belgische Frau namens Sabine kennengelernt hatte, musste er feststellen, dass er weder ihren Nachnamen noch ihre Adresse hatte. Kurzerhand schrieb er Briefe an 3.700 belgische Sabines. Als der Bruder der echten Sabine 2006 im Radio von Marcs Aktion hörte, sorgte er dafür, dass sich die beiden wiedersahen.

POLAR-ELVIS

Drei britische Elvisimitatoren machten sich 2006 zu Fuß und auf Skiern auf den Weg, das Ende der Welt zu erobern: Alex Tate, Jonny Clayton und Steve Goodair wanderten 592 km weit von Cornwallis Island vor Nordkanada bis zum Nordpol. Sie trugen, wie es sich gehört, Überlebensanzüge im Elvisstil, inklusive Wärmeschutz und Straßsteinen.

POP-BÜRSTE

Der amerikanische Firma Hasbro hat eine Zahnbürste entwickelt, die Popsongs spielt, während man sie benutzt. Die Musik wird über die Borsten durch Zähne und Kieferknochen ins Ohr übertragen. Gespeichert wird sie in einem Microchip im Stiel der Zahnbürste, der auch über einen Einschaltknopf und ein winziges Abspielgerät verfügt.

MÄNNERGARTEN ▷

Ein Mann probiert in einem speziellen Kindergarten für Männer in Hamburg eine neue Stichsäge aus. Frauen können nun ihre Partner im "Männergarten" in der Nox Bar abliefern, wenn sie am Wochenende Shoppen gehen wollen. Der Hort ist mit Tischen und Sofas, Comics, Spielen, ferngesteuerten Autos und Plastikspielzeug ausgestattet. Bei der Ankunft erhalten die Männer ein Namensschild und für zehn Euro werden ihnen zwei Bier, eine warme Mahlzeit und kostenloses Sportfernsehen geboten.

MOBILER ARZT

Ein New Yorker Arzt hat die wohl kleinste Praxis der Welt eingerichtet - in seinem Auto! Dr. Safwan Sweidan hat sein Chrysler Cabrio mit einem PC, einer Lampe, einem orientalischen Teppich und Plastikpflanzen ausgestattet und verbringt jeden Abend zwei bis drei Stunden im Herzen von Manhattan, wo er Passanten medizinische Ratschläge erteilt.

VERSTOCKTER TYP

Peter Lavingers Drumstick-Sammlung ist einfach unschlagbar! 1980 fing er auf einem Konzert seinen ersten Trommelstock. Seitdem sammelt der New Yorker Drumsticks berühmter Schlagzeuger auf Konzerten von beispielsweise den Rolling Stones, REM und U2. Seine Sammlung besteht aus über 1.300 Sticks, die fast alle mit Autogrammen versehen sind und jeweils über € 570 wert sind.

HACKEBEILFRISEUR

Wer sich in den Friseurladen Szabolcs Bodnar im ungarischen Budapest begibt, kann sich auf einiges gefasst machen, denn hier werden Haare mit der Axt, Schwertern, Staubsaugern und Bügeleisen bearbeitet! Bodnar schneidet am liebsten Haare, indem er sie auf ein Hackbrett legt und mit einer Axt kürzt. Das Haar wird dann mit einem Staubsauger geföhnt und mit einem Bügeleisen geglättet! Für ganz abenteuerlustige Kunden besteht auch die Möglichkeit, sich an den Füßen aufhängen zu lassen, woraufhin Bodnar die Haare mit einem Samuraischwert abschneidet. Eine solche Frisur ist nach wenigen Sekunden fertig.

ALTER COACH

Ivor Powell arbeitete 2006 als stellvertretender Trainer für den britischen Fußballverein Team Bath - obwohl er 90 Jahre alt war!

PEELS PLUMPSKLOS

In Janie Peels Garten gibt es immer Sitzgelegenheiten im Überfluss - denn die Immobilienmaklerin aus Appling, Georgia, sammelt Klohäuschen, die ansonsten verschrottet würden. In ihrer wachsenden Sammlung befindet sich ein altes Doppel-Plumpsklo mit Zinndach und einer Seitenwand aus Metall, die von Schrotkugeln durchlöchert ist, die auf einen Toilettensitzer abgegeben wurden.

KANDISKUNST

Am 3.9.2006 erschuf der Künstler Bryony Graham eine Strandskulptur aus 30.000 Kandiszuckerstäbchen! Vier Stunden lang setzte er die eine Tonne schwere Statue im englischen Felixstowe zu einem 60 cm hohen Hügel mit sechs Metern Durchmesser zusammen. Zum Glück regnete es nicht, denn sonst wäre die Angelegenheit recht klebrig geworden!

ZWERGENBÜCHER

Neale Albert aus New York besitzt eine Sammlung von über 3.000 Miniaturbüchern. Der ehemalige Unternehmensanwalt wollte mit den Büchern die Bücherregale in den Puppenhäusern füllen, die er damals sammelte. Unter seinen Miniaturen befindet sich unter anderem eine 30-seitige Ausgabe von Anton Tschechows *Chamäleon,* die nur 1 x 1 x 1 mm groß ist, also etwa so klein wie ein Salzkorn.

BAUMWOLLSTATUEN

Der indische Bildhauer Anant Khairnar hat seit 1987 Hunderte von Statuen der Gottheit Ganesha, berühmter Persönlichkeiten und von Vögeln hergestellt - und zwar aus Baumwolle! Er verwendet spezielle Chemikalien, mit denen er das Material härtet. Seine Skulpturen halten mindestens zehn Jahre.

LECKERLIS

Verwöhnte Schoßhündchen aus Taiwan werden bei Dr. Pro, einer Eisdiele für Hunde in der Hauptstadt Taipeh, mit ganz besonderen Leckerli verwöhnt. Dr. Pro ist nur eines von mehreren speziellen Hunderestaurants, die in letzter Zeit in der Stadt eröffneten, und bietet viele verschiedene hundegerechte Eissorten an.

SÄTTIGENDE VORSPEISE

Eine Gruppe von 20 palästinensischen Köchen benötigte im Juni 2006 ganze 20 Stunden, um einen 4 x 4 m großen Teller Tabbuleh zuzubereiten, eine libanesische Vorspeise, die aus gehackter Petersilie, Zwiebeln, Zitrone, Tomaten und Olivenöl besteht. Ihre Riesenportion wog über eine Tonne.

KARTENTICK

Walter Cavanagh aus dem kalifornischen Santa Clara besitzt knapp 1.500 gültige Kreditkarten mit einem Gesamtkreditvolumen von über € 1.380.000. Sein Geldbeutel ist 76 m lang, wiegt 17 kg und hat ein Fassungsvermögen von 800 Karten. Die übrigen bewahrt er sicher in einem Bankschließfach auf. Die Idee dazu hatte er Ende der 1960er Jahre, als er mit einem Freund um ein Abendessen wettete, wer bis zum Ende des Jahres mehr Kreditkarten besitzen würde. Cavanagh gewann mit 143 Karten.

EITLER FATZKE

Der britische Millionär Scott Alexander hat eine ganze bulgarische Stadt gekauft, die er nach sich selbst benennen will.

SAURER NAME

Brenda Lashley aus Kenosha, Wisconsin, benannte ihren Sohn Edward Allen Frank nach ihrer liebsten Sauerkrautmarke!

TEURER BURGER

Im Old Homestead Steak House in Boca Raton, Florida, kann man einen € 80 teuren Burger bestellen! Er besteht aus Rindfleisch aus drei verschiedenen Ländern. Besitzer Marc Sherry lässt das Fleisch aus Colorado, Argentinien und Japan einfliegen.

ENTFLAMMT

H. H. Getty aus dem kanadischen Edmonton war auch als "Der feuerfeste Mann" bekannt, weil Flammen ihm weder Schmerzen bereiteten noch ihn verbrannten. Er entdeckte sein Talent zufällig in den 1930er Jahren auf einer Baustelle.

STARK VERKNÜPFT

Im Dezember 2005 waren im nordostchinesischen Harbin Arbeiter zu sehen, die die chinesische Knüpfkunst in eine neue Dimension führten. Bei dem traditionellen Handwerk werden dekorative Gewebe hergestellt, die Werte wie Glück oder Eintracht symbolisieren. Aber meist sind sie nicht größer als ein paar Quadratzentimeter! Diese gewaltige Knüpfskulptur, die zu Ehren einer Eisskulpturen-Ausstellung errichtet wurde, ist hingegen unglaubliche 37 x 24 m groß und wiegt 2.800 kg.

NACHGEFRAGT

DER MARATHONMANN

Der amerikanische Läufer Dane Rauschenberg, 30, lief ein ganzes Jahr lang jedes Wochenende einen Marathon, um Geld für wohltätige Zwecke zu sammeln. Er organisierte sogar selbst einen Marathon, um seinen persönlichen Kampf zu gewinnen.

Warum laufen Sie jedes Wochenende 42,19 km?

»Mein Bruder hat mich zu einem Wettbewerb herausgefordert, bei dem man am ersten Tag erst 15, dann fünf Kilometer und am zweiten Tag einen Marathon läuft. Und ich habe gewonnen! Ich stellte fest, dass ich nur sehr wenig Erholungszeit brauche, und so entschloss ich mich 2006, meine Aktion 'Fiddy 2' ins Leben zu rufen und 52 Marathonläufe in einem Jahr zu absolvieren.«

Wo fanden sie statt?

»In ganz Nordamerika, von DisneyWorld in Orlando bis zu den Cayman-Inseln. Häufig aber auch in der Nähe von Virginia, wo ich lebe. Beim vorletzten Rennen hatte ich Probleme, einen Marathon zu finden, weil Weihnachten war, also musste ich selbst ein Rennen in Pennsylvania organisieren.«

Wie schaffen Sie es, so dicht aufeinander Marathons zu laufen?

»Viele Leute brauchen einen Abstand von einigen Monaten, aber bei mir ist das anders. Das Laufen bringt mich zu körperlichen Höchstleistungen, und dort bleibe ich einfach. Mit knapp 84 kg bin ich muskulöser als die meisten anderen Läufer, aber eigentlich bezeichne ich mich als ganz normalen Läufer, der einfach sturer ist als andere.«

Wie finden Sie geeignete Veranstaltungen?

»Ich muss die Anfahrten selbst bezahlen, deswegen gilt: Je näher, desto besser. Aber ich bin schon an die 130.000 km geflogen und habe 62-mal die Zeitzone gewechselt, um meine 2.194 Marathon-Kilometer zu absolvieren.«

Welcher Marathon war der härteste?

»Der in Leadville, Colorado. Meine Durchschnittszeit liegt bei drei Stunden 20 Minuten und mein Rekord, den ich an den Niagarafällen aufgestellt habe, bei zwei Stunden 59 Minuten. In Leadville brauchte ich fünf Stunden und 17 Minuten. Der Lauf ging über 3.500 m aufwärts!«

Sind Sie immer schon gerne gelaufen?

»Eigentlich empfinde ich mich nicht als Marathonläufer, sondern als frustrierten Schwimmer, der kein Becken findet! Ich habe während meines Jurastudiums mit dem Laufen begonnen, weil es in der Nähe kein Schwimmbad gab.«

Trainieren Sie zwischen den Läufen?

»Nein. Ich arbeite 60 Stunden die Woche als Patentanwalt. Niemand vor mir hat sich einer solchen Herausforderung gestellt und gleichzeitig einen Vollzeitjob gehabt.«

Was treibt Sie an?

»Meinen ersten Lauf absolvierte ich für L'Arche, eine Wohltätigkeitsorganisation für geistig und körperlich Behinderte. Ich beschloss, ihnen alle meine Läufe zu widmen. Ich habe bereits über € 24.000 gesammelt!«

Welches war Ihre schönste Strecke?

»Der Mount Rushmore und der Mendenhall-Gletscher in Alaska. Aber eigentlich ist die Ziellinie der schönste Ausblick.«

Was haben Sie als Nächstes vor?

»Ich möchte an einem Iron-Man-Triathlon teilnehmen. Aber erstmal brauche ich ein Päuschen!«

RIPLEY'S **Einfach unglaublich!**

UNTERWASSER-BÜGELN

Als begeisterte Anhängerin des Extrembügelns, bei dem man in gefährlichen Situationen bügelt, hat Louise Trewavas aus dem englischen London sich im August 2006 ganze 138 m weit unter die Wasseroberfläche begeben! Bewaffnet mit Bügeleisen und -brett tauchte sie im Red Sea Resort in Dahab in die Tiefe und bügelte ein T-Shirt. Danach durfte sie über drei Stunden nur langsam wieder auftauchen, um der Dekompressionskrankheit, die häufig nach dem Tauchen auftritt, vorzubeugen.

KANALPADDLER

Innerhalb von neun Tagen paddelte Michael O'Shaughnessy aus Ponce Inlet, Florida, 103 km weit durch vier Länder. Der 49-jährige Immobilienmakler paddelte in etwas mehr als fünf Stunden durch den Ärmelkanal, stach um drei Uhr morgens in See, um innerhalb von fünf Stunden und 49 Minuten durch das schottische Loch Ness zu fahren, und durchquerte dann in zwei Stunden und 37 Minuten die Irische See.

GUTE QUALITÄT

Der Radfahrer Reg Blease aus dem englischen Greater Manchester fährt noch immer auf seinem ersten Rad - das er vor 58 Jahren gekauft hat. Der 74-jährige hat über 482.800 km bewältigt, eine Strecke, die einer zwölffachen Umrundung der Erde entspricht. Das Rad hat keine Gänge, nur eine Bremse und besteht aus Stahl.

FAMILIEN-TATTOO

Der 20-fache Vater Mike Holpin aus New Tredegar, Wales, hat sich seinen Stammbaum 1997 auf den Rücken tätowieren lassen. Er ließ ihn stets ergänzen, wenn ein neues Kind auf die Welt kam. Es ist noch immer Platz für mehr!

AUS DER BAHN!

2006 entwarfen Steve Shanyaski und Richard Connolly eine Modell-Rennautobahn, die 724 Kurven hat! Sie bauten sie auf einer Landebahn im englischen Kent auf. Die Bahn hat 2.683 gerade Strecken, damit man Schwung für die Kurven nehmen kann, und ist insgesamt 1.105 m lang. Würde man sie aufrecht aufstellen, wäre sie höher als der Mount Snowdon, der höchste Berg in England und Wales. Eine Runde dauert 25 Minuten.

ZUCKERSÜSS

Phill Miller aus Greenfield, Indiana, besitzt eine Zuckertütensammlung von 6.000 Exemplaren aus aller Welt.

KARTENKÖNIG

LeRoy Gensemer aus Exeter, Michigan, hat über 1,40 Millionen Visitenkarten gesammelt. Als er 2002 die Millionenmarke erreichte, feierte er, indem er eine Gedenk-Visitenkarte drucken ließ.

NACKEDEI

Hunderte von Radfahrern fuhren am 10.6.2006 aus Protest nackt durch 50 Städte auf der ganzen Welt. Sie wollten mit ihrer Aktion auf die zunehmende Verschmutzung durch Abgase aufmerksam machen. Nur mit Helmen bekleidet, fuhren sie u. a. durch Toronto, Los Angeles, Madrid, Prag, London und Mailand.

◁ THEATRALISCHE SAMMLUNG

Der begeisterte Theaterfan Roy Burtenshaw aus dem englischen Bath ist in den letzten 50 Jahren über 1.000-mal im örtlichen Theater gewesen und hat die Programme gesammelt! Der pensionierte Drucker geht ins Royal Theatre, seit sein Vater ihn mit sechs Jahren zum ersten Mal zu einer Weihnachtsaufführung mitnahm. Mit 26 lud er seine heutige Ehefrau (ebenfalls zu sehen) zu romantischen Abenden im Theater ein, und hat seitdem jedes Stück gesehen, das aufgeführt wurde, wobei er immer auf demselben Sitz im Parkett sitzt. Seine Lieblingsstücke sind *Joseph, Blood Brothers, Cats* und *Les Misérables*.

△ ZÜNDELIG

Insgesamt 6.300 Streichhölzer wurden ohne Haft- oder sonstige Hilfsmittel auf eine Flasche gesteckt. Das Kunstwerk fertigten einige Freunde aus Pittsburgh, Pennsylvania, in den 1930er Jahren an.

HANDSCHUH-FAN

John Baker aus Gosport, Indiana, hat über 1.000 alte Baseball-Handschuhe gesammelt.

GELBE FREUNDE

Valli Hammer aus Farmer City, Illinois, muss nie alleine in die Badewanne steigen, denn sie besitzt rund 2.500 Gummienten! Den Grundstein für ihre Sammlung legte sie 2000 wegen ihres kleinen Sohns, und heute besitzt sie Enten aus 50 US-Staaten und dem Ausland.

EIN HAUCH VON KÄSE

In nur einem Jahr sammelte Alex Johnson, ein 17-jähriger Schüler der Munising High School in Michigan, 3.500 Verpackungen von Snacks mit Käsegeschmack in seinem Spind.

ALLES LEGO, ODER WAS? ▽

Malle Hawking aus München hat ein riesiges, maßstabsgetreues Modell des Flugzeugträgers U.S.S. *Harry S. Truman* aus über 300.000 Legosteinen gebaut. Malle arbeitete über ein Jahr lang an seinem Meisterwerk, das sogar über elektrisches Licht verfügt! Außerdem gibt es elektrische Aufzüge und bewegliche Radarschüsseln. Das Modell ist 4,52 m lang, 1,37 m breit und 1,20 m hoch. Es wiegt über 160 kg.

GESTRICKTER GARTEN

Manche Gärtner mögen Bäume und Büsche, andere lieber Blumen, aber in diesem englischen Garten liegt der Hauptakzent auf Wolle!

Mit Hilfe von über 300 Freiwilligen strickte Jane Bolsover aus dem englischen Surrey einen lebensgroßen Garten!

Die Aktion wurde von der British Hand Knitting Confederation, einer Organisation zur Förderung des Strickens, gesponsert. Das Resultat ist 4,50 x 3 m groß und wurde innerhalb von drei Monaten angefertigt. Jane schätzt, dass vier Millionen Maschen gestrickt und 80 km Wolle verbraucht wurden.

Alles in dem detailverliebten Garten ist handgestrickt, auch Wände, Teich und Wasserfall. Es gibt Blumen, Insekten und Giftpilze sowie Karotten und Würmer in einem Gemüsebeet zu sehen. Ein gestricktes Picknick liegt auf dem Rasen neben einem Strickpfad. Zu den Wolltieren zählen ein Eichhörnchen, ein Rotkehlchen, ein Maulwurf, der aus seinem Hügel auftaucht, ein Vogel in einem Vogelhäuschen, ein Frosch und eine Schnecke. Außerdem spielt ein Wollhund mit einem gestrickten Ball, und aus einem Wollradio schallt "Musik".

Erst nach der Präsentation des Gartens gab Jane zur allgemeinen Überraschung bekannt: "Ich bin wirklich grauenhaft im Stricken."

Ein gestrickter Liegestuhl bildet das Zentrum des wollenen Gartens.

STRAHLENDER TOD

Der amerikanische Schriftsteller und Journalist Hunter S. Thompson, Autor des berühmten Romans *Fear and Loathing in Las Vegas,* ließ nach seinem Tod seine Asche zusammen mit einem gewaltigen Feuerwerk in den Himmel schießen. Seine leuchtende Beerdigung fand im August 2005 in Woody Creek, Colorado, statt. Hier sieht man Thompsons rotes Auto vor dem Turm, von dessen Spitze das Feuerwerk gezündet wurde.

NAGELKNIPSER

Andre Ludwick aus dem südafrikanischen Parys hat über 500 verschiedene Nagelknipser gesammelt. Sein Lieblingsstück wurde 1935 von einem Schmied angefertigt. Andre setzte den Grundstein seiner Sammlung 1971 bei einer Reise nach Israel, wo er zwei Nagelknipser als Souvenirs kaufte.

TEURE LIEFERUNG

Eine Gruppe englischer Fußballfans, die verrückt nach Currys sind, zahlte während der WM 2006 ganze € 2.500, um sich ihr Lieblingsessen nach Deutschland einfliegen zu lassen. Das Restaurant Bombay Nights aus Bath lieferte das Essen in einer Thermobox in das Hotel der Fans in München.

DO THE LOCOMOTION!

Insgesamt 1.740 Studenten der University of Guelph im kanadischen Ontario begrüßten im September 2006 das neue Semester, indem sie gemeinsam die "Locomotion" tanzten.

EIERKAMPF

Die Aerospace Industries of America haben einen Wettbewerb ausgeschrieben, für den Schüler eine Modellrakete bauen sollen, die 259 m hoch fliegen kann. Sie soll zwei rohe Eier dabeihaben und diese mit einem Fallschirm abwerfen, ohne dass sie bei der Landung kaputtgehen.

WAS FÜR EINE SUMME!

Ronald Lauder, Kosmetikmagnat und Gründer der Neuen Galerie in New York, zahlte 2006 knapp 110 Millionen Euro für ein Gemälde. Das goldüberzogene Ölporträt der Adele Bloch-Bauer, der Frau eines Zuckerherstellers, wurde 1907 von dem österreichischen Künstler Gustav Klimt gemalt.

AUFSTAND DER UNTOTEN ▷

Jeden Juli findet im nordwestspanischen Dorf Ribarteme ein als "Prozession der Leichentücher" bekannter Umzug statt, bei dem sich Leute, die glauben, im letzten Jahr dem Tod von der Schippe gesprungen zu sein, in offenen Särgen durch die Straßen tragen lassen. Der seltsame Brauch, der auf das Mittelalter zurückgeht, ist ein symbolisches Dankeschön an Gott, der die Teilnehmer verschont hat.

PFEIL IM AUGE

Adrian Volcu aus dem kanadischen Richmond Hill hat in seiner Iris ein pfeilförmiges Muttermal.

DER FRÜHE VOGEL ...

Jeff Twieden aus Seattle, Washington, begann 2005 schon 22 Wochen vor der Premiere von *Star Wars: Episode III* vor dem Kino zu warten!

GEWICHTSVERLUST

Thailändische Polizisten mit einem Taillenumfang über 102 cm wurden 2005 angewiesen, abzunehmen, damit sie bei der Verkehrsregelung eine bessere Figur machen. Über 80 Beamte unterzogen sich einem einmonatigen Fitnessprogramm in Bangkok.

LIEBES TAGEBUCH ...

James Cummings aus Knapp, Wisconsin, besitzt eine Sammlung von 16.000 Tagebüchern, darunter Exemplare von John Quincy Adams, Winston Churchill und Benjamin Franklin.

SCHLECHTE ERNÄHRUNG

Für seinen Dokumentarfilm *Supersize Me* aß der amerikanische Regisseur Morgan Spurlock 30 Tage lang ausnahmslos bei McDonalds.

SELTSAMER KAMIN

Eric Rayner hat vor sein Haus am Russian River in Kalifornien einen Kamin aus Hunderten alter Flaschen gebaut.

SUPER SÄRGE!

Der Künstler Alfred Opiolka aus dem süddeutschen Wertach bietet Verstorbenen und ihren Familien einen ganz besonderen Dienst an: Er bemalt Särge farbenfroh mit Blumenmotiven und Schmetterlingen. Er erklärt, dass es vielen Menschen leichter fällt, Beerdigungen durchzustehen, wenn der Tote in einem fröhlich wirkenden Sarg liegt.

KOTZTÜTEN

Der Schwede Rune Tapper hat 1.079 verschiedene Flugzeug-Kotztüten von 448 Fluglinien aus 131 Ländern zusammengetragen!

HÜTTENSAMMLER

James Grisley aus Pittsburgh, Illinois, besitzt eine Sammlung von 28 echten Holzhütten, die alle Mitte bis Ende des 19. Jahrhunderts gebaut wurden. Vom kleinen Schuppen bis zur großen Scheune hat er alles zu bieten, was das Herz begehrt. Seine Sammlung entstand 1976, als ein Nachbar ihm eine alte, heruntergekommene Hütte als Geräteschuppen schenkte.

RUHIGE REPTILIEN ▷

Diese Eidechsen wurden verkleidet und zu einer Szene arrangiert, nachdem sie von einem zehnjährigen Mädchen aus Florida hypnotisiert wurden. Lily Capehart entdeckte ihre faszinierende Fähigkeit, Reptilien zu hypnotisieren, im Alter von nur zwei Jahren und geht ihr seitdem nach. Lily und ihre Eltern, die sehr sorgsam und liebevoll mit den Tieren umgehen, haben inzwischen das "Lizard-Ville" gegründet, eine Bilderserie, auf der verkleidete Eidechsen in skurrilen, eidechsengroßen Umgebungen zu sehen sind.

SPIEGELKUGEL

Die Zeitung *Citizen* aus dem südafrikanischen Johannesburg ließ im September 2006 eine funktionsfähige Spiegelkugel anfertigen, die einen Durchmesser von 3,60 m hatte und zwei Tonnen wog!

GANZ SCHÖN ENG!

Ralf Schüler aus dem deutschen Dessau ist es gelungen, 23 Menschen in einen großen Latex-Ballon zu quetschen!

LECKER ...

Deutsche Meeresbiologen haben einen Wein aus Algen entwickelt, der € 23 pro Flasche kostet.

SCHIEF GEWICKELT

Derryl Ogden aus den USA besitzt eine Sammlung von über 16.000 Krawatten, die er seit 1934 zusammengetragen hat.

GUTE ETIKETTE

Diana Douglas aus Higdon, Alabama, hat einen riesigen Quilt aus 2.591 Hemd-Etiketten hergestellt.

CRAZY ERIC

Ein französischer Elektriker, der sich selbst als "Crazy Eric" bezeichnet, trägt in seiner maßgefertigten Kleidung 1.300 Gegenstände mit sich herum, darunter Schraubenzieher, Rasierzeug, einen Regenschirm, Batterien und Pinsel.

FISCH-FAN

Die damals 98-jährige Constance Brown aus Pembroke, Wales, verriet 2006 das Geheimnis ihres hohen Alters: Sie aß nichts anderes als Fish&Chips! "Ich esse niemals Gemüse", erklärt die alte Dame, die sich 80 Jahre lang ihren Lebensunterhalt mit einer Fish&Chips-Bude verdiente.

MAL WIEDER EBAY

Eine afrikanische Fluglinie kaufte für vier Millionen Euro einen Gulfstream-Jet - und zwar bei eBay!

GALERIE

Verrückte Hochzeiten

HASEN IM GLÜCK

Die Riesenhasen Roberto und Amy heirateten im April 2006 im englischen Somerset. Sie wogen je an die 18 kg und waren über 91 cm lang.

TORTENJÄGERINNEN

Auf dem New Yorker Times Square stürzten sich im Juni 2005 ganze 20 zukünftige Bräute in ihren Hochzeitskleidern auf einen riesigen Hochzeitskuchen, in dem über € 40.000 Preisgeld versteckt waren. Die Aktion sollte für die Hochzeits-Doku *Bridezilla* werben.

DAS GEWICHT DES GLÜCKS

Im August 2006 heiratete Josephine Doherty aus dem englischen Surrey in einem 178 kg schweren Kleid! Die Braut brauchte zwei Stunden, um es anzuziehen, und der 18 m lange Schleier musste von fünf Brautjungfern und acht Trauzeugen getragen werden.

IN FREMDEN WELTEN

Die russischstämmige Amerikanerin Ekaterina Dmitriew posiert nach der Satellitenhochzeit mit einer lebensgroßen Pappfigur ihres Bräutigams, des russischen Kosmonauten Juri Malentschenko. Der Commander der internationalen Raumstation heiratete seine Freundin per Satellitenübertragung 2003 in Texas. In Texas sind Hochzeiten erlaubt, bei denen nur einer der Beteiligten anwesend ist, aber meist schwebt der Ferngebliebene nicht 385 km weit über der Erde!

FEUCHTE HOCHZEIT

Der Italiener Domenico Manchia und seine französische Braut Marlene Mulet zogen drastische Konsequenzen, als Süditalien 1995 von einer Hitzewelle geplagt wurde: Sie heirateten vor Tavolara auf Sardinien sechs Meter tief unter der Meeresoberfläche!

SCHNELLE BRAUT

Kate Austin und Gordon Fryer heirateten während des London Marathon 2006!

GANZ IN ROSA

Um ihr Image aufzupolieren, machte die Pfarrerin Wendy Saunders aus dem englischen London eine Ganzkörperverwandlung durch: Erst färbte sich die 57-Jährige ihre Haare rosa, dann schlüpfte sie in ein rosafarbenes Outfit, zu dem sie ihren Priesterkragen trug. Und um ihren Auftritt zu perfektionieren, kaufte sie sich einen rosafarbenen Nissan Micra!

LÄRM UNERWÜNSCHT!

Die chinesische Armee lehnt Rekruten ab, die zu laut schnarchen!

24-STUNDEN-FAHRT

Mark Brown fuhr 2005 auf einem kleinen 50-Kubik-Roller im Rahmen des australischen Le Minz 24-Hour-Scooterthons, eines 24-stündigen Roller-Rennens, 933 km weit!

JOJO-EDDIE

Der Kanadier "Fast Eddie" McDonald führte in nur einer Minute 35 verschiedene Jojo-Tricks auf! In einer Stunde gelingen ihm 8.437 Schleifen!

BASKETBALL-MARATHON

Zwei Mannschaften aus japanischen Studenten und Dozenten nahmen im Juni 2006 an einem zweieinhalbtägigen Basketballspiel teil! Das Miyazaki International College schlug die Miyazaki Municipal University während des 60-stündigen Marathons mit 5.493 zu 5.432 Punkten.

STRASSENGABELUNG

Steve Schreiber errichtete an einer Straßenkreuzung in Rock City, New York, eine 9,50 m hohe Skulptur einer Silbergabel.

FURCHTLOSE OMA

Die 92-jährige britische Urgroßmutter Doris Long seilte sich im Juni 2006 atemberaubende 67 m an der Seitenwand eines Wohnhauses in Portsmouth ab! Die alte Dame aus Hayling Island erklärte nachher: "Ich schwang herum wie ein Pendel! Die Leute im Haus dachten vermutlich, dass ich auf eine Tasse Tee vorbeikommen würde."

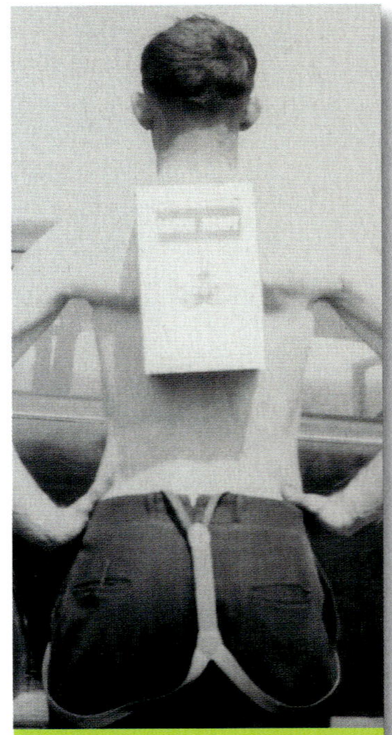

△ STARKE SCHULTERN

Joe Jirgles aus Grand Rapids, Michigan, konnte in den 1940er Jahren eine 3,80 l-Dose Lack zwischen seine Schulter-blättern klemmen! Außerdem konnte er sich mit seinen Schulterblättern fest an ein Gitter hängen.

TISCHKICKER DELUXE ▽

Fans laufen sich warm mit einem Fußball in Originalgröße auf einem gewaltigen Tischkicker in Berlin. Er sollte Werbung machen für den Konföderationen-Pokal, der 2005 in Berlin veranstaltet wurde. Die Spielfiguren hatten die Form des Berliner Bären, der seit über 700 Jahren das Stadtmaskottchen ist.

Mit einem Satz

In Smoking und Fliege sprang der Base-Jumper Gary Connery aus dem englischen Berkshire am 29.11.2006 vom höchsten Punkt des London Eye, dem berühmten Londoner Riesenrad!

Connery schwamm durch die Themse in die Stadt und kletterte dann auf die Stahlkonstruktion des Riesenrads. Nach zwei Stunden war er oben angekommen, sprang von dem 135 m hohen Rad ab, öffnete seinen Fallschirm und landete unter den erstaunten Blicken vieler Passanten sicher auf dem Grund. Er erklärte nachher: "Das wollte ich immer schon machen! Ich liebe es, von aufsehenerregenden Konstruktionen zu springen. Das ist der pure Adrenalinkick!" Der 37-jährige zweifache Vater ist auch schon mit einem Mountainbike von einer 160 m hohen englischen Klippe gefahren und mit dem Fallschirm vom Eiffelturm, der Nelsonsäule und innen von der Kuppel des Millenium Dome in London gesprungen!

Connery hängt wie ein Zwerg an seinem Fallschirm, nachdem er vom London Eye gesprungen ist!

EIN HUNDELEBEN

Die 18-jährige Aija Gillman aus Pinckneyville, Illinois, gewann ein neues Auto, nachdem sie 13 Tage lang mit einem Halsband an eine Hundehütte angekettet gelebt hatte. Die Aktion, die im Juli 2006 stattfand, sollte Hundebesitzer darauf aufmerksam machen, dass es unmenschlich ist, Hunde anzuketten. Aija konnte sich nur im Radius der Kettenlänge bewegen, schlief in der Hundehütte, bekämpfte die Langeweile, indem sie mit Schlamm und ihrer Wasserflasche spielte, und verhinderte Sonnenbrand, indem sie sich Matsch ins Gesicht rieb. Wenigstens hatte man ihr ein Dixie-Klo zur Verfügung gestellt!

GROSSMAUL

Der Mund des Studenten Gordon du Cane aus dem englischen Wiltshire hat einen Umfang von beeindruckenden 30 cm! Er ist über fünf Zentimeter größer als ein Baseball, und Gordon kann sich problemlos einen ganzen Apfel in den Mund schieben.

MAULWURF-MANN

Fast ein halbes Jahrhundert lang grub William Lyttle aus dem englischen London Tunnel unter seinem viktorianischen 20-Zimmer-Haus. Er ist im ganzen Viertel als der "Maulwurf-Mann" bekannt und hat mit seiner Schaufel und seinem selbstgebastelten Flaschenzug geschätzte 100 m^3 Erde befördert. Seine Tunnel und Höhlen sind bis zu acht Meter tief und verzweigen sich von seinem Haus aus bis zu 18 m weit.

ALTE SCHOKOLADE

Jane Marshall aus dem englischen Derbyshire besitzt einen 105 Jahre alten Schokoriegel! Sie erhielt den Riegel, der 1902 anlässlich der Krönung von König Edward VII. hergestellt wurde, im Alter von neun Jahren von ihrem Großvater.

BIBELFEST

Der pensionierte kroatische Bischof Marijan Oblak besitzt eine Sammlung von fast 1.000 Bibeln in 250 Sprachen. Er sammelt seit 20 Jahren Bibeln und erhielt sogar ein Exemplar von Papst Johannes Paul II. persönlich.

PAPIERSCHIFFCHEN

Der Inder Shrinath Dixit aus Neu-Delhi besitzt 10.000 winzige, handgemachte Papierschiffchen. Er fertigt die leuchtend bunt lasierten Schiffe aus Origami-Papier an. Sie sind zwischen zwei Millimetern und 0,50 cm klein und können nur mit der Lupe bestaunt werden!

SCHATZKÄSTCHEN

Im Jahr 2000 hatte Carol McFadden aus Oil City, Pennsylvania, eine Sammlung von über 30.000 verschiedenen Paaren Ohrringen zusammengetragen!

BRITNEYS SANDWICH

Im Jahr 2006 wurde ein nur zur Hälfte gegessenes Eiersalat-Sandwich von Britney Spears für über € 400 verkauft! Ein Kellner hatte es nach einer Feier eingesammelt und auf eBay zum Verkauf gestellt. Es wurde von der Online-Spiel-Gesellschaft Golden Palace gekauft, die bereits die Überreste eines Snacks gekauft hatte, den Britneys Exmann Kevin Federline gegessen hatte.

GESUNDES HOBBY

Der 94-jährige Huang Chunyi aus Taiwan erklärt sein hohes Alter mit seinem Hobby, das er schon seit 20 Jahren hat: Er sammelt Fotos von schönen Frauen!

GIPFEL-BILLARD

Im August 2006 trugen 20 Leute einen 285 kg schweren Billardtisch auf die Spitze eines 905 m hohen Berges in den walisischen Brecon Beacons.

◁ ROSENKOHL SATT!

Der britische Büroangestellte Richard Townsend war ein bisschen grün um die Nase, als er im Dezember 2006 versuchte, ganze 44 Rosenkohle in nur 60 Sekunden zu verspeisen! Mit einem Zahnstocher stopfte er sich das Gemüse in den Mund, doch nach 37 Stück ging ihm die Zeit aus. Richard erklärte, dass er nach dem Wettbewerb einige Tage lang keinen Rosenkohl mehr sehen konnte.

BRETT VORM KOPF

Moshe Arazi, Aaron Lyon und David Micley aus Newton, Massachusetts, bauten 2005 ein 9,17 m langes Skateboard!

SELTSAME TRADITION

Seit 1952 werfen die Fans der Eishockeymannschaft Detroit Red Wings bei Beginn der Endspiele Kraken auf die Eisfläche!

HERR DER POSTLEITZAHLEN

David Rosdeitcher aus Boulder, Colorado, der auch als "Der Postleitzahlenmann" bekannt ist, kann die Lage jeder amerikanischen Stadt anhand ihrer Postleitzahl identifizieren. Er hat alle 48.000 Postleitzahlen der USA im Kopf.

FUSS-BEERDIGUNG

Antonio Magistro aus dem sizilianischen Gioiosa Marea hielt eine Trauerfeier für seinen amputierten linken Fuß ab, ehe er ihn auf einem Friedhof in einem Sarg bestatten ließ.

TEURER GESCHMACK

Im Algonquin-Hotel in New York City kann man für rund € 8.000 einen Martini bestellen, der mit einem Diamanten garniert ist.

ALTE SCHLITTEN

Der pensionierte Lehrer Bill Engel aus Denver, Missouri, hat über 80 Pferdeschlitten gesammelt, die größtenteils über 100 Jahre alt sind.

OHRENBETÄUBENDE FINGER

Wenn Bob Hatch aus dem kalifornischen Pasadena mit den Fingern schnipst, erreicht er Lautstärken von bis zu 108 Dezibel - etwa so viel wie ein Presslufthammer oder ein Rennwagen.

LANGE BRAUEN

Leonard Traenkenschuh aus Port Townsend in Washington hat neun Zentimeter lange Augenbrauen!

BASEBALLSÄRGE

Dank einer Firma aus Michigan können amerikanische Baseballfans ihrem liebsten Sport jetzt auch im Tod verbunden bleiben: Die Firma Eternal Image kündigte 2006 an, dass sie Särge und Urnen mit den Namen und Logos aller 30 amerikanischen Mannschaften der ersten Liga herstellen wollen. Sie sollen zwischen € 500 und € 3.000 kosten.

HACKBRETT-BAUCH

Dieser chinesische Koch beweist große Fingerfertigkeit, als er im ostchinesischen Nanjing auf seinem Bauch Fleisch mit zwei Hackebeilen zerkleinert.

DOMINO-DAY

Insgesamt 87 Helfer aus 13 Ländern errichteten innerhalb von zwei Monaten ein riesiges, ausgetüfteltes Dominobild. Doch die vier Millionen Steine brauchten nur wenige Minuten, um umzufallen.

Der Domino Day fand am 17.11.2006 im niederländischen Leeuwarden statt. Er wurde von Weijers Domino Productions ins Leben gerufen, deren Designer das Ereignis über ein Jahr lang planten. Das Bild bestand aus 4.400.000 Steinen und wog 35.200 kg. Eine besondere Herausforderung war zusätzlich an vier Stellen vorgesehen, wo Teams von je zwei Teilnehmern wichtige Bereiche des Bildes aufbauten, während die Steine an anderen Stellen bereits umfielen. Am Ende des Tages waren 4.079.381 der 4.400.000 Steine umgefallen. Das Thema des Domino Day 2006 lautete "Music in Motion". Neun Musikgenres, darunter Rock, Klassik, Disco und Hip-Hop, waren vertreten. Die Bilder zeigten Berühmtheiten wie Mozart und Britney Spears, aber auch Stilleben und eine "Domino-Stadt". Einer der spektakulärsten Teile des Ganzen war Michael Jackson gewidmet. Eine mechanische Figur, die zu dem Bild gehörte, tanzte den Moonwalk zu "Billie Jean", während die fallenden Dominosteine drei beeindruckende Porträts des Künstlers zeigten.

Über 250 verschiedene Arten von Dominosteinen, darunter beklebte und bemalte, wurden verwendet.

Ein echter Flower-Power-VW-Bus wurde komplett mit Dominosteinen bedeckt. Drei Helfer kleideten den Bus in eine fast zwei Meter hohe Dominoschicht.

Ein Mitglied des internationalen Helferteams legt vorsichtig letzte Hand an ein Bild.

Zu den größten Herausforderungen der Helfer zählte dieses fünf Meter hohe altmodische Grammophon. Während der Show musste sich ein Helfer auf den Arm des Geräts begeben, um Dominosteine auf den Plattenteller zu legen.

ICH WILL, ICH WILL, ICH WILL!

David und Lauren Blair aus Henderson, Tennessee, haben einen ganz eigenen Weg gefunden, sich in ihrer Ehe das Bauchkribbeln zu erhalten: Sie heiraten einfach wieder und wieder. Im August 2006 heiratete das Paar in den Vierzigern in ihrer 22-jährigen Ehe zum 90. Mal. Gleich in der Woche nach ihrer ersten Hochzeit 1984 erneuerten sie ihr Ehegelübde zweimal. Ihre erste Hochzeit fand in Topanga Canyon, Los Angeles, statt. Da sie beide in der Filmindustrie arbeiten, hielten sie die Wahl für angemessen. Die zweite Hochzeit fand ganz traditionell in einer Kirche in Chicago statt, und die dritte in Las Vegas, weil sie einen Gutschein für eine kostenlose Hochzeit bekommen hatten, als sie in den Flitterwochen waren. Seitdem heiraten sie regelmäßig wieder, unter anderem schon in elf verschiedenen Hard Rock Cafés.

CURRY-BAD △

Ein japanisches Spa bietet seinen Besuchern gemeinsame Curry-Bäder an! Das Bad erinnert an eine grüne Suppe und ist mit verschiedenen Curry-Gewürzen, zum Beispiel Kurkuma und grünem Pfeffer, angereichert. Angeblich regt es die Blutzirkulation und den Stoffwechsel an und sorgt für schöne Haut.

MONSTERZWERG

Die Künstlerin Maria Reidelbach sieht neben ihrer neuesten Schöpfung winzig klein aus, denn sie hat einen vier Meter hohen Gartenzwerg entworfen. Chomsky, der Zwerg, ist Teil von Marias Projekt "Gnome on the Grange" (deutsch: "Zwerg auf dem Bauernhof"), das in der Nähe von Accord, New York, zu bewundern ist.

GARNKNÄUEL

James Frank Kotera aus Lake Nebagamon, Wisconsin, arbeitet seit 1979 an einem riesigen Garnknäuel! Er verwendet dabei alte Schnüre, mit denen die Heuballen auf einem benachbarten Bauernhof zusammengebunden wurden. Bis zu vier Stunden am Tag sitzt er an seinem "Mr. JFK Twine Ball", der mittlerweile über 8.600 kg wiegt, so hoch wie ein Mensch ist und doppelt so lang.

KONSERVIERTE LIEBE

Les und Beryl Lailey aus dem englischen Manchester feierten ihren Hochzeitstag im Jahr 2006, indem sie eine Dose Hühnchenfleisch aßen, die sie zu ihrer Hochzeit 50 Jahre zuvor geschenkt bekommen hatten. Sie hatten sich damals geschworen, die Dose, die Teil eines Geschenkkorbs war, als Erinnerung in ihre Heirat im Jahr 1956 aufzubewahren und erst am Tag ihrer goldenen Hochzeit zu essen. Als sie die Dose schließlich öffneten, war das Fleisch noch absolut in Ordnung. Les erzählt: "Dazu gab es Kartoffeln und Gemüse, und es ging runter wie Öl."

◁ FÜR EINEN MUNDVOLL SCHLAMM ...

Schon seit zwölf Jahren verspürt Bao Bao aus Zhengzhou in Zentralchina den seltsamen Drang, Schlamm zu essen! Alles begann, als die damals Siebenjährige an einem Flussufer entlangspazierte und plötzlich dachte, dass eine Portion Schlamm jetzt genau das Richtige wäre. Seitdem ist er ein täglicher Bestandteil ihrer Ernährung. Bao Bao hat bis heute schon an die 1,50 t Schlamm zu sich genommen.

EIN ECHTES FESTMAHL

Vermutlich haben viele Menschen eine etwas andere Vorstellung von einem leckeren Snack, aber diesem Mann aus dem indischen Madras ist nichts lieber als eine Handvoll Würmer! Bei einem Wurm-Wettessen 2003 aß er innerhalb von gut 20 Sekunden erstaunliche 200 Würmer!

ABBILDUNGSNACHWEIS

Cover/Titelseite: Ripley's Entertainment Inc.; 4/5(o/l, o/m, o/r) Mit freundlicher Genehmigung der Funny Skippers; 8 Mit freundlicher Genehmigung der Funny Skippers; 9(o/r, o/l) privat; 9(u) Mit freundlicher Genehmigung von Franz Müllner 8; 9; 10(o) Reuters/Marcelo Del Pozo; (m) 2daymedia; (u) PA Photos; 11Jeff J. Mitchell/Getty Images; 12/13(m) Reuters/ Marcelo Del Pozo; 12(u/l) Reuters/Desmond Boylan; (u/r) Reuters/Heino Kalis; 13(o/r) Reuters/Albert Gea; (m/r) Reuters/Marcelo Del Pozo; (u/r) Reuters/Albert Gea; 14/15(m) Rafa Rivas/AFP/Getty Images; 16(u) Mark Clifford/Barcroft Media; (o)Reuters/Paul Yeung; 17 2day media; 18(o) Saverkin Alexsander/UPPA/Photoshot; (u) William Thomas Cain/Getty Images; 19 Reuters/Bogdan Cristel; 20(o) Reuters/China Daily Information Corp-CDIC; 21 Rex Features; 22(u) Benguc Ozerdem/Rex Features; (o) Robin Utrecht/UPPA/Photoshot; 23(o) Rex Features; (m; u) Daniel Graves/Rex Features; 24 Kazuhiro Nogi/AFP/Getty Images; 25 R. Gaillarde/Gamma; 26/27(m) Rex Features; 27 Benjamin Stansall/Rex Features; 28(o) 2daymedia; (u) Vicki Whitehill/Ripley Entertainment Inc.; 29 Chris Hellier/Rex Features; 31 Sam Barcroft/Barcroft Media; 32/33 Junko Kimura/Getty Images; 34(o) Rejeanne Arsenault/Ripley Entertainment Inc; (u) Reuters/Pawel Kopcynski; 35 Jeff J. Mitchell/Getty Images; 36/37 T. Falise/Gamma; 38 Reuters/David Gray; 39 PA Photos; 40(o) Louis Lemare © 2005 ZOHO Artforms; (m) Mark Jenkins; (u) Reuters/David Gray; 41 2daymedia; 42/43 Heather Jansch; 44(o) Newscom; (o, m) PA Photos; 45(u) ChinaFotoPress/Getty Images; 47(u) Rogulin Dmitry/UPPA/Photoshot; 48/49(m) Reuters/David Gray; 48(o) 2daymedia; 49(o) Ian Waldie/Getty Images; 50 www.toothpickart.com; 51 Jeff J. Mitchell/Getty Images; 52/53 Mark Jenkins; 54(u) Stan Murmur. Sittin' Pretty (Anthropometric Monotype, Ashley Barlow) 2005; (o) 2daymedia; 55 AndoArt.com; 56/57 www.ronpatrickstuff.com; 58/59 Louis Lemaire © 2005 ZOHO Artform; 60(o) PA Photos; (u/l, u/m) Reuters/Arben Celi; 61 Stephen Boitano/Barcroft Media; 62(m) Christopher Hall/Fotolia.com; (o/l) David Burner/Rex Features; (o/r, m, u/l, u/r) Privater Sammler; 63 UPPA/Photoshot; 64/65(m) 2daymedia; 64(o) Philippe Hayes/AFP/Getty Images; 66 Paul Minyo; 67(o) Gavin Bernard/Barcroft Media; (u) UPPA/Photoshot; 68 Anna Barclay/Rex Features; 69(u, u/r) Ben Phillips/Barcroft Media; 70(o) Louis Sanchez III/Ripley Entertainment Inc.; (m) www.sunderlandbodyart.com; (u) Rex Features; 72(u/l) PA Photos; (o/r) ChinaFotoPress/Getty Images; (o/r) PA Photos; (u/r) ChinaFotoPress/Getty Images; 73 PA Photos; 75(o) Robin Boyce/Ripley Entertainment Inc.; (u) Newscom; 76(u) Wang Xiaocun/CQCB/ChinaFotoPress/Getty Images; (o/l) Denis Charlet/AFP/Getty Images; (u/r) CHU Amiens via Getty Images; 77 Rex Features; 78/79(m) PA Photos; 78(o) Sam Panthaky/AFP/Getty Images; 79(o) PA Photos; 80 PA Photos; 81 Louis Sanchez III/Ripley Entertainment Inc.; 82(o) Newscom; 83(o) Reuters/Victor Ruiz; (u) Hulton Archive/Getty Images; 84/85(o/m) Nicole Shaffer/Ripley Entertainment Inc.; 84(l) Nicole Shaffer/Ripley Entertainment Inc.; (u) IB/IHA/UPPA/Photoshot; 85(u) Reuters/STR New; 86/87 Passionate Productions/Getty Images; 88 Incredible Features/Barcroft Media; 89(o) De Ville/Rex Features; (u) swns.com; 92 PA Photos; 93 Reuters/Pilar Olivares; 94 PA Photos; 95(u) CQCB/ChinaFotoPress/Getty Images; (o/m, o/r) Reuters/Str Old; 96/97(m) Reuters/Nir Elias; 96(o/l, o/r) PA Photos; 98(o) Emylea Tharby/Ripley Entertainment Inc., (u/l, u/r) Reuters/Phil Noble; 99 www.sunderlandbodyart.com; 100(o) 2daymedia; (m) Newscom; (u) David Burner/Rex Features; 101 PA Photos; 102/103 Camera Press London; 103(o) PA Photos; 104(o) ChinaFotoPress/Getty Images; (u) Incredible Features/Barcroft Media; 105(u, o/r) New Straits Times Press Berhad, Malaysia; 106(o/l) Jude Stringfellow; 107 Renee Chambers www.ArtistisaHorde.com; 108/109(m) Reuters/Richard Chung; 108(u) Reuters/Herb Swanson; (o) PA Photos; 109(u) Reuters/Richard Chung; 110(o) Lorna Stroup Nilsson; (u/l, u/m) 2daymedia; 111 PA Photos; 112 swns.com; 113(u) Newscom; 114/115(m) Drew Gardner www.drew.it; 114(o) Austin Hargrave/Barcroft Media; 115(o/r; m/r) David Burner/ Rex Features; 116/117(m) Frederic Neema/Gamma/Camera Press London; 116(u) John Springer Collection/Corbis; 117(u) Frederic Neema/Gamma/Camera Press London; (o) Painting Displayed at the National Gallery/Camera Press London; 118(l) PA Photos; (o) David C. Steele; 119 Karl Beznoska; 120(o/r) ChinaFotoPress/UPPA/Photoshot; (o/ r,/m) Zhang Yanlin/ UPPA/Photoshot; (u/r/m) PA Photos; (u/r) Reuters/China Daily Information Corp-CDIC; (o/l) AFP Poto/Anna Zieminski; (m/l) Bill Greenblatt/Landov/World Illustrated/Photoshot; (u/l) PA Photos; 121(o/l) Feature China/Barcroft Media; (u) swns.com; 122(o) Toby Zerna/Newspix/Rex Features; (u) Rex Features; 123 (o/l, u/l) PA Photos; 124(o) Sam Barcroft/Barcroft Media; (u) Daniel Rushall/Rex Features; 125 Reuters/Mariano Bazo; 126(o) AFP Photo/Saeed Khan; (u) Reuters/Pawan Kumar; 127(o/r) Chris Saville/Rex Features; (u/r) Sipa Press/Rex Features; (o/m) Stewart Cook/Rex Features; (u/m) Richard Austin/Rex Features; (o/l) Chris Martin Bahr/Rex Features; (m/l) Rex Features; (u/l) Hydestile Wildlife Hospital/Rex Features; 128/129 Janice Wolf; 130(o) Reuters/Alex Grimm; (m) Duan Renhu/Phototex/Camera Press London; (u) Reuters/Sean Young; 132(o, u) Spectrum Multi-Media Ltd. Kent Hart-Hart Images www.AlwaysEscaping.com; 133(o/r) Spectrum Multi-Media Ltd. George Douklias-Winnipeg www.AlwaysEscaping.com; (o/l) Spectrum Multi-Media Ltd. Kent Hart-Hart Images www.AlwaysEscaping.com;(m, u) Spectrum Multi-Media Ltd. George Douklias-Winnipeg www.AlwaysEscaping.com; 134(l) Karin Lau/Fotolia.com; 134/135(m) Duan Renhu/ Phototex/Camera Press London; 136(o) Newscom; (u) Feature China/Barcroft Media; 137 Roderick Russell/CNY Medical Center; 138(u) PA Photos; 139 Reuters/Alexandra Beier; 140/141 Reuters/Frank Polich; 140(l) Johanna Goodyear/Fotolia.com; 142 Pete Schwickrath/Ripley Entertainment Inc.; 144 Camera Press/Wu Dongjun/Phototex; 145 Reuters/Sean Young; 146/147(m) Richard Bouhet/AFP/Getty Images; 146(u) Tony Ashby/AFP/Getty Images; 147(o) Tony Ashby/AFP/Getty Images; 148(l) Mary Scott/Ripley Entertainment Inc.; (o/l) Mehmet Dilsiz/Fotolia.com; (o/r) Mary Scott/Ripley Entertainment Inc.; 150(o/l, o/r) Scott Hampton/Ripley Entertainment Inc.; (u) Marcelo Bezos/Ripley Entertainment Inc.; 151(o/r) Reuters/Alexander Grimm; (o/l) Reuters/Daniel Aguilar; (m/r) PA Photos; (m/l) Reuters/Mohamed Azakir; (u) Reuters/China Photos; 152 Reuters/Sergio Moraes; 153 Kyle Nolte/Ripley Entertainment Inc.; 154/155(u/m) Jeff Clay/Ripley Entertainment Inc.; 154(o) Reuters/Jose Manuel Ribeiro; 155(o) Jamie Grant/Ripley Entertainment Inc.; 156 PA Photos; 157 David Straightjacket; 158/159(m) Reuters/Darren Staples; 158(o) Camera Press/Zhang Xiangyang/Phototex; (u) Reuters/Kamal Kishore; 160(o) Bandy Conley/Ripley Entertainment Inc.; (m) Stan Honda/AFP/Getty Images; (u) 2daymedia; 161 Stan Honda/AFP/Getty Images; 162/163(m, o) Juan Cabana; 164 PA Photos; 165(l) Davison Design and Development www.inventionland.com; 166(u) Stewart Cook/Rex Features; (o) The University of Manchester; 167(o) Nils Jorgensen/Rex Features; (u) Rex Features; 168/169(o) 2daymedia; 168(u) William Kennedy/Ripley Entertainment Inc.; 169(u) Reuters/Stringer India; 170(o/l) Great Plains Regional Media Center; (u) PA Photos; 171(m) PA Photos; (u) Reuters/Anthony Bolante; 172(u) Reuters/Rupak De Chowdhuri; 173(o) Matt Cardy/Getty Images; (u) Stan Honda/Getty Images; 174(o) The Davey Tree Expert Company; (u) Reuters/ Stringer Thailand; 175 Brandy Conley/Ripley Entertainment Inc.; 177(o) Camera Press/ Wu Fang/ChinaFotoPress/Gamma; (u) Charles Hasely/Ripley Entertainment Inc.; 178(o/r) ChinaFotoPress/Zhao Haijiang/UPPA/Photoshot; (u) Rex Features; 179(o/l) 2daymedia; (o/r) Camera Press/Wattie Cheung; (m/l) Mark Clifford/Barcroft Media; (m/r) Camera Press/ Yang Wanjiang/Phototex; (u/l) Jamie Jones/Rex Features; (u/r) Gong Hui/UPPA/Photoshot; 180 Newscom; 181(o) Sara Fernandez/Ripley Entertainment Inc.; (u) Jamie Hanso/ Newspix/Rex Features; 182(o/r, o/m/l) Scott Wade; (o/m/r) Jules Alexander; (u/m, u) Scott Wade; 183(o/r) Scott Wade; (o/m/l) Jules Alexander; (m) Scott Wade; (u) John McDavitt; 184 Reuters/Stephen Hird; 185(o) Peter Lawson/Rex Features; 186(o) Reuters/China Daily Information Corp-CDIC; (u) Michael Wilks/Ripley Entertainment Inc.; 187 Chris Jackson/ Getty Images; 188(o) Reuters/Francois Lenoir; (u) 2daymedia; 189 PA Photos; 190(o) Reuters/Sean Young; (m) Reuters/Gustau Nacarino; (u) Reuters/Stringer Shanghai; 191 Lili Strauss/AP/Empics; 192(o, m) Reuters/Brandan McDermid; (u) Reuters/Mike Segar; 193(o, u) Reuters/Brandan McDermid; 194(o) Sobchenko Grigory/Itar-Tass/UPPA/Photoshot; 195(l) Reuters/Sean Young; (r) Reuters/Daily China Information Corp-CDIC; 196(m) Urs Flueeler/epa/Corbis; (u/r) AFP Photo Sena Vidanagama; 197(o/m, o/r) PA Photos; (u) Rex Features; 198(l; o) Sandy Maxwell/John Muir Trust. The John Muir Trust ist Eigentümer von Ben Nevis Estate, in dem mit dem Ben-Nevis-Gipfel der höchste Berg Britanniens liegt (1.334 m). Juni 2000. www.jmt.org; (u) Chinafoto Press/Gamma; 199(o/l) Reuters/Gleb Garanich; (u/l) Reuters/China Daily Information Corp-CDIC; (u/m) Stephen Chernin/Getty Images; (u/r) Reuters/Stringer Shanghai; (m/r) William Thomas Cain/Getty Images; (o/r) Reuters/Adnan Abidi; 200 Newscom; 201(o) Newscom; (m, u) Coutesy of David Hanson; 202(l) Reuters/ Gustau Nacarino; (o) Ian Waldie/Getty Images; 203 Ian Waldie/Getty Images; 204(o/r) Kay Nietfeld/AFP/Getty Images; (u) Reuters/China Daily Information Corp-CDIC; 205 Reuters/ Bazuki Muhammad; 206(r) Timothy A. Clary/AFP/Getty Images; 207(u) Reuters/Bogdan Cristel; (o) Reuters/Alexandra Beier; 208/209(u) Newscom; (o) www.goldeagle.com; 209(o/l) Coutesy of Trevor Andre Snowden; 210/211 Kyle MacDonald except Alice Cooper-Pictorial Press, und Ortsschild-www.cooperphoto.ca; 212(u) PA Photos; 213 PA Photos; 214 Gamma; 215 (hg) Terje Eggum; (o) Inverstec Asset Management; (u) Terje Eggum; 216(hg) Marc Chesneau/Fotolia.com/PA Photos; 217(o) Ethan Miller/Getty Images; 218(o) Daniel Graves/Rex Features; (m) Joshua Mueller/Ripley Entertainment Inc.; (u) Solent Mews/Rex Features; 219 Shao Dan/Photocome/UPPA/Photoshot; 220/221 Reuters/Yves Rossy; 222(l, o) Joshua Mueller/Ripley Entertainment Inc.; 223(o) Philippe Hays/Rex Features; (u) Sutton-Hibbert/Rex Features; 224(o) Rex Features; (u) Alan Freed/Ripley Entertainment Inc.; 225 Timm Schamberger/AFP/Getty Images; 226-229(o) Ben Philipps/Barcroft Media; 226(l) Francoise Bro/Fotolia.com; (o) Reuters/Jacky Naegelen; 227(o) Daniel Graves/Rex Features; (u/r) Ben Philipps/Barcroft Media; 228 Chuck Weedman/Ripmley Entertainment Inc.; 229 Reuters/Christian Charisius; 230(o/l) Reuters/Richard Chung; (u) Gamma/Camera Press London; 231 Dane E. Rauschenberg; 232/233(o) swns.com; (u) Gavin Bernard/Barcroft Media; 234/235 ICHF www.ichf.co.uk; 236/237(u) Reuters/Michaela Rehle; 236(o) Reuters/POOL New; 237(o) Reuters/Miguel Vidal; 238 Camera Press/ED/DW; 239(o/l) PA Photos; (o/r) Stan Honda/AFP/Getty Images; (m/l) Helen Jones/UPPA/Photoshot; (m/r) Reuters/Richard Carson; (u/l) PA Photos; (u/r) John Gichigi/Getty Images; 240(u/l) Edward McDonald; (u/r) Reuters/Fabrizio Bensch; 241(hg) Winnie Chang/Rex Features; (o) Alisdair Macdonald/Rex Features; (u) Winnie Chang/Rex Features; 242(u) PA Photos; (o) Solent News/Rex Features; 243(u) Shao Dan/Photocome/UPPA/Photoshot; 244/245 www.dominodomain.com; 246(u) Imagnine China/Barcroft Media; (o) Reuters/Yuriko Nakao; 247 Reuters/Stringer India.

Legende: o = oben; l = links; r = rechts; u = unten; hg = Hintergrund

Alle weiteren Abbildungen stammen von MKP Archives und Ripley's Entertainment Inc.

Die Inhaber der Urheberrechte wurden auf jedem möglichen Wege zu kontaktieren versucht. Wir entschuldigen uns im Voraus für ungewollte Auslassungen und Fehler, die wir in kommenden Auflagen selbstverständlich korrigieren.

Die Titelseite zeigt
Avelino Mato aus Baracoa, Kuba.

ISBN 978-3-455-80003-6

INTERNATIONALE AUSGABE
Developed and produced by Miles Kelly Publishing in association with Ripley Publishing

RIPLEY PUBLISHING:
EXECUTIVE VICE PRESIDENT Norm Deska
VICE PRESIDENT; ARCHIVES AND EXHIBITS Edward Meyer
ARCHIVES EXECUTIVES ASSISTANT Viviana Ray
RESEARCHER Lucas Stram

MILES KELLY PUBLISHING:
PUBLISHING DIRECTOR Anne Marshall
MANAGING EDITOR Rebecca Miles
TEXT Geoff Tibballs
INTERVIEWS Jo Wiltshire
EDITORS Judy Barrat, Sally McFall
EDITORIAL ASSISTANT Philippa Geering
INDEXER Hilary Bird
ART DIRECTOR Jo Brewer
PROJECT DESIGNER/ COVER DESIGNER Warris Kidway
REPROGRAPHICS Stephan Davis

PICTURE RESEARCHERS Gemma Simmons

PRODUCTION MANAGER Sally Knowles

SALES AND MARKETING Morty Mint

DEUTSCHE AUSGABE

PRINTED IN GERMANY

REDAKTIONS- UND OBJEKTLEITUNG Arrowsmith Agency, Hamburg

GESTALTUNG Franziska Rust Design, Hamburg

ÜBERSETZUNG Sarah Heidelberger
REDAKTION Barbara Krause

HERSTELLUNG Stephan Born

REPRODUKTIONEN ReproTechnik Fromme, Hamburg

DRUCK UND VERARBEITUNG GGP Media, Pößneck

VERLAGSANSCHRIFT
Hoffmann und Campe Verlag GmbH
Harvestehuder Weg 42
20149 Hamburg
www.hoca.de
www.ripleys.de

Ein Unternehmen der
GANSKE VERLAGSGRUPPE

HINWEIS
Trotz sorgfältiger inhaltlicher Kontrolle übernehmen weder Ripley Publishing, noch Miles Kelly Publishing noch der Hoffmann und Campe Verlag Haftung für die Inhalte dieses Buches. Wir freuen uns jedoch über Hinweise von Lesern.

Ripley's
Einfach unglaublich!